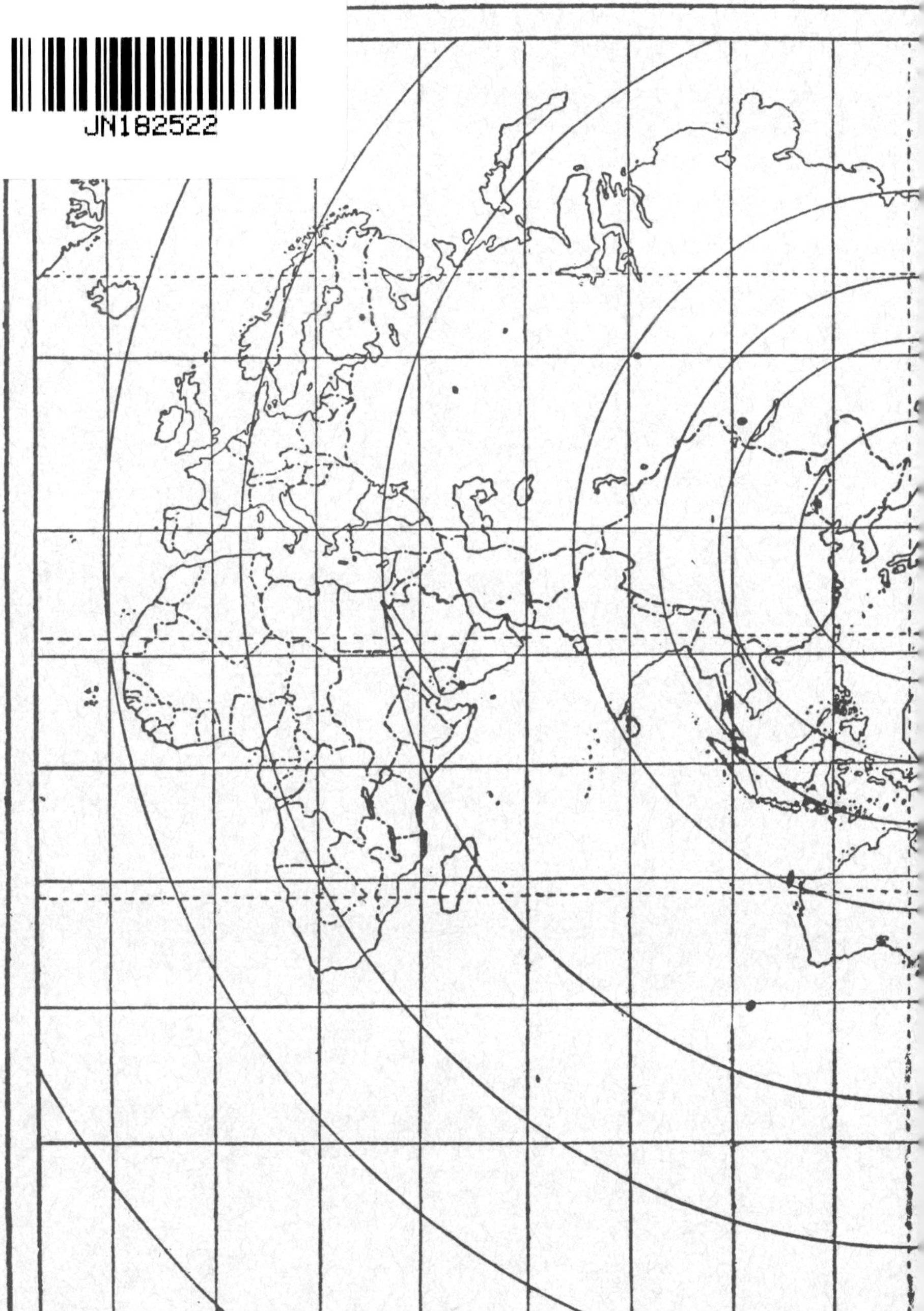

仲小路　彰著

人類政治闘爭史

世界興廢大戰史
總觀
第七卷

戰爭文化研究所

仲小路彰は「世界興廃大戦史」全百二十一巻を計画し、その内の四十三巻を出版した。本書はその中の一部である。

本書の内容の一部に、現在では不適切な表現があるが、復刻版としてそのまま収録した。

序

人類の政治史を展望するに、そこに出現するものは、實に幾多の民族、國家の興亡盛衰の現象であり、それが悉く劇甚なる鬪爭過程によつて變轉せるを知るのである。この意味において政治はむしろ廣義の「戰爭」の中に含まれる一つの機能、事實であり、決して戰爭の前、また戰爭の終るところ、或は戰爭以外の領域にあると見るは、大いなる誤謬である。

なほ平和をもつて、戰爭に對立する如き思想は、甚しき錯誤であり、――平和とは、實に他の手段をもつてする戰爭の繼續であり、政治とは、この戰爭における最大の効果を表現すべき强大なる藝術である。

しかも眞に戰爭をして、最も大義に則せる聖戰たらしむるものは、また實に世界政治的識見によるものであり、若しこれを誤らんか、戰爭をして全く自らを滅ぼすべき危機を內部的に發現せしむるのである。

まさに世界史において、いかに强大なりし大國家も、大民族も、數世紀の隆盛期を示しつゝいづれも廢亡の運命を展開するを見る時、我〻はこゝに眞に國家永遠の發展興隆を持續すべき人類最高の政治の存在と本質とを、的確に把握し、實踐すべき切實なる要求を痛感する。

この世界人類政治――世界統制の唯一絕對の根源的法則こそ、わが肇國以來、脈脈として不滅なる八紘を一宇となす皇道の大法に外ならない。

今や世界は、まさに人類史最大の史的變轉を遂げんとする破局に直面せんとし、刻〻とその世界史的瞬間に接近する。この最大の世界維新の遂行こそ、實に人類史上、わが日本民族に賦與された最高必須の使命であり、そのためには幾多無限の苦惱に耐へ、艱難に打ち克つべき眞の戰爭を決行すべき必然性の中に立つ。

世界の政治的關心は悉く極東に集注され、世界維新のための序戰は、すでに堂〻と大陸の上に展開さるゝ時、我〻は更に次に來るべき、眞の世界的決戰を國家總力的に作戰し、行動すべき史的段階にあるを全面的に自覺し認識すべきである。

この決然たる信念の下に、何にが世界史的長期戰なるかを本質的に把握し、そのためには、全力をもつて、これに最大のエネルギーを凝集せねばならぬ。まさに今日の一瞬、一時は、世界人類史的に見れは、驚くべき「世界史的時間」であり、その無限に充塞せる意味的內實は、實に眞の日本人によつてのみ、その複雜にして多樣なる全存在を、明確に直觀し得られるのである。

我々はその一刻の貴重なるを總力戰的に自覺し、日本世界統制と日本世界文化創造のため、眞の皇道世界維新戰を斷行すべき、最高の世界政治を組織し、それを實現せねばならない。

著　者　識

目次

第二部　インドの反英鬪爭……六五

第三部　世界現狀維持勢力……一二九

第五部 民族主義政治闘爭

第八部　日本的世界建設の序曲……三六七

第一部　反英アジア政治闘争圏

第一章　世界民族運命協同體

世界史を通じ、今日までの展開において、諸民族は夫々の運命協同體を形成してゐたのを知る。

1、日本、支那、インド、西南アジア、南洋、北アフリカ等に亘る――アジア民族運命協同體。

2、ギリシヤ、ローマ、ラテン、ゲルマン諸民族を含む――ヨーロッパ運命協同體。

3、イギリス、北アメリカ等を合する――アングロ・アメリカ運命協同體。

4、アフリカ、南アメリカ、濠洲等を包括する――植民地運命協同體。

この世界民族運命協同體は、今や驚くべき變轉を、實現しつゝある時代に遭遇したのである。

特にアジア運命協同體は、日本を根軸として、一大維新を斷行せんとし、そこに全世界の內的矛盾を暴露せる世界的長期戰を勃發せしめんとする段階にある。

これをあくまでも抑壓、僞瞞せんとする、現狀維持による植民地搾取と金融資本獨占のアングロ・アメリカ運命協同體は、老獪にして執拗なる重壓を、アジア運命協同體の反擊に加へんとする。

またヨーロッパは、すでにその諸民族の內的對立を絕對的に深刻化し、その救ふ可らざる相剋の中に、沒落の悲劇を示さんとし、ことに、ヨーロッパの內的否定としてのソヴエート・ロシアとの徹底的なる爭鬪を激化するのみである。

更に、歐米の植民地侵略によつて、奴隸化され、抑壓されし、土着のアフリカ、南太平洋、濠洲の諸民族、中南米民族は、殆んど自らの歷史と傳統とを絕滅されんとする危機にある。

——これ等、民族運命協同體こそ、人類政治鬪爭の最も中心的なる焦點であり、廣大なる領域である。

第二章　アラビア

曠漠たるアラビアの大沙漠――それは太古においては、最も豐穰であつた緑濃き地帶であり、すでに上代に一大文化の建設せられし跡である、となす學説がある。東にメソポタミヤの古代文化があり、西にユダヤ、エジプトの文化があり、北にペルシャ、小アジア文化が繁榮したる後、アラビア一帶は、文化の沒落による茫々たる廢墟と化した。

しかも西歴六二二年、沙漠の光としてのマホメットが、故郷メッカを捨て、新郷メジナに亡命せるヘジラ以後、こゝにコーランと劒との結合によるイスラムの世界宣布の聖戰が開始された。全アラビアは忽ちにして宗教的統一を見た。

七世紀後半には、ペルシャ、エジプト、シリアは征服され、國都はダマスクス、或はバグダットに遷し、トルコ人、ペルシャ人の重用となつた。

かくて十字軍において、全歐の聯合軍を十數回に亘り撃破し、絶大なる權威を示したサラセンの科學文化は、この豊富なる東方の富と美との上に開花し、それを、西洋の敗残兵が貪慾に掠奪して行つた。それがまさに近代西洋文明の基礎をなすものであり、彼等の文明の一切は悉く東方文化の奪取と模倣に存在するのであつた。

十六世紀に至り、トルコの勢力が大となり、全アラビアを統一し、なほ中歐、東歐に勢力を及ぼしたが、後、トルコの内的腐敗と分裂により、西洋の侵略始まり、こゝに東洋の衰頽の時代に入つた。西洋のアジア植民地の侵略は益々大となり、ことにキリスト教の最大の敵なる回教に對し、西洋の誹謗、排撃、抑壓は、言語に絶する甚しきものとなつた。――悲慘なるアラビアの亡國となり、すべての民族は、過去のあらゆる光榮と文化とを剝奪され、忘却せしめられ、遂に殆んど未開と奴隷の狀態に還元せしめられた。

イブン・サウド

二十世紀初頭――ワハビ教徒のサルタン・イブン・サウド（Abdoul-Aziz, Ibn-Saoud）は、トルコの壓制から獨立せんと、果敢なる爭鬪を續けた。かくてネジド王として、一九〇五年、日露戰爭の影響により、中部アラビアよりトルコ軍を擊退し、更に一九一三年、アラビア獨立を目的とする戰爭を起しハサにトルコ軍を擊破した。

なほ、そのアラビア民族獨立運動は、アラビア全土に波及し、一九〇四年、イエーメン王イマム・ヤーヤも、國內よりトルコ軍を驅逐し、南部アラビアは事實上、獨立した。

しかも北部アラビア、――イラク、シリア、パレスタイン、トランスジョルダン等におけるトルコの勢力なほ强大であり、一九〇八年、靑年トルコ黨の革命による新政權は、アラビア人に對し、强制的なる同化政策を斷行した。かくてアラビア人は益〻反トルコ意識を强化し、その反抗的集團を結束し、一九一三年、バルカン戰爭においてトルコ敗北するや、同年、パリにて、アラビア諸民族の代表者大會が擧行され、アラビアの政治的獨立は全面的となつた。

しかもトルコ政府の彈壓は强硬を極め、なほ世界大戰勃發するや、アラビア獨立運動は益〻熾烈化し、これと共に、その運動の指導者は、トルコ政府に多數捕へられ、遂に殆んど死刑に處せられるに至つた。

かくてイギリスは、トルコを抑壓するため、アラビア人を欺瞞し、當時アラビアにて最も勢力ありしヘジャス王フセイン（Ali ibn Hussein）に、獨立保障の契約の下に、イギリスの味方たらしめ、遂にヘジャスの獨立を宣言した。フセインの軍は、巧みなるイギリスの外交政策に操られて、進んでトルコ軍を擊破し、これをトランスジョルダン河以西に掃蕩した。かくて英軍のパレスタインにおける戰果に甚大なる力を與へたのであつた。

この戰爭中のアラビア人の協力を、戰爭後、イギリスは何ら感謝せざるのみか、その獨立の契約を履行せず、却つてアラビア人の彈壓となり、イギリスと抗爭を續けるに至つた。イギリスは、トルコの勢力を驅逐するために甘言をもつて、アラビア人を誘ひ、それが成功し、大戰終るや、前言を全く飜して、アラビアを我が力によつて隷屬せしめんとした。かくて、この勢力が强大と見るや、遂にイギリスは自らの援助と保障とによつて、アラビア民族の獨立を認めるに至り、あくまでもイギリスの權益を保持するのであつた。

イブン・サウドは、この間にあつて、眞のアラビア人のためのアラビア獨立運動を實行した。——一九二五年末、彼は、アシル王國を討ちて、保護國となし、なほ二七年には、ネジト・ヘジャス王國（Nejd-Hejaz）を建て、同年五月、ジエッダにおけるイギリスとイブン・サウドとの間の調印によつてその完全なる獨立が認められた。イブン・サウドは族長として、舊ネジメの首府リヤドと、ヘジャス王國の首都メッカを統制し、一九三二年、サウディ・アラビア（Saudi Arabia）と國號を定めた。

イギリスはイブン・サウドの勢力の强大となるを嫌ひ、サウディ・アラビアを孤立せしめんとする政策を取り、遂にイエーメンを煽動して、兩國を抗爭せしめ、兩軍戰ひ、遂にイエーメン敗北した。

イエーメンは、英領アデンに隣接する、イギリスの重要なる地域である。イギリスはインドへの航路を確保するため、この地に、强固なる勢力を扶殖せしめたのであつた。しかも世界大戰後、舊トルコ領の六州が、イギリスの支援によつて獨立した王國にて、イマム・ザイドの後裔なるザイディ王朝を主權者とするものである。

第三章　メソポタミヤ政權爭奪史

人類最古、西暦前五千年の古代東洋文化の建設せられし、チグリス（Tigris）、ユーフラテス（Euphrates）の兩河の間、――メソポタミヤ（Mesopotamia）の豐穰肥沃なる地帶に對する政權爭奪は、實に劇烈を極め、幾世紀を貫いて展開された。

人類の發祥の地と稱せらるゝイラン高原、パミール高原――その南方のエラム（Elam）の地方は、直ちにその西方に、メソポタミヤの地帶が連亙するのである。その古代の文化時代にあつて、兩河は未だ合せず、その河口に沈澱せる三角洲も小さく、今日のペルシヤ灣の海岸線より約二百キロ奥地まで灣入してゐたのであつた。

この兩河の間、その南部の地帶には、葦が密生し、水量多く、地味も豐かであり、かくて、その地に始めて移住し來れる、スメール人（Sumer）によりて「豐葦の地」（Ki-en-gi）又は「國」（Kolam）と呼ばれたが、一般に、スメール、或はシユメール（Shumer）と稱せられた。

後、西方よりバビロニヤ人の侵入にて、スメール人は東部の河口の地をば確保し、これをバビロニヤ人は「海國」（Mat Tamtim）と名附け、いかにスメール人が、東方の海上に雄飛せるかを知るのである。

スメール語は、ウラル・アルタイ語と甚だ近似せる語系にあり、またその文字は表音と表意とを混合するものであり、我が日本の萬葉假名の使用と極めて酷似せるを知る。

その國名スメールは、スメ「神」より發し、太陽神の子なる、神民族としてのスメールを稱したと云はる。スメール民族は、黄色人種であり、高き鼻、豐かなる頰、大きい眼、黒き毛髮を有し、一般に身長は短小であつた。

スメール文化の起源は甚だ遼遠であり、その後の發展において、今日、明かに殘れるものは、西暦前三千年のラガシ王ウルニナの時代、前二千八百年のキユシユ王ウルカンギナ時代、前二千六百年、ナラムシン時代、前二千四百年ウル時代、前二千三百年イシン王朝時代等があり、いづれも神政政治であつた。

なほ世界最古の成文法、スメリヤ家族法＝ウルカギナの法典は、紀元前二千七百五十年頃の制定と云はるのであつた。

スメール國は、前二千二百五十年、イシン王朝の第七代ウルニニブの時、シリアのアラマイ族と云はれるセミツト族の侵略により、その國を東方に移すに至つた。かくして、バビロン王朝の時代となるのであつた。

東方に移れるスメール國は「海國」と呼ばれ、専ら東方の海上に多數の船を浮べるのであつた。ペルシャ灣より、インド洋に古代の葦船は、その安住の國を求めて、紫紺の海上に漂ふた。インドのインダスの河口に、彼等は達した。かくてインド最古のインダス文化が、壯麗に建設されたのを見る。しかもなほ東への航海は續けられる。インド洋の海豚は幾度か、葦船の邊に群れ、船の覆へることも屢〻であつた。東へ――東へ――眞に國を成すべき理想の地に對しての探求が試みられる。

南洋の諸島にも、すでにスメールの船は渡航した。やがて南洋に發する颱風は、その洋々たる黑潮の流れと共に、スメールの船を東方の美しき島に運び去るのであつた。

西方の氾濫による豐葦の國土を去つて、遙か東海の日出づる豐葦瑞穂の島根に、スメラ、スメラギを戴き、治めらるゝ皇國《スメ》を建設したのであるか?――日の神の子として、日神ウツ、珍《ウツ》、美《ウツ》となり、火神アグは、明津神《アキツ》となり、――かくて眞のスメル文化、――すめらみくに、皇國文化の一要素を成せるにあらざるか?。

第一節　バビロニヤ

スメールの祭政一致の精神文化が、セム民族によつて繼承され、俄かに强大なる物質文化に轉化したのが、バビロニヤ文明であつた。

兩河の流域の大都城には、蜿々たる大城壁が構築され、さらにそれを防備する大運河、城濠の開鑿――その中には驕奢を極めた宮殿、寺院、享樂場の建造がなされた。すでに多數の被征服民族を奴隷となし、なほ世界各地との貿易を大いに盛んとなした。兩河の河岸には到る所に、船着場が作られ、市場が開かれ、世界の物資が交換され、世界經濟の中心となつた。宗教は全く經濟的機關と化し、その利益のための手段に化せられた唯物主義を實現した。

西暦前三千八百年頃、アカッド市に出でたサルゴン大王は、セム族の簒奪王であり、彼は古代の大英雄であり、東方エラムを侵略し、更に西進し、シリア、パレスチナ、キプロス島、等を征服し、アカッド國の權力は、エジプトの勢力範圍と隣接するに至つた。

彼はシナイ半島において、エジプト人の經營せる銅の鑛山を奪ひ、盛んに採鑛冶金の工業を獎勵し國富を增大した。

かくてサルゴンの子、ナラム・シン王は、父の遺志を繼ぎ、この銅山の採鑛に全力を注ぎ、その經濟力は巨大なるものとなつた。この物資の豐富により、四隣より諸民族は、バビロニヤの領內に集合し來り、その政治的勢力は甚だ廣大なる範圍に亘つた。

なほ、これを統治するために、ハムラビ法典を作成せるハムラビ王(B.C. 2287–2232)出づるに及びバビロニヤの憲法政治が確立した。ハムラビは、專ら國內政策に全力を注ぎ、農業灌漑、舟行のために長き水路を開き、全領土に水を供給したと云はれる。また國防のため、軍隊に要する費用は、國王のみの負擔にあらずして、軍隊によつて防備せらるゝ商業の都市にも分擔された。しかもハムラビの文化的統治は、遂に文弱に流れしめ、その子、サムス・イルナの時代に至り、自由主義的政治を實行せんとし、第二年目に、人民の自由を確立せんとして、全國に租稅の輕減を公布したが、それは却つて徒らに人民の頽廢をもたらし、しかも個人主義による國內の分裂は、その統制を失ひ熾烈なる階級鬪爭を激化するに至つた。ことに唯物的世界觀により、早くも社會主義的な共產制の實現を要求するに至つた。早くもバビロニャに於て近代のマルクス的政治經濟觀は、前時代のスメール的精神に反對し、極度の唯物的社會變革が必然化し、かくて內的矛盾は、遂にバビロニャの國力を全く衰頽せしめアッシリアに征服せらるるに至つた。

第二節 アッシリア

アッシリアは、チグリス河の右岸のアシウルなる漁村に西曆前一八二〇年頃、サマシ・リンモンがアヌ神とリンモン神との神殿を建てし時に始まる。

時にバビロニャの國內分裂は益〻深刻となり、國力甚だ衰へるに乘じ、エジプト十八王朝のアジアバビロニヤ遠征となり、この戰亂の困窮にあつて、アッシリアはバビロニヤより獨立するに至つた。前一二七〇年頃、チグル・スアダール王は、バビロニヤのカッシ王朝を征服した。前一三三〇年に首都をニネベに移し、以後、前六〇六年の亡國まで、その武斷的政治を繼續した。

アッシリアの民族的特徴は、その强大なる武力であり、あらゆる四邊の諸民族を征服し、奪取し、他國人を奴隷化した。この軍隊は、特に戰車に最大の威力を發揮した。――戰車は二輪車で二頭の馬が牽き、二人の兵士が乘り、一人は馭者で、他は戰士であつた。

更に海上國フェニキヤの船大工を用ひ、盛んに軍船を建造し、海軍にも大なる關心を拂ひ、それにより、ペルシア灣及び地中海の海上權を制し、またチグリス、ユーフラテスの河上には、各國の船艦が上下し、それをアッシリアの海軍が威壓するのであつた。その海軍は、一はニネベ、他はカルケミシに根據地を有する二艦隊に編成されてゐた。

センナヘリブ王の時、前六八九年、バビロンを攻略――これに次で、エザール・ハッドン王の時代は、アッシリアの極盛期であり、メジア、シリア、エラム、アラビア、エジプト等は、すべて征服された。かくて漸くアッシリアの尚武の心が弛み、その文化的頽廢の時が始まるのであつた。

しかもサルダナパロス王立つや、彼は徹底せる近代的なる人道主義者であり、戰爭を罪惡なりと否定し、あくまでも自由主義的な平和理想のみを要求し、このため國内に恐るべき反亂が生じ、遂にアッシリアの大帝國は、忽ちにして崩壞絶滅するに至つた。

それは從來のアッシリア國王が、極度の壓制によつてのみ、その統治を維持し得たものであり、人心の憤懣は、その强大なる武力に威壓されて辛くも抑へられたのであつたが、その壓力の弱まるや、一擧に國王の力を排擊し、その帝國が滅亡するに至つた。

第三節　新バビロニヤ王國

バビロニヤは、先きにアッシリアのために攻略されたが、再び、アッシリアの衰退と共に、西暦前六〇六年、バビロンの太守ナボポラッサールは、メヂャ、ペルシャと協力して、アッシリアの主權を打倒し、その子ネブカドネザールは、新バビロニヤ王國を建設した。

彼は遠く西方エジプトに遠征し、途中、ユダヤ國王ネコを、カルケミンの大戰にて擊破し、ユダヤ王國を滅亡せしめた。豪華なるイエルサレムは蹂躙され、國王を始めユダヤの人民一萬人は、バビロンに捕虜となり、すべては奴隷とせられた。更にユダヤが反抗せるため前五九七年、再征せられ、市中の神殿は殆んど焼却せられ、宮殿、市街は焦土と化し、多數の人民は殺戮され、生殘せる者は悉く捕囚としてバビロンに連れ去られ、悲慘なる虐使に逢つた。後年、彼等が故國に歸還せる時に、四萬二千三百餘人であつたと云はる。

新バビロニヤ王國は、ユダヤを征服し、その捕囚をバビロンに入れしため、ユダヤ的の信仰と文化とが深かく影響し、バビロニヤの固有の信仰が亂され、國内の統一力が俄かに減退するに至つた。國人は政治と武力とを輕蔑し、徒らに形而上的なる世界に沒入する高踏的なる頽廢を示し始めた。

メソポタミヤには壯大なる城壁、世界最大の都市が建設された。これを求め、或はコーカサスの高原より遊牧民が侵入し、更にメデイヤ、リユデイヤ等が國境を脅威し、或はバビロンの太守ナボポラツサールの獨立による新バビロニヤの建國となつた。後百年、ペルシヤ王キユロスのために、この豪華なる大バビロンの城壁は、その猛烈なる攻城車によつて破壊され、數千年のバビロニヤ文化は、悉くペルシヤ帝國の下に統一された。

ペルシャ王ダリウス（前五二一——四八五年）は、いまや古代スメールの統一國家再建を企圖し、ヨーロツパ、アジア、アフリカに跨る世界國家を形成せんとした。ダリウス王及びその子、クセルクセスの二代に亘る、ペルシャ、ギリシャの長期戰により、東方古代文化は、新興ヘレン民族都市國家に流入し、この移植によつて始めてギリシャ國家理念をば、プラートン理想主義哲學の上に見出した。

これを繼承發展せる、アリストテレースの世界哲學體系は、若きアレキサンドロス大王の熱情を奔出せしめ、ペルシャ、インドへの道を辿り、東西文化の綜合を實現せんとした。しかも彼の大なる理想は空しくメソポタミヤの地、バビロンの古城の中に、前三二三年、三十二歲の果なき夢として消え去らんとした。

大王の沒後、メソポタミヤはセレウコス家のシリア帝國の下に隷屬し、更に前二五〇年、シリア帝國より獨立せるイラン系民族たるパルテイア王國の一部となつたが、しかも、かのアレキサンドロスの理想を實現化せる新興ローマ帝國の力は東漸し、遂にローマ皇帝トラヤヌスのために、西暦一一四年に奪取された。

ローマ帝國が東西に分裂するや、メソポタミヤは東ローマ帝國領となり、更にササン朝ペルシャによつて、統治された。

回教の支配

マホメットによつて建設された回教サラセン帝國は、六四一年ペルシャを亡ぼし、こゝにメソポタミヤは、その有に歸した。古代バビロンの文化は、再びサラセン文化の中に復活し、首都バグダッドの文化は、當時の世界文化の最高水準を示し、近代自然科學の基礎をなす錬金術が研究され、その文學はアラビアの「一千一夜譚」として、西洋近代小説の典型をなす絢爛たる詩華を示した。

第十一世紀、セルジュク・トルコがこれを統治し、回教文化の黄金時代を現出した。

第十三世紀に、成吉思汗の後裔たるイルカン（伊兒汗）が蒙古朝ペルシャを建設して、サラセン帝國を隷屬せしめ、更に、テイムール帝國の中に統一された。

やがてオスマンリ・トルコの勃興となり、一四五三年、東ローマ帝國を征服し、メソポタミヤ地方をも攻略した。以後、長くトルコ領として、古代文化は廢墟となり、サラセン文化も、空しきアラビア傳説と化すのであつた。

第四節　イラク建國

十九世紀末、ドイツの東方進出は、バグダッド鐵道問題となり、メソポタミヤを繞る、英獨の猛烈なる相剋を惹起した。

更に世界大戰勃發するや、イギリスはトルコを攻撃し、アラビア人の獨立を煽動し、トルコの專制を脫せしめた。國號をイラクと定め、ヘジャス王の第三子フエーサル（Faisal）を國王となし、イギリスの委任統治國となした。

一九二七年十二月十四日、イギリスとイラクとの間に條約が締結され、獨立を認められたが、依然イギリスは、これを飽くまでも我が勢力下に止めんと企て、一九三二年十月には、國際聯盟に加入せしめた。

イラクの政治鬪爭

イラクの王ハシム家（Hachim）は、第十三世紀以來、聖地メッカの首長であり、その附近を支配し來る。

一九〇九年フセイン（Housseim ibn Ali 1853-1931）が立つに及び、大いに勢力を强化し、トルコ治下よりのアラビア人の獨立を企圖した。偶〻大戰勃發するや、アラビア民族統一國家の君主たるを條件として、イギリス側に參加、一九一六年、ヘジャス地方の獨立を宣言した。トルコ軍と大いに沙漠地帶にて激戰し、これを擊破し、長驅してトランスジョルダン地方まで進出した。イギリスはこの力によつて甚だ大なる利益を獲得し、こゝにフセインの第二王子アブドラ（Abdoullah）をイラク王に、第三王子フエイサルをシリア王となしたが、シリアに勢力を有するフランスがこれを承認せず、イギリスはこれを何ら支持せず、遂にフランスは軍隊をもつて、フエイサルを追放し、四ケ月にしてフエイサルは位を失つた。

イギリスは、かくてイラク王アブドラをイラク王より隱退せしめ、これをトランスジョルダンに封じ、フェイサルを改めて、イラクの國民投票九六%の絶對多數をもつて一九二一年、新しく王位に即かしめた。

かくて、その政治的主權は、高等辨務官が握り、イギリスの勢力下にあつた。

一九二四年三月二十七日、フェイサル王司會の下に、第一回の憲法議會が開催、――その背後には強大なるイギリスの力があつた。なほ一九三〇年六月三十日、イギリス・イラクの新同盟條約が調印せられた。この第三條には、第三國の紛爭において、イギリスと共同動作を取るべき義務を負はされた。

かくてイラクは、トルコより獨立せりと云ひながら、實は、イギリスの完全なる支配下にあるに過ぎず、イギリスが、トルコより、大戰によつて奪取したものと云ひ得るのである。かくてアラビア人は老猾なるイギリス人によつて、單に形式的なる獨立國の名を與へられしのみにて、政治的經濟的壓迫は、寧ろトルコの時代よりも甚しきものとなつた。

第五節　イギリスの抑壓

メソポタミヤは、沙漠地帯の中に一大オアシスの如く介在する肥沃豐潤の地域であると同時に、また現代世界の最大問題なる石油資源の無盡の貯藏庫である。かくして大戰前ドイツのバグダッド鐵道問題を通じ、ドイツの三Ｂ政策――ベルリン・ビザンチン・バグダッドの鐵道敷設權を通じてドイツ東方侵略は、英獨の激烈なる對立となり、石油爭奪戰の物凄き展開となつた。

大戰勃發するや、イギリス軍は直ちにバグダッドを占領し、休戰となるや、更にバグダッドの北方百哩のモスール地方を侵略し、その石油地帯を獲得した。かくてイギリスは最も巧妙なる外交的手腕により、フランスと協力して、石油發掘權を獨占せんとしたが、アメリカの進出により、一時、英米の尖鋭なる抗爭を惹起せんとしたが、遂にアメリカにも、フランスと同じく、メソポタミヤ油田發掘會社の二二・三七五％の株を提供し、一九二八年のロンドン會議にて妥協が成立した。かくしてイギリスは、メソポタミヤ油田の絶對的支配權を持續するを得た。

更にイギリスのイラク抑壓の政策は、アラビア人の獨立を單に形式的に認めた一九三〇年の條約を結び、實質的にイギリスの隷屬下に立たしめた。

第一條　イギリス並びにイラク兩國共同の利益に關する外交政策に就いては、兩國完全にして腹藏なき協議を行ふべきこと。

第二條　兩國政府は外交使節を交換する、但しイラクはイギリス使節の先位を認める。

第三條　イラク國と第三國との紛爭を、國際聯盟その他の規約に基いて、平和的に解決するにあたり、イギリスと共同動作を取るべきこと。

第四條　兩國の一つが戰爭に入る場合には、他の一國は同盟國として之れを援助すること。

第五條　イラク國王は、イギリスの重要交通路を、如何なる事情の下においても保護すべきことをここに承認し、その爲めには第四條に規定するイギリス國王の義務遂行を便ならしむるため、バスラ近郊に數ケ所、ユーフラテス西岸に一ケ所、空軍の根據地としてイギリス國王の選擇する地域の使用を許可する。且つ上述の諸地方において、イギリス政府が兵力を維持することを許可する。

――以上の條項が最も重要なる基本的のものであり、更に第十一條に――「有效期間二十五ヶ年、但し二十年後、何れかの一國より要求ある場合、新條約を締結するも、新條約にはイギリスの重要交通路は如何なる事情の下にも保護さるべき規定を含まるべきものとす」として、飽くまでもイギリスの支配を徹底的に强壓するのである。

こゝにイギリスのインド、支那への最大の通路としてのイラクの軍備は悉くイギリスの統制下にある。英イの同盟は、まさに、嘗て、明治時代の日英同盟のそれを想起せしめ、イギリスとしては、初め日本に對しては、全くこれに類似する態度を以て接したのであつた。

イラクの國防は、イギリスの航空相の指令下にあり、航空部隊――R.A.F.がこれを形成してゐる。なほ地方的には、イラクの土民による國軍が編成された。

一九三三年九月八日、國王フェイサルが、歐洲外遊中スウイスのベルンで、突如急逝した。時に年四十八歲、日射病にて歿したと發表されたが、その眞相は、イギリスの恐るべき裏面の手によつて殺害されたと推定される。彼は多年、アラビア人の獨立のために全力を傾注し、漸く歐洲大戰を契機として、その民族獨立を實現し得たが、その背後のイギリスの力は益々執拗に、イラクを抑壓し、何ら民族解放の目的は達せられなかつた。かくて、これに對する憤懣は漸く大となり、反英的傾向の漸く明らかならんとするを知り、遂に悲慘にもイギリスの魔手によつて彼は殺害されたのであつた。國王の死後、若き太子ガジ（Emir Ghazi）が、二十一歳にて即位。彼は長くイギリスにて教育されイギリス的植民文化の實現を努めんとするのである。

かくて國内の、親英、反英の政治對立は甚だ激化し、ラシッド・アリ擧國内閣、ミッドファイ内閣更に彼の第二次内閣、ジャウダット・ベック内閣、ヤシン・パシア内閣等、頻繁たる内閣の更迭があつた。

イギリスのイラク操縱は、この親英的なガジ一世を通じて、益〻積極化し、一九三五年一月には、メソポタミヤの油田の中心地、キルクク（Kirkuk）より、イラク、シリア、トランスジョルダン等を經て地中海に至る、延長千五百五十哩に達する送油管開通式が、キルククにおいて、ガジ王司會の下に擧行された。

まさに、イギリス直系の英波石油會社（Anglo-Persian Oil Company）の徹底的勝利であつた。しかもこれは、英、蘭、（ローヤル・ダッチ・シエル）米、佛の國際コンツエルンたる、イラク石油會社（Iraq Petroleum Co.）によつて經營され、送油管による年送油量は四百萬噸に上ると云はる。

第六節　反英民族運動

アラビア民族のためのアラビアの獨立を企圖せる反トルコ闘爭は、一九二〇年四月二十五日、聯盟最高會議において、イラク地方のイギリスの委任統治が決定され、アラビア人は再びイギリスの支配下に歸した。

これを知るや、裏切られた憤懣のアラビア人は、六月二日モスールの西方、テル・アフアール(Tel Afar)において、アラビアの大反亂を勃發せしめた。

イギリス軍は大城壁の上より、直ちに猛烈なる銃砲火を土民軍の集團に放射し、白き沙漠の上に、默々と屍は散亂し、赤き血潮が熱帶の太陽の光に、黑く乾き、青い大空の下に、黃のアラビア人の旗がひらめき、その褐色のアラビア馬が疾驅するのであつた。

土民の大集團は、テル・アフアールの城塞を重圍し、外部との連絡は絕たれ水と食とに缺乏した。

かくて遂に二人の英指揮官は、多數の部下と共に死傷した。

これを見るや、七月二日、アラビア各地に土民の反亂が蜂起した。イギリス軍の彈壓は、到底これを抑止するを得ない。

遂にペルシャ、エジプト、インド等よりイギリス增援軍が到着し、漸く十月四日、ヒト（Hit）を奪還、更に猛烈なる機關砲と、更に慘虐なる空爆によつて、カルバラを攻略した。

なほ同十四日、サマワ（Samawa）のイギリス守備隊は、苦惱の六週間の重圍の後、辛くもアラビア人の攻圍を擊破し、また同十九日、クフア（Kufa）の城塞は、三ケ月目に漸く、その包圍を脫するを得た。

今やイギリスは、アラビアの獨立を抑壓し得ざるを知り、それを欺瞞するため、この獨立を承認することを言明し、一時この反亂を鎭撫した。

イギリス政府は翌二十一年四月、アラビア民族獨立運動の指導者サイド・タリブ・パシャ（Sayid Talib Pasha）を、反亂煽動の罪を以つて國外に追放した。

かくて名目的なるイラクの獨立を認め、フエイサルを王に定めた。フエイサルは、サウディ・アラビア王イブン・サウドと共に、決してイギリスの奸策に甘んずるを欲せず、常に一千萬餘のアラビア民族の獨立を企圖した。

　また、ペルシヤ國境に近く、スレイマニヤ地方を中心とするクルド人(Kurd)は、一九二二年六月十八日、果敢なる反英抗爭を決行した。

　イギリス守備隊は、その精鋭なる武器にも拘らず、次第に壓倒せられ、遂に九月五日、この地を放棄して退却するに至つた。

　十一月三十日、クルド人酋長、マハムツド(Sheikh Mahmud)はスレイマニヤに歸り、クルド人政府を建て、トルコ政府と交渉を開始した。これに對し、イギリス軍は、最も非人道的なる空爆を幾回となく斷行し、遂に翌一九二三年二月二十四日、マハムツドの政府を崩壞せしめた。――三月三日、マハムツドはスレイマニヤより逃亡し、五月十六日、この地方は、イギリス軍によつて占領された。

　しかも再びマハムツドは勢力を恢復し、六月十一日スレイマニヤを奪還するに至つた。――イギリスは、こゝに奸計をもつて、イラク人とクルド人との對立を激化し、それを抗爭せしめ、イラク人によつて、クルド人をスレイマニヤより撃退せしめた。――それ以後、兩種族の爭闘絶えず、老猾なるイギリスは、この内部紛爭を利用し、彼等の力を消耗せしめ、其の後に自らの力を一擧に加へんとするのであつた。

更にイギリスは、イラクの北部に住むキリスト教なる、アッシリア人を煽動し、アラビア人と對立抗爭せしめ、その統一を妨げるのであつた。殊に一九三三年、アッシリア教主なる、マール・シムン（Mar Shimun）はフェイサル王に忠誠を誓ふ聲明書に署名するを拒否せるため、サイプラス島に追放せられるや、七月、千三百人のアッシリア人は武裝してアラビア人に反抗した。が、イラク軍に撃破され、なほ、クルド人とも紛爭を生じ、こゝに三種族の凄慘なる血の闘爭となり、アッシリア人は多數虐殺された。――これ等のアラビア諸種族の相剋の悲劇は、すべてイギリスの非道惡辣なる分裂政策によるものであつた。

第四章　パレスタイン

地中海の東岸、シリアの南方の狹隘なる平野と山嶽、——ジョルダンの水は溪流となり、淙々として、すでに荒廢せる半沙漠地帶を流れる。死海は凝然として永遠の想ひに耽ける如く沈欝である。

そのかみ、華麗にして深奧なるイスラエルの文化を榮へしめた地、今もなほユダヤ人は、メシアの出現をまつこと、すでに二千年——

迫虐と流浪に惱めるユダヤ人は、今やシオニズムの結成により、自らの力によつて「神の國」を建設せんとする。かくてユダヤ民族を二千年間、虐遇せるヨーロッパ民族は、今や戰々兢々としてユダヤ禍を叫び、自らの良心的反省と不安なる復讐の幻想に惱まされてゐるのである。

ユダヤの地は、殆んどイスラム教徒の手によつて統治され、この「聖地奪取」のため、西歐諸國は十回餘の共和戰線による十字軍を派遣した。一時、一〇九九年より一一八七年に亘る間、ジェルサレム王國が、西歐人の手によつて建設されたが、更にエジプトの回敎徒によつて征服され、なほ一五一七年にトルコ人が攻略し、以後、世界大戰の一九一七年までトルコ領であつた。

大戰勃發するや、イギリスはユダヤ財閥を利用せんとして、ユダヤ人を支持し、一九一七年、パレスタインの地を占領した。かくてイギリスの軍事統治の下にあり、一九二〇年、サン・レモ會議により、イギリスの委任統治領となつた。

一九二二年七月、國際聯盟委員會は、パレスタインにおけるイギリスの委任統治を承認した。かくて、一九一八年、當時の外相バルフオアの宣言（Balfour Declaration）が實行されるに至つた。それにパレスタインにおける非ユダヤ人團體の市民的、宗敎的權利を毀損せず、又他國におけるユダヤ人の此等の諸權利及び政治的地位を毀損せず、といふ條件であつた。――このイギリスがユダヤ人の「民族的鄕土」を建設せんとせる契約は、あくまでもイギリスにとりて最も功利的なる目的の下に企てられたものであつた。かくてパレスタインの住民の大部を占める回敎徒アラビア人との、激烈なる矛盾、抗爭を惹起せしめることによつて、兩民族のエネルギーを、衰退せしめんとするのであつた。

一九二三年の新憲法に規定された立法議會は、大多數のアラビア人の反對により、未だ開會されない。一九二五年には、アラビア人のバルフォア卿襲撃事件があつた。また一九二九年には、「嘆きの壁」の問題に關し、ユダヤ人とアラビア人との激烈なる紛爭を生じ、それは遂に全國的な抗爭にまで發展した。

今日のパレスタインは、決してユダヤ民族の國土ではなく、總人口一〇五萬の中、回教徒たるアラビア人が七十萬、ユダヤ人は十八萬、キリスト教徒九萬、その他は遊牧民及びイギリス軍隊等である。

パレスタインの實權は、全くイギリスに獨占され、一九三三年にはオットマン法典は廢止され、イギリス刑法典が施行された。

またその國防軍備は、イギリス空軍の命令下にあり、三個中隊の飛行機と四個中隊の裝甲車が駐屯してゐる。

第五章　アフガニスタン

ヒンヅークシの山路は、インドと西方諸國との最も主要なる通路であり、この地帶を占めるアフガニスタンは、古來、東西文化の結合地であり、その政治鬪爭の戰場であつた。

或はインドの支配下にあり、或はペルシヤに征服され、アレキサンドロスにも蹂躪され、更にイスラム教の統治下に長く止まつた。

一七二〇年アフガン人はペルシヤに反抗して、獨立の爭鬪を爲したが、ペルシヤのナディル・シヤーのために一七二八年鎭壓され、再びその隷屬下にあつた。一七四七年、ナディル・シヤーは、アフガン獨立運動者のために暗殺され、こゝに彼の部下の將軍の一人なるアフガン人、アーメッド・シヤーが王に推され、こゝにアフガニスタンは獨立國たるに至つた。

十九世紀、英、露のアジア侵略は益〻猖獗となり、アフガニスタンは、英露の植民地侵略の緩衝地帯となり、僅かに其の獨立を保持した。

しかもイギリスの力は漸く大となり、一八三九年第一回アフガン戰爭において、遂に首都カブールを奪取するのであつた。イギリスは、アフガニスタンを劇しく壓迫し、國人の憤激は深刻となり、英人排撃は頻發した。イギリス兵は暴力を以て、これを强壓し、多數の死傷を出すこと屢〻であつた。

一八四二年、遂に國人は猛然、憤起し、英國兵敗れ、在留民と共に遁走、途中、カイバル峠において、アフガン人の攻撃によつて殆んど全滅した。

なほロシアの中央アジアの侵略が大いに進み、北方よりアフガニスタンを脅威するに至つた。かくて一八七六年頃には、アフガニスタンは北方をロシアに分割されんとする如き情態にあつた。

第一節　建國王アブドゥル・ラーマン汗

十九世紀、アフガンにおける英露の對立甚しく、第一回アフガン戰爭以來、親英、親露主義が、徒らに國力を分裂せしめ、植民地化が益〻進捗した。

これに憤激し、アブドウル・ラーマン汗（Abdur-Rahman Khan）は、國王シエリ・アリを首都カブールより追放し、アフガニスタンの獨立を企てた。しかも北方ロシアの侵入あり、彼は、これを鎭壓せんとして北征中、シエリ・アリは再びカブールを奪還し、却つてアブドウルは逃れて、ブハラに赴き、更にタシケントに亡命し、遂にロシアの將軍カウフマンの手に捕へられた。しかもロシア政府は南下政策のため、彼を利用すべく、優遇して毎年二萬五千留を支給した。

シエリ・アリは、ロシアの南下を防止する力なく、遂に英國の援助を乞ふた。しかも英國は、これを積極的に支持せず、アリは怒つて、却つてロシアに結び、英國使節のカブールに來るを拒み、こゝに一八七八年、第二アフガン戰爭の勃發となつた。

シエリ・アリは、ロバーツ將軍の大兵に抗するを得ず、北方に逃れ、翌年悲慘なる死を遂げた。

この故國の急を知るや、他國にある事十年、時機到れりと見たアブドウルは、三千の兵を糾合し、オキサス河を渡り、アフガニスタンに猛然突入した。祖國の英雄の出現を知るや、アフガン人は忽ち彼の旗の下に集結し、英軍と抗戰し、一八八〇年英國は止むなく、彼の主權を承認した。

彼は王位に即くや、アフガニスタンの兵力を强化し、その從來の諸侯より徵集せる封建的軍制を廢し、常備兵による、國軍の編成に努力した。カブールには每週大砲二門、小銃百七十五を製作する生產力ある兵器廠を建てた。なほ軍用道路のため、カブールより西北境、及びオキサス河に至る間、ジエラヲバートよりバダクシヤン、カフイリスタンに至る間の道を建造した。

彼は英露の政策を精密に探査し、當時、ロシアが積極的なる侵略政策であり、イギリスがインド防衞の消極的なるを知るや、彼は心に深くイギリスを憎みながら、これと結び、ロシアの侵略を防止せんとした。

彼は、祖國アフガニスタンの運命を、大いなる湖上に浮ぶ白鳥に譬へた。湖の一方には老虎が物凄き眼を光らして構へ、他方には一群の餓狼が牙を白く出して咆哮する、――白鳥が一方の岸に近よつた時、猛然、老虎はその前脚をもつて、その羽をむしり取つた。驚いて他岸に行けば、狼群は、白鳥を、まさに捕へんとする。かくて白鳥は、恐るべき敵を免れるために、常に湖心に泛ばざるを得なかつた。

この兩大國の勢力の間を巧みに處し、强大なる兵力を建設せる彼は、一九〇一年死し、二十年の治世を終つた。

第二節　ハビブラー汗

統一ある近代的軍隊を編成せる、アブドウル・ラーマン死し、その長子ハビブラー汗（Habibullah Khan）が即位した。アフガン人として、當然に英露を憎惡するのであるが、彼もまた、ロシアの侵略政策に抗すべく、親英政策を取らざるを得なかつた。これは、考獪なるイギリスが巧みに、ロシアを惡宣傳し、アフガンをして、親英的たらしめるのであつた。しかもロシアのトランス・カスピア鐵道は益〻伸長し、更にシベリア鐵道と連絡するに至つた。

この南下政策を恐れしイギリスは、アフガン王を籠絡するため、一九〇四年、サー・ルイス・デーンを、インド政府からカブールに派遣せしめ、ロシアの攻略に備ふべき條約を結ばしめた。かくてインド政廳よりの援助金を五割増加し、これを以て國防費となし、一九〇五年のデーン條約が調印された。

使節がカブールを去らんとする前夜、王は一行を晩餐に招待した。アフガン王が、異教徒と食を共にせるは、此の時が最初であつたと云はる。一九〇七年、王はインド政府の招待に應じ、インドに赴き、大なる歡迎と同時に、インドの兵力の强大なるものを示された。かくて彼はあくまでも積極的なる親英主義者となつた。

なほ一九〇七年、英國はドイツの脅威を恐れ、こゝにロシアとの妥協をなせる英露協約を結び、アフガニスタンに關しては、

一、英國政府はアフガニスタンに於て、單に平和的趣旨を以て其の勢力を行使すべきことを約す。また英國政府自らロシアを侵迫する措置を執り、またはアフガニスタンに援助を與へて、該措置を執らしむることなかるべし。

二、ロシアはアフガニスタンを以て、ロシアの勢力範圍外にあることを承認し、アフガニスタンとの政治的關係は、イギリス政府を經て之を處理すること及びアフガニスタンに代表者を派遣せざることを約す。

三、一九〇五年、三月一日カブールに於て調印を了せる條約に顧み、イギリスはアフガニスタンの如何なる部分をも併合又は領有せざること、及び其の内政に干渉せざることを約す。但しアフガ

ニスタン王に於て、前記條約によりイギリス政府に與へたる約束を履行せざる時は、此の限にあらず。

四、邊境に駐在するロシア及びアフガニスタンの官憲は、政治的性質を有せざる地方的問題に關し之を協定せんがために直接交渉することを得。

五、兩國政府は商業上機會均等の主義を維持することを宣明す。

――この協約にてロシアはペルシャに關し大なる利權を得る代りに、アフガニスタンに於ては、殆んどすべてをイギリスに讓歩したのであつた。

世界大戰勃發するや、回教諸國の主宰者なるトルコが、聖戰「ジハッド」と稱して、ドイツ側に參加するに至り、親英的なるハビブラー汗の地位は、漸く困難になり、反英勢力が王に對する脅威を示すのであつた。

一九一九年二月二十日の未明、ハビブラー汗は、ラーグマンの陣營にて何人かの手によつて暗殺された。時はまさにパリ平和會議開催の折にて、世界は一大衝動を受けた。その眞相は殆んど不明であつた。推測によれば、アフガニスタンには、トルコ及びドイツの支持の下に、排英祕密結社が結成され、その主魁は、故王の弟ナズルラー及び故王の第三王子なるアマヌラーであり、親衛隊の有力なる軍人が、多くこれに加盟した。彼等は暗殺成功後、ナズルラーが王位を繼承し、アマヌラーはカブール總督となつて、事變後の騷亂に對する計畫を豫定した。

しかも、これより先き、祕密計畫に參加せる親衛隊軍人の中、三名の將校は、夫々故王の王女を賜はるべき婚約があつたが、故王は容易に、これを與へず。或は計畫が漏洩せるかと疑ひ、遂に、豫定計畫のなほ十分ならざる時に、暗殺を決行し、その目的を達した。

王の凶變後、アマヌラーは、豫ての計畫の如く國都カブールに貴族を會合し、父王の死を示し、更にナズルラーの王位繼承を告げた。しかも貴族等は何故に王長子が繼承せずして、王弟が即位するかを問ふた。アマヌラーは何らの答を爲さなかつた。貴族等は王長子が、父王暗殺者に復讐の手段を講じつゝあるかと問ふた。アマヌラーは、王長子は何らの手段をも講じ居らぬと答へた。かくて、貴族等は王長子を怯懦にて王者たるに値せず、アマヌラー自ら即位すべしと主張した。この言により、アマヌラーは、俄かに野心を起し、豫定の計畫を破り、自ら國王たるべきを宣言した。

しかもジエララバートに駐屯中なる、故王の最も信頼せる將兵等が、故王の死を悼み、憤り、報復のため「兵士會」を組織し、その凶行者が、アフガニスタン軍總司令ナディル・シャーの弟、アーマツド・シャーなるを確め、總司令の一族を捕へ、極刑に處せんとした。

アマヌラーは、直ちに「兵士會」に對し、その犯人を裁判に附し、極刑にすべきを條件として急遽カブールに送致すべしと告げた。「兵士會」はこれに應じて、犯人を送致した。カブールにあつては、囚人來るや、それを直ちに放免した。

アマヌラーは巧みに軍隊を我が勢力下に集め、ナズルラーも、新王に對し服從を誓はんため、ジエララバードからカブールに赴いた。しかも驚くべきことに、故王暗殺嫌疑者として、直ちに捕へられて獄に投ぜられた。また王長子イナヤットウラーも、父王暗殺の時、事を誤つたとの罪名の下に、禁錮せられるのであつた。

なほ故王凶變の責任者として、故王護衛の聯隊長が、アマヌラー王の即位式の時、罪死に當るとて銃殺に處せられた。

第三節　アマヌラーの反英政策

アマヌラーは、イギリスのアフガニスタン侵略に斷乎反對し、その國軍を充實し、一擧、イギリスの心臟インドを攻略せんと決意した。もとハビブラー王の暗殺こそ、實に故王の親英政策を排棄せんがための決行であり、それが成るや直ちにその年の五月、新王は敢然として、インド侵入を實行するのであつた。多年に亘るイギリスの植民地化は苛酷を極め、アフガンの民族性を絶滅し、その固有の文化を破壞し、單なるインドの番犬たらしむるべき國軍の編成――それはアフガン國の兵にあらずして、實にイギリスのための軍隊に外ならなかつた。

新王はこの亡國の悲慘に憤起し、回敎の烈々たる信仰に生きんと欲した。こゝに新王の計畫に、インド西北境の諸部族も、それに應じて蹶起した。なほ新王の密使は、インドに潛入し、回敎革命主義を宣傳し、アリ兄弟も、この回敎復活のために猛然憤起するに至つた。

すでにインドにあつては、ローラット法案に對する反對、イギリスの對土政策に不滿なる分子は、盛んなる排英運動を全インドに起し、インド敎徒とイスラム敎徒とは、多年の紛爭を忘れて、堅く提携して激烈なる反英抗爭を始めた。パンジャブ地方には、悲慘なる流血の紛亂が、頻發するのであつた。――虐げられしインドの苦惱を救ふはまさにアフガニスタンの最高の使命であり、また祖國を確立する唯一の道なり、と新王は決意し、こゝにアフガンの軍は、インドへの難路を突進した。

この急報に接するや、インド政廳は、直ちに二十萬のインドの大軍を動員し、これをもつてアフガンとの國境を防備した。アフガンの兵は極めて小數である。しかもこれに對し、イギリス飛行機は、猛然たる爆彈を投下し、敵に多數の死傷を續出せしめた。

更に英飛行機は、何ら空襲の裝備なき國都カブール、及びジエラランバートの上空に飛び、慘酷を極めた空爆を全市に行ふのであつた。全市民の被害は甚大であり、混沌たる紛亂の中に陷入つた。新王はこの市民の悲劇に對し、如何とも爲し得なかつた。――國境に進出せるアフガン軍は、數十倍の英軍を擊破し、雨下する空爆に抗し、インド國內に侵入した。

しかも此の侵入も、國都の動亂のため、進軍が中止され、新王は和議をイギリスに求めざるを得なかつた。

イギリスの鎮壓は、最も非人道的なる慘虐を極めた手段によるものであり、かくて、國人は容易にイギリスに心服せず、イギリスは止むなく、勝利せるに拘らず、完全なる獨立を認めざるを得なかつた。こゝに一九〇七年の英露協約は當然に無効となつた。アフガニスタン王は、インド政廳よりの補助金を與へられざる代りに、何らイギリスの國內干渉を受けざるに至つた。

イギリスは、全くこれを植民地化さんとしたが、その民族性強く、日露戰爭後、民族獨立運動は、いかなるイギリス兵の暴壓に對しても、勇敢に續行された。しかも世界大戰により、ロシアの革命の影響は、インドの國民運動と結合し、一九二〇年の悲壯なる反英獨立戰爭を起し、遂にイギリス軍を擊破して獨立を獲得した。一九二一年アフガニスタンは、イギリスと條約を結んで獨立國となり、翌二二年には立憲君主政體を確立した。

しかも英露の對立は、深刻なる國內の矛盾となり、一九二八年春、國王アマヌラー汗が、王妃と共に歐洲に巡遊して歸り、根本的なる反英的革新を斷行せんとしたが、この不在を利して、親英派が策動し、階級對立、種族爭鬪を激化し、內亂勃發し、國王は退位して、其の王弟に讓り、カブールを逃れた。

一九二九年、反亂軍は、王軍を撃破して首都カブールに侵入し、新王もまた亡命した。かくて、同年九月ナディル汗が、反亂軍の主長ハビブラを敗滅し、親英的の王政を繼承し、イギリス植民地的な近代的西洋國家を形成した。が、一九三三年、反英派の一學生アブドル・カリクのために暗殺され、その子ザヒールが即位した。

一九二六年、もと國王はアミール(Amir)と呼ばれたが、これをシャー(Shar)に改稱するに至つた。同年、ソヴエートと、不侵略中立條約を結び、なほ一九三四年、ソヴエートが國際聯盟に加入するや、アフガニスタンも、同年これに加盟するに至つた。

第六章　トルコ

トルコは、もと東方アジア、蒙古地方より西進して小アジアに建國せる國であり、匈奴、フンヌはこの祖である。一二二五年、マラサン地方のトルコ族酋長スレイマンが、約五萬の遊牧軍を率ゐアルメニヤに入り、其の子はセルジユク・トルコに隸屬し、小アジアに封土を得、更に孫オスマン一世の時、一二九九年、獨立し、サルタンと稱し、オスマン・トルコを建設した。

トルコの國力、大いに伸張し、一四五年、ムハメッド二世は、遂にコンスタンチノープルを攻略し東ローマ帝國を亡ぼし、ここにバルカン地方は、悉くトルコの支配下に歸した。

これに次で諸王は、ペルシヤ、シリア、エジプト等を侵略し、地中海の制海權を掌握し、全く西歐諸國を制壓した。しかも一五七一年、スペインの海軍とトルコ海軍は、レパントの沖にて激烈なる大海戰をなし、トルコ艦隊敗れ、これよりトルコの勢は次第に西歐の新興エネルギーに侵食されるに至つた。

ムスタフア二世（一六九五――一七〇三年）の時、カルロウイッツの屈辱的な媾和條約（一六九九年）にて、オーストリア、ロシア、ポーランド、ヴエネチア、ハンガリー、ギリシヤ等の諸領を失ひ、益〻西歐の東方侵出を容易ならしめた。

しかも再びトルコの國力は中興し、マームツド一世（一七三〇――五四）憤然として、オーストリア、ロシアと戰ひ、これに勝つて、アゾフとドナウ地方を奪還した。しかもムスタフア三世（一七五七――七四）の時、ロシア軍がトルコ軍を擊破し、こゝにワラキア、クリミア、モルダヴイア等の地を割讓し、更にアブヅ・ハミツド一世（一七七四――八九）には、黑海北岸をロシアに讓渡した。マームツド二世（一八〇九――三九）の時代、英、佛、露の三國干涉によつて、ギリシヤは獨立した。

更にエジプトは反亂し、クリミヤ戰爭、及び露土戰爭、等により、西歐諸國は、すべて共力してトルコの領地を奪取せんとするに至り、トルコの國力は益〻衰弱した。

サルタンの獨裁は、徒らに專制的となり、青年トルコ黨の自由主義的運動を惹起し、過激なる西洋化を實行した。しかもトルコ復活の行動は、却つて第一、第二バルカン戰爭、伊土戰爭、等により、西歐のトルコ領を益〻減少せしめ、更に、ドイツと協力して世界大戰に同盟軍として戰ひ、財政窮乏して止むなく休戰せざる得なかつた。

一九二〇年、セーヴル條約により、トルコ領はコンスタンチノープルと小アジアの一部に減少するに至つた。

第一節　新トルコ共和國

この敗戰による困窮のトルコにおいて、國民黨の首領ケマル・パシャは、條約の無條件承認に反對し、一九二〇年、アンゴラに新國民議會を開催。

翌二一年臨時憲法を出した。

一九二一年より二二年のギリシヤ・トルコ戰爭には、自ら戰線に立ち、國軍を指揮して勝利を獲、一九二二年より二三年のローザンヌ會議で前條約を破棄し、その國土の恢復を承認せしめた。なほ一九二二年、國民議會にて、サルタンの廢止が決議され、翌二三年、共和制が決定され、第一回大統領に、ケマル・パシヤ（Gazi Mustafa Kemal Pasha）が就任した。

更にアンゴラが新首都とされ、カリフが廢され、主權は全く統一された。かくてオットマン帝國は亡び、トルコの國號が用ひられた。

初め新トルコは、イスラム敎を國敎とし、トルコ語を國語とし、大いにトルコの自主獨立を强調しトルコの傳統精神を復興せんとしたが、やがてイギリス、フランスの財政政策に支配され、東方的トルコ主義を捨て、西歐的な民主的傾向を濃厚にし、遂に、一九二八年、四月十日の國民議會は、イスラム敎の國敎たるを廢するに至つた。

舊都コンスタンチノープルは、黑海とマルモラ海の中間を扼し、ボスフオロス海峽に臨み、東西兩大陸の接合點にあり、西歐の東方政策の重要基點となり、汎ゲルマニズムと汎スラヴイズムの交錯點として「死十字政策」の中心地であつた。

第七章 ペルシヤ

古代文化地帶の中心なりしペルシヤ灣の沿岸ペルシス（Persis）に住めるイラン人が、始めてペルシヤを建國した。

西曆前六世紀、キュロス王に至つて國力大いに振興し、メジアを亡ぼし、小アジアのリジア、新バビロニアを征服し、更にフエニキヤ、シリア、等より、メソポタミヤ一帶を奪取し、地中海岸のギリシヤ植民地を攻略した。

その子カンビユセスの時代には、遠く南進してエジプトを征服し、當時世界最大の國家となつた。更にその子、ダリウス王の豪華なる極盛期には、東はインダス河より西はギリシヤ、北方はトラキヤ、マケドニヤに及び、ヨーロツパ、アフリカ、アジアの三大陸に跨がる大帝國を建設した。

スーサに都を定め、古代のスメール文化の復興を企圖し、更に、その文化はパミール高原より、天山南路を經て支那に入り、またインドに及び、こゝに極東の古代日本皇國文化と相呼應するのであつた。

ダリウス王、クセルクセス王、二代に亘る數度のギリシャ遠征は失敗に終り、こゝに東方古代文化は、悉くヘレン文化の中に流入攝取され、燦然たるヘレニズムの文化を形成した。その東方の世界國家イデオロギーは、アリストテレースの哲學體系となり、その指導原理の下に、若きアレキサンドロスの世界都市建設の遠征となつた。

かくてペルシャはギリシャに征服されたが、大王の夭折するや、大版圖は忽ち分裂し、舊ペルシャ領はセレウクス王朝の下に統治された。

ササン朝勃興して、一時大いにペルシャは國勢を振ひ、幾度か東ローマ帝國の首都を脅かした。しかもマホメツトが出現し、その强力なるサラセン帝國は、六四一年、ササン朝ペルシャを併呑した。十三世紀には蒙古民族の征服によつて、イル汗國の一部となり、更にチムールによつて統一され、後ムガール帝國に支配された。

十六世紀の初期、イスマイルが獨立の兵を擧げ自らの王國を建設した。

近代となるやペルシャは英露の侵略政策によつて分割され、一九〇七年、英露協商にて、ペルシャは三分され北部はロシア、南部はイギリスの勢力範圍となり、その中間は中立地帯となつた。

一九〇五年、ロシアに革命が勃發するや、ペルシャにもその影響あり、更に日露戰爭にて、日本の勝利に刺戟せられ、ペルシャの自主的確立運動が强化され、一九〇六年八月、憲法が制定された。同年國民議會（Medjliss）が開催された。

世界大戰勃發するや、ペルシャは中立を守つたが、その國内は英露のため軍事占領され、ロシア革命によつてロシア軍が撤退するや、ペルシャは全くイギリス軍に獨占された。

一九一九年の條約にて、ペルシャの財政及び軍事は悉くイギリスに統制された。ペルシャの國内は益〻紛糾し、二一年には、イギリスとの前條約は破棄された。ソヴエート・ロシアの勢力大いに强化されたが、コサック出の士官リザ汗（Riza Khan Pahlevi）はペルシャ民族統一と獨立とを目的として蹶起――强大なる武力をもつて、一九二一年二月、政權を獲得し、二五年、カジャール（Kajor）朝を廢して國王サルタン・アマッドは退位し、パリに亡命した。かくて彼自ら王位（Crown of Darius）に即き一切の一大變革を斷行した。かくてパーレヴィ王朝を建て、一九三五年國號をイラン（Iran）と改めた。

今イラン古代文化の復興が漸く重要ならんとする時、それと著しき聯關を有する古代日本文化との統一を必須とし、こゝにアジア運命協同體建設の輝しき方向あるを知る。日本のアジア綜合の力は、脈々として流るるイラン文化傳統との根源的統一の中にこそ、鮮やかに實現せらるゝを意識すべきである。

第八章　エジプト

第一節　古代エジプト

古代文化の母なるナイルの流れは、年々の氾濫に肥沃なる土壤を沈澱せしめ、その流域には燦然たるエジプトの文化國家を形成せしめた。

その永遠の記念碑として、大ピラミッドは屹立し、大スフィンクスは謎の微笑を浮べ、大オベリスクは華やかなりし歴史を表徴するのであつた。そして數千年後、なほ生けるそのままの「ミーラ」の存在は、かの大殿堂の柱廊に彫まれし壁畫と共に、古代エジプトの現實を髣髴とせしむるものである。

ナイルの河谷には、その王朝成立以前、すでに長く原始石器民族が棲息してゐた。南方エジプトには南部アラビア、ソマリーランドよりナイル上流に渡れるハミット族があり、北方エジプトにはセミット・リビア、或はプロトセミットと稱すべきセミット族がその中心をなしてゐた。北方人種は最初より、太陽崇拜「ラア」の信仰を有し、南方人種は首都をネケブ――今のエル・カブに定め、百合花草を紋章とし、その守護神は兀鷹女神であつた。この南方の統一に、やゝ遲れて北方も主都をブトに定め、蜂を國章となし、蛇女神ブトを守護神とする北方國家が成立した。

その南北の兩國が、紀元前三四〇〇年頃、メネス王によつて結合され、こゝに鷹をもつて表象する男神ホルスの信仰が確立した。かくてその王號は、百合花草と蜂とを合してインシビと云はれ、また百合花を王冠としその王冠の額に、蛇を戴くのであつた。その宗教的首都は、エジプト史家によればアビドス附近のチニスであり、今のメンフイスに南北統一の軍事的中心があつた。

第四王朝は「ピラミッド王朝」と呼ばれ、エジプト第一期の燦爛たる黄金時代であつた。第二代國王クフは、政治的の英雄であり、またシナイ銅山等を盛んに採掘し、エジプトの富は巨大なるものとなつた。國家は絕對王權の下に統制され、國王は物心兩面の最高者であつた。

クフは、その偉大なる力を永遠に象徴するために、キゼーに大ピラミッドを建設した。それは單に國王の陵墓であるのみならず、また一般人民の共同の大墳墓であり、また死後の世界の表徴でもあつた。――平均二噸半の石材二百三十萬個を積み、墓底の面積は十三エーカー、高さ四百八十一呎――ヘロドトスの記録によれば、これに要した人員十萬人、二十年間の長年月を費したものであつた。

この極めて精確な幾何學的稜角を有する大ピラミッドは、一にはエジプトの最高の科學、天文學のための天體觀測所であるとも云れる。しかもこの超時代的な大建設をなすために、無數の驚くべき犧牲が、石材の下に埋められ、その死と血と苦惱との上に、その大ピラミッドが絶對者の如き權威をもつて形成されたのであつた。實にこの無限の犧牲と悲劇との上にこそ、その不滅の記念として、その絕ゆるなき哀悼とも云ふべき大陵墓が、まさに國家と民族の墓である大金字塔が、今日もなほ永劫の存在を示してゐる。しかもそれを批判し、それを表白する如く、大スフィンクスの眼は眺め、その唇は開かれてゐるのである。

中王朝時代は、紀元前二四七五年、第七王朝に始まり、テーベを首都となした。――古代王朝の壯大にして明朗なる時代精神は、今や內面化し、神祕化するのであつた。かくてピラミッドが、古王朝時代の豪華を表象するとすれば、青空に聳ゆるオベリスク方尖塔は、中王朝時代の沈靜と典雅とを表示するのであつた。しかもエジプトの社會生活は沈滯し、暗欝なる保守性が支配的となり、政治は全く鎖國的なるものと化した。

この時代に遊牧の蠻民、ヒクソスの凶猛なる侵入となつた。その文化なき野蠻人は、エジプトの絢爛たる文明を破壞し、更に暴力をもつて一切のものを彈壓した。ヒクソスは何らの文化を創造することなく、單にエジプト文化を奪取し、享樂するのみであつた。

エジプトは第十八王朝によつて、自らの主權を復活し、中興せる新王朝時代に入る。時に紀元前一五八〇年であつた。

アーメス王はエジプトのテーベを復興し、こゝに東方ヒクソスに對する復讐的遠征を試みるに至つた。かくてその通路なるパレスチナの都市はエジプトに奪取され、更に遠く、メソポタミヤの地域に進擊するのであつた。今や東方諸民族の諸文化は悉くエジプトに移入され、幾多の戰勝を記念する建築がテーベに林立し、「百門のテーベ」と稱せらるゝ如き世界文化の偉觀を呈した。

トートメス一世の雄圖は、更にこれを擴大し、古代世界文化の最高潮を示した。王の死後はハタス女王が一時攝政となり、堂々たる大オベリスクをばアシアンの花崗岩をもつて、ナイルの河岸に建設し、その世界國家の不滅の姿を表現せんとした。

次に弟トートメス三世即位、その五十三年七ヶ月の長き治世は、エジプト最强の黄金時代であり、まさに世界の道は悉くテーベに通じた。――カルナックの神殿の壁に、彼の征服せる都市六百二十八の名が刻銘された。彼の十四回の輝ける大戰の勝利は、彼をして古代世界最大の英雄たらしめた。

しかもこの壯大なる國力は、アメノフィス三世時代を最高とし、次にアメノフィス四世即位するや彼はユダヤ的信仰の影響を受け、エジプトの多神教を排し、唯一の太陽神アトン（Aton）のみを認め、他の一切の神々を拒否する宗教改革を斷行した。舊都テーベがアムン・ラーの都であるために、これを廢して、新都を北方二百哩のテル・エル・アマルナに建設した。しかもこの大規模なる宗教革命は人民の反對するところとなり、特に權力ある僧侶の反抗によつて妨げられて、成功せず、內部的對立が激化して、國力は甚しく衰亡した。かくて王の死するや、七人の王女のみを殘し、最高の權威を示せる第十八王朝は大いなる悲劇をもつて沒落するのであつた。

第十九王朝は、ラムゼス一世によつて、テーベの舊都に再建せられた。その子、セチ一世は、再び東征を敢行し、パレスチナを攻略し、フエニキヤの地中海の商業權を奪取し、更に諸民族の神々をテーベに移入し、自由なる信仰を許して、世界國家を建設せんとしたが、人民の反對によつて成功しなかつた。

ラムゼス二世は、十歳にて即位、彼の八十年の治世は、エジプト最後の光榮時代であつた。彼は、その華やかなる時代を記念するために、盛んに寺院、彫刻等を創造し、今もなほヌビアの荒寥たる大沙漠の中、大花崗岩の斷崖に、四個の巨大なる神像を作り、日出の東天を凝視せしめるのであつた。

その後、エジプトは僧侶の横暴のために國力全く衰へ、アッシリアの侵略によつて、エジプトの首都は破壞され、その馬蹄によつてエジプトの文化地帶は悉く蹂躪せられた。

今や古代エジプトは悲慘なる沒落の中に沈み、クレオパトラの美しき姿は、古代エジプト文化の最後の殘映であり、その偉大なる傳統の、ローマによる絶滅と共に、自らの運命をば悲劇的に決するのであつた。

第二節　エジプトの變遷

ローマの支配下にあつて、アレキサンドリアの文化は、古代エジプトの文化を繼承し、更にユダヤ、キリスト教等の影響の下に、極めて高度の發達を示した。ローマが政治的軍事的に强壓を加へつゝも、このアレキサンドリア文化は、ローマ文化と對立的な獨自性を創造したのであつた。

三九五年、ローマ帝國が分裂するや、エジプトは東ローマ帝國の一屬州となつた。しかも六四一年アムル(Amru)の率ゐるサラセンの騎兵部隊の攻略によつて、アラビア人に征服され、以後全く回教を信仰するに至つた。

更に一五一七年トルコのセリム一世(Selim)がエジプトを平定し、トルコ領となした。近世に至りギリシヤ獨立戰爭起るや、エジプト太守メヘメッド・アリは、トルコのために兵を出したが、却つてトルコ王と對立し、トルコの衰退に乘じて、トルコに反旗を飜へし、突如、小アジアに攻め入り、まさにコンスタンチノープルを攻略せんとしたが、イギリス、プロシャ、オーストリア、ロシアの四國同盟の軍に撃破された。かくて、一八四一年、エジプト太守の位を世襲するを許されて退いた。

アリの孫イスマイル・パシャ(Ismail Pasha)は、一八六七年、トルコよりケーヂヴ(Khedive副王)の稱號を與へられ、一八七三年には司法、行政、軍事、外交の獨立權を得て、事實上の獨立國となつた。

時に佛人レセップスの計畫になるスエズ運河の開鑿に關し、財政上の困窮を來し、英佛兩國は、政治的に經濟的に干渉するに至り、一八七九年、兩國はトルコに迫つてイスマイルを廢して、その子を太守となした。そのイギリスの暴慢な態度に、エジプトの愛國者は大いに憤激し、アラビ・パシャ(Arabi Pasha)の率ゐる國粹黨の暴動となり、エジプト在住のヨーロッパ人が多く殺害された。

ここに一八八一年七月、イギリスはエジプト遠征の軍を派し、九月にはカイロを攻略し、遂にエジプトを征服するに至つた。エジプトは事實上、イギリスの屬國と化した。一九〇四年、英佛協約によつて、イギリスはエジプトを保護國となした。

一九一四年、歐洲大戰勃發するや、イギリスはエジプトに於けるトルコの宗主權を全く否定し、時の副王アッバス二世(Abbas)を廢して、メヘメッド・アリ家のフッセイン・カミール(Hussein Kamil)

をエジプトのサルタンとなした。

大戦終るや、イギリスは約に反いて再びエジプトを抑壓せるため、獨立黨首領ザグルル・パシャは獨立承認をイギリスに要求したが、イギリスは、これを許さず、しかもパシャは却つてイギリス軍に捕へられて、マルタ島に幽閉された。かくてエジプト人は大いに激昂し、猛烈なる反英運動が勃發した。イギリスは徒らに强壓するを不利なりとして、彼等を籠絡、懷柔するために、一九二二年二月、エジプトの獨立を承認した。

一九二三年、エジプト王は憲法を發布し、世襲王國となつた。しかも獨立は未だ單に名のみでありイギリスの力は牢固として抜くべくもない狀態にある。イギリスはエジプト獨立承認に際して、――一、スエズ運河を主とするイギリスの交通安全、二、エジプトにおける外敵の防護、三、エジプト國内の外國利益及び少數民族の保護、四、イギリスのスダンにおける利益を保護する等の諸權利を保留してゐるのである。

エジプトの軍備は、なほイギリスの統制下にあり、特に財政、經濟は全くイギリスに隷屬せるものである。

第二部　インドの反英闘争

第一章　インド民族問題

アジア民族をヨーロッパ民族の悲慘なる奴隷と化し、その飽くなき搾取の上に、近代資本主義の尨大なる富の蓄積がなされたのであつた。いかに古代ピラミッドの建設に二十萬の奴隷を酷使した事も、また大ローマの重壓の下に諸國の奴隷が虐待された事も、この十八世紀以來のアジアの全面に亘る奴隷化には、到底比すべくもない。更に歐米は、單にアジア大陸のみならず、暗黑アフリカ、南方オセアニア州に對しても積極的な政治的侵略、分割を爲し、これによつて住民を悉く人間以下の道具として、消耗し廢滅するのであつた。

高度にして燦然たるアジア古代文化は、その未開野蠻なる西洋の侵略者のために破壞され、更に凶猛狡猾に奪掠されたのであつた。自ら東方文明の限りなき恩惠の下に生長しながら、否、西洋近代文明は、その基礎、要素を悉く東洋の創造によるもののみであるが――それを巧みに歪曲隱蔽し、自ら奪へる文化を以て尖鋭なる武器となし、優秀なる先進國に對して、恩を仇で復する最も非人道的なる侵略と强奪とを、到る所肆まに行ふのであつた。――これが實に近代西洋文明の本質であり、それを政治的に植民政策によつて僞瞞し、抑壓し、統制するのであつた。

この三百年の白人の世界征服によつて、他民族は悉く劣等視され、また自らもそれを哀れにも肯定し、その政治的經濟的侵略を歷史的必然なるかの如く思惟するに至つた。そこに近代の西洋中心の進化論的世界史の驚くべき欺瞞と科學的擬裝とがあつた。――この世界侵略と資本主義的獨裁の主動力こそ、イギリス帝國主義の老獪なる世界政策に外ならなかつた。

しかも、この獰惡なるイギリスは、巧みに新興日本を利用してアジアの番犬たらしめんとし、更にイギリスと世界的覇權を爭はんとする、ロシアの世界最强の武力と全面的に衝突せしめて、これを挫き、更にカイゼルの世界爭覇のドイツをば、日英同盟の名の下に、それを擊破せしめ――一面にはイギリス世界政策の最も鮮かなる成功を示しつゝも、他面には隱然たるアジア復興、アジア民族の猛烈なる反擊を勃發せしむる最大の契機たらしめた。

――今や世界史は、全く新しきアジア民族解放の一大聖戰と、皇國日本による世界統治の偉大なる序曲が嚠喨として奏出せられんとする。しかもこの人類史の一大轉換こそ世界政治史上、最大の意味深き事實であり、この政治的現象の中には、實に無限の犧牲と悲劇とを埋藏せるを知るのである。

支那事變は單に支那における西歐米的勢力の驅逐のみならず、それは直ちに佛領インド支那、ビルマ、ジャバ、スマトラ、更に英領インドに對する白人的抑壓の積極的否定を必然に結果するものであり、これこそがイギリスの援蔣政策の最大理由であり、また眞の日本の長期總力戰たるの所以である。すでにその戰端は切られ、次に來るべき戰場を最も精密に探査し、作戰計畫を明細に確立すべきである。

第二章　イギリスの植民地的侵略

第一節　創始時代

イギリスの植民地は、ヘンリー八世の治下においてホーアの植民地經營の失敗、またギルバート、ローリーの植民地政策の不徹底のために、エリザベス女王の晩年には、何らの存在は無かつた。スコツトランド、アイルランドもすべて獨立的であつた。かくてスチユアート王朝最後の王アン女王の時に、始めて三王國に統一せられ、次に植民地の創設は、一六〇六年のヴアージニヤに始まつたが、十七世紀に至り、大ブリテンの堂々たる出現を見たのであつた。

エリザベス女王崩御時代のイギリスは、ニユー・フアウンドランドの漁業地にて領主となり、セント・ローレンス、フロリダ間の海岸に植民地を作るべく種々の計畫を立てた。また支那、インドに達する西北の通路を得んため努力した。かくて世界一週の二遠征隊を出し、また、メキシコ及びペルーの貨物を載せたスペインの商船を盛んに掠奪した。

一五八八年、イギリスがスペインの「無敵艦隊」を破り、スペインの世界國家は崩壊し始めた。かくて東方貿易と世界の海上權を有するオランダと抗爭し、革命の獨裁者クロムウエルによつて發布せられた一六五一年の「航海條例」は、決定的な對立となり、遂に一六七四年にイギリスはオランダを屈服した。これに次で永年に亘るフランスとの戰爭——一六八八年より一八一五年に亘る長期戰は、ナポレオンの敗北によつて、イギリスの勝利に歸した。この間、スペイン王位繼承戰爭、オーストリア王位繼承戰爭、七年戰爭、ナポレオン戰爭、等悉くイギリスは、フランスを擊破するに全力を注いだ。しかもこれはイギリスの海上權の掌握、インド植民地の獲得等によつてフランスを制壓し得た。十九世紀を通じ、イギリスの世界政策は益〻その國力を充實、擴大し、領土は全地球陸地面積の四分の一を領し、人口は全人類の三分の一を占めた。

しかもこのイギリスの世界的發展の端緒は、十六世紀に、スペイン等の商船を襲擊するイギリスの海賊の行動であり、この首領、ハワード、ドレークはその最も有力なる掠奪者であつた。ドレークは二度、南米に渡航し、その際エリザベス女王は彼に對して――「汝に害を爲す者は、我に對して害を爲すものなり」と云ひ、かくてこの航海にて、約六十萬磅の財貨を積んで歸國した。女王は自ら旗艦「金の牝鹿《ゴールドン・ハインド》」號に臨み、ドレークの勳功を賞して、ナイトに任じた。――しかもこの海賊の力によつて、スペインのアルマダを擊破し得たと同時に、また海賊は一つのイギリスの產業であつた。イギリスの資本家はすべて、海賊船建造のために投資した。かくてその半公認海賊艦隊は、スペインの南米航路に用ひた三層の大型帆船ガリオン船を捕獲し、またメキシコ等のスペイン都市を襲擊、掠奪するのであつた。この無制限な海賊行爲は、またインドの東インド會社の非道なる侵略政策となるのであつた。クライヴ、ヘースティングス等は、その海賊の首領、ジョーン・オックスハムやサー・フランシス・ドレーク等と同一の掠奪者に外ならなかつた。

第二節　イギリス商業資本の侵略

十八世紀における、イギリス商業資本の進出は、オランダ人がジャヴァで爲した如き、暴力、譎詐、掠奪を以つてインドに臨んだ。かくてインドの國內商人は全く困窮し、ナワーブ（Nawab）はこれに對し反對するや、イギリスは武力によつてこれを彈壓した。ナワーブはこれを記して「彼等は農民の資財と商品とを、その價値の四分の一を以つて掠奪し、又暴力と壓迫とによつて、農民に僅か一ルピーにしか値せぬ商品に五ルピーを强制的に支拂はしめた」また「ルツクープールの會社員等は、ターシルダールよりタルクダールの地域を暴力的に收用し、自用に供し、何らの地代を支拂はなかつた」と。

彼等は自らの商會の力によつて、その附近の住民より前貸を强制した。それに從はざる織物工は、逮捕され、鞭打たれ、更に追放せらるるに至つた。なほ前貸をなすや、この職工は記入され、會社の奴隷と化され、品質、價格、時日はすべて勝手に定められ、そのために極度の窮迫に陷つた。更にインド職工は、この會社への商品生産に、極度の勞働强化を强要され、それに對する罰責は峻嚴を極めた。この嚴格なる監視の下に、各職工は過勞し、そのため生産期日に遲れれば、巡警が派遣され、一日一アンナは職工が負擔せしめられた。しかも商館によつて決定される價格は、普通の市價の一五%減であり、或は四〇%減にさへ達することがあつた。それはインドの各地方に及び、ナゴーツの生絲生産者、バラマハールの紡織、カシミヤのショール生産地、等はすべてこの、イギリス商館による完全なる奴隷狀態にあつた。

一七九三年の會社規定に——「會社より前貸を受けたる者は、會社と契約された勞働乃至生産を、英人、土着人たるを問はず、何人にも與ふることを許さず」その前貸方法はインヴエストの名を以て呼ばれ、その額は一七九三年——一八一三年の十九ヶ年に、年々一、三二三千磅に達したのを見ればいかにその範圍の大いなるかを知ることが出來る。

東インド會社は、自らの兵力を養ひ、英本國に對し年四〇萬磅の貢納を爲すのであつた。しかもインドの土地制度を改革し、古來の孤立的な自足の村落共同態は全く破壞され、大地主の出現と稅制とを改正した。この變革に最も大なる力を示したものは、イギリスの機械工業であり、その産業革命の經濟地盤を爲せるものが、インドそのものゝ尨大なる富源に外ならなかつた。——かくてインドの商業資本は、今やより大規模なる近代産業資本によつて征服され獨占さるゝに至つた。

第三節　インド産業資本の制壓

イギリスのインド侵略は、その巨大なる産業の發展により、十八世紀より十九世紀にかけ、イギリスの資本は、機械生産及び世界市場を獨占するに至つた。イギリスの經濟力によるインド侵略は益々猛威を逞しくし、一七八五年より一八一五年に亘り、東はビルマ、アッサム（一八二六年）西はパンジャーブ（一八四八年）シンド（一八四三年）を除く、無限に豐饒なる地方は、すべてイギリスの蹂躙に委せられた。――一八一三年、インド貿易における東インド會社の獨占は終り、その市場は、イギリスの製造業者に開放された。かくてイギリス本國よりの商品が奔流の如くインドに輸入され、イギリス製の商品の氾濫は、忽ちインドを入超國に變ぜしめた。關税は名のみの低率なるものにて、その製造業者は莫大なる利潤を獲得し、そのためインド人よりの搾取は愈々積極的となつた。――一八一三年のカルカッタの對ロンドン輸出の棉花二百磅は、一八三〇年には、同額の輸入綿製品によつて代へられた。一七八〇年に於けるイギリス商品のインド輸出額は、僅か三八千磅、貴金屬輸出一五千磅で全外國貿易の三十二分の一に過ぎなかつたが、一八五〇年には、大ブリテン及びアイルランドよりのインド輸出額は、八、〇二四千磅となり、全輸出額の八分の一以上を示し、また綿製品は、五、二二〇千磅、同總貿易中の四分の一以上を占め、木棉工業は大ブリテンの人口の八分の一を働かせ、全國民の所得の十二分の一を與へたのであつた。かくて東インド大陸こそ、彼等の最大の財源であり、最上の市場であり、國力の基礎となつた。

しかも十九世紀の中葉、イギリスのあまりに苛酷なるインド植民地の搾取は、却つてインドそのもの丶經濟的困窮をもたらし、インドの人口一人當りのイギリス商品の消費量は、南アメリカの九志乃至六志、中央アメリカの一〇片に比して、僅かに九片となるに至つた。――その間に、一八三三年には中央財政が確立し、一八三五年には統一的幣制が定められ、一八五三年より、鐵道が敷設され始めた。なほスエズ運河の開通によつて、インドの産業開發は、益〻倍化され、幾多の産業原料が生産され出した。

「人間の生命と勞働力は、インドで賣られる凡ゆる商品の中で最も廉い」と云はる丶如く、インド

よりの富の搾取は、甚しく巨大なるものであり、本國費として、年々負擔する額は、

（單位百萬磅）

年平均	公債利子	海軍費	陸軍費	行政費	鐵道利子保證、官營事業	物資購入	總計
一八六一――七四年	二・〇	〇・二一	二・五	一・一	三・五	一・一	一〇・五
一八七五――九八年	二・六	〇・一〇	三・四	二・三	五・三	一・二	一四・九
一八九九――一九一三年	二・五	〇・一四	四・一	二・五	六・九	一・六	一八・九
一九一四――二〇年	三・五	〇・一四	四・六	二・六	九・六	二・九	二三・九

インドこそ、今日もなほ英本國輸出の最大の消費者であり、またインドよりの輸入は、北米よりの輸入額に次ぐものである。かくて英國人がインド貿易よりの搾取無くして、決して失業救濟、敎育費等の巨大なる世界に比なき社會政策的施設は、到底實行し得べきではなく、英本國人の收入一磅の中、四志は少くも、直接、間接インドより得てゐるものであることを知るべきである。

しかもイギリス高利貸の跋扈、イギリス會社員、官吏の驚くべき腐敗と貪慾等のため、インド人は悲慘の底に沈むのみであつた。一七六九年より七〇年に亘る大饑饉において、イギリス人の米の買占めと共に無法なる暴利の販賣にて、未曾有の慘事を起し、ベンガルの人口の三分の一は死し、ガンジ

ス河は、死屍を以て埋もれたと云はれる。しかも一七七一年の徵稅額は六八年に比してすら增加を示してゐた。

經濟學者サア・ウイリアム・リグビーは云ふ、「一八五〇年にはインド人一人一日の收入は八錢であり、一八八二年には六錢となり、一九〇〇年には三錢となつた」と。

インド政廳の發表せる統計によれば、インド人一人一年間の收入は、四十ルピーであり、この慢性の榮養不良は、死亡率は著しく高く、一千名に對する三十二人であり、平均生存年齡は二十三歲六ヶ月となされてゐる。

またインド國內が、いかに食料不足で困窮し、餓死に瀕する時に於てさへ公然とその貿易港よりは山積された多量の穀物が、盛んに歐洲に輸出されるのであつた。

更にインドの英國官吏に支拂ふ俸給は、言語同斷の高額であり、これによりイギリス人は巨大な財產を持つて國に歸り、インドは益〻貧困を大にするのみである。しかも敎育を全く與へず、かの世界文化史において、最古の大文學、大思想たるヴエダ文學、ウパニシヤツド、佛敎經典、更にゲーテを嘆賞せしめたインド詩劇、等の幾多の最高文化を創造せるインド人をして、遂に今日の見る影もなき悲慘なる無智と荒廢に陷らしめたのであつた。

かの神嚴なるインド宗教藝術として絢爛たる世界最美の建築ターヂマハール等を建設せるインド人をして、徒らに家なき放浪の廢人たらしめたのは、實にイギリスの不法極まる非人道的な强壓政策そのものであつた。

クライヴ、ヘイスチングス等のインド侵略史は、その表面的の英雄的行動の反面に、慄然たるインド人虐殺と驚嘆すべき僞瞞政策の實行があつたのを、さすが貪婪にして非良心的なるイギリス人自らも、明かに認め、その國民的英雄を罪人として告發するに至つた。

イギリスは、インド内部の回敎、ヒンズー敎、シーク敎、ゾロアスター敎等の諸宗敎の混亂を利用して、益〻それを矛盾、抗爭せしめ、またインド本來の階級制を巧みに强化し、その少數の上層階級のみを厚遇して親英主義たらしめ、その下の階級的差別を更に强大ならしめ、それによつてインド人の國家的民族的統一を不可能ならしめるに努力するのである。

ラムゼー・マクドナルドは云つた「インドにおける租税率が低率であると非難するものあるも、それは事實上止むを得ない。問題はインド人民の租税負擔能力であり、インド人總體として、彼等の能力は『事實に於て零《ゼロ》である』――英國人には頭割平均一〇磅を課し得るも、インド人には、一志《シルリンク》のみである、しかもこれさへインド人には過重とならん」と。

シーリーは「英國膨脹史論」において――「若しインドに於て、微かながらも、共通の民族的感情が起り始めるならば、たとへ積極的に移入來を驅逐せんとする要求を抱かぬまでも、若し此の國土を占有する進入者に協力することを恥とするに至らば、その日こそ、我がインド帝國の失はるゝ日である。我等がイタリヤに見たる如き民族運動が、或はインドに勃發するならば、イギリスはオーストリア程の抵抗も能くし得ずして、直ちにその勢力を失墜するならん」と。

またホーマー・リーは歐洲大戰に先立つこと二年、「アングロ・サクソンの時代」なる著書に於いて「イギリスのインド喪失は、イギリスの領土に、アングロ・サクソンの一切の血と火と鐵とを以てするも、到底その破れたる兩端を接合し難き一大破綻を惹起するを意味する」と。

イギリスの暴壓に對し、一八五七年セポイ（Sepoy）の反亂があつた。英軍はインド獨立を絶叫するインド人を虐殺し、無數の無辜の國人を殺戮した。――戒嚴令が布告せられ、その年の六月に、立法部を通過した許りの恐るべき苛酷なる彈壓法が實施せられた。英軍は慘虐なる「巡回法廷」を設け時には法廷を經ずして、直ちに死刑にされた。しかも單に反亂者のみならず、老人、婦女子も多數殺され、時には一々これを絞殺せずに、その村落もろ共に焚殺するのであつた。しかも英國軍人は、この大量虐殺を狩獵氣分でなしたと、英人エドワード・トムプソンは、その「セポイ反亂」の著に書いてゐる。

この反亂により、イギリスのインド統治は益〻重壓を極めるに至つた。東インド會社は廢せられて英國政府の直接統制となされた。インド人に對しキリスト教化をなし、その自治權其の他の政治的權力を否認した。またインド人の武裝解除をなし、英人の抑壓に對し彼等を無力ならしめた。なほ法律を嚴にして、インド獨立運動を根絶し、更に、イギリスの財政及び產業を强化するために、インドの經濟資源を利用すること、更に「分割し統治する」根本政策を徹底的に實行せんと決意した。一八七七年、ヴィクトリア女王は、インド女王の稱號を得、インド人民の利益を、全く英人の利益に從屬、利用することを確立した。かくして英國は、その國運を全くインドの上にのみ依據し、その世界制覇も、實にインドの尨大なる富源の上に建設せられたのであつた。――大英世界帝國の運命は、一つに其のインド領の保全にかゝつて居り、これを一度び失はんか、イギリスは單に一大世界銀行と化すのみである。

インドは、年々數萬磅の軍費を支出して國防を充實するが、これはインド人を防衛するにあらずして、インドの獨立を抑壓するインドの鐵鎖の强化であり、またイギリスの地盤を他國から防備する武力のためである。しかも英國政府は、インドの軍費に對しては一片《ペニー》も支拂つてゐないのである。英國の豐富なる國庫は何ら負擔せず、巨大なるインド軍費は、饑餓に蹌踉たるインド人の頭にのみ、のしかゝるのである。

更に、ボンベイ、カルカツタ等に見る、堂々たる近代西洋文明を誇示するかの如き植民地的大都市は、すべてイギリス人のための呪はれたる都會であり、その物質的威壓と搾取とによつて、インドの精神文化、豐富なる財的資源をば悉く吸收、荒廢せしめ、益〻インド人を最後まで虐げる地獄の如き機關である。實に白々と椰子の葉蔭に屹立する大建築こそ、その基礎にはインド人の無限の赤き血潮の凝結の存するを認むべきである。

かくて「百のインドを失ふも、一つのシエークスピアを失ふべからず」の英人の言は、今や「百のシエークスピアを失ふも一のインドを失ふべからず」こそが、彼等の眞意に外ならない。

第四節　教育の壓迫

インドの今日の悲慘な文盲は全くイギリスの植民政策の强化によるものであり、イギリスの占領以前にはインドは、文化の極めて高き國であつた。それをイギリスは悉く拒否し、文化を破壞し、しかも何らこれに與へる所がなかつた。今日、英國政府が、インドの廣大なる全土に支出する敎育費は、米國のコロンビア大學がそれ自らの一校のみに費やす額よりも輕少であると云はれる。

かくて、未だインドの從來の王族の支配してゐる諸國、ミソール、トラヴアンコール、ヴアロダ等においては、英國インド諸州より、兒童敎育制度、その狀態は、遙かに優良であるのを見る。一九二一年國勢調査の報告において――トラヴアンコール國の文字を解する者は、男子三割八分、女子一割七分、コチン國は男子三割二分弱、女子一割一分半、ヴアロダ國では、男子三割四分、女子五分弱であるに對し、英領インド諸州にありては、男子一割四分弱、女子二分に過ぎず、また、一九二九年の國勢調査にては、英領インド諸州の男女を通じ、僅かに六分弱を示されてゐる程の低劣を示してゐる。

イギリスは、この大衆を全く無智に低落せしめ、遂にインド文化とその傳統を忘れしめ、インド民族獨立の意慾を消滅せしめんとするのであつた。しかもこの理由として、インド人の、學問に對する不適當を理由とするが、これこそ甚しい歪曲であり、インドこそ、アジアに於ける最も卓越せる學問の國であり、その文化史を一瞥するならば、寧ろ今日の西歐文明の源流は殆んどインドにおいて、それを求むべく、かくて現代においても、若し教育を與へられんか、ラビンドラナート・タゴール、ラーマン、ガンヂー、ゼ・シ・ボース等の如き偉大なる文化人を出現せしめるを見るのである。

實にイギリスの教育制度は、インドのアジア文化を根本より破壞し、先天的なる未開性に墮落せしめんとする驚くべき非人道性を暴露するものである。しかも一部のインド上層階級に對しては、宏莊なる大學を建設し、全くのイギリス的教育を與へ、インド本來の深奧なる精神文化をば意識的に否定せしめ、全くの植民地的文化に盲從せしめるのであつた。

インド統治の最も苛酷を極めたカーゾン卿さへ、一九〇一年、インド總督時代、デーリイ政廳の演說において――「英國人が未だ森林の放浪者であつた頃、英領植民地が荒野未開なりし時代、すでにインドは早くも富み且つ榮えてゐたのであつた。インドは人類の歴史の上に、哲學の上に、宗教の上に、地球のいかなる民族よりも偉大なる足跡を印したのであつた」と。

――このアジアの大いなる母は、今やイギリスの慘虐極まる壓制の下に苦しみ、喘ぎ、しかも自らの存在を知らず、呪ひ、否定せんとするのである。

第五節　インドの饑餓

英國の官吏リリイはその著「インドとその問題」において――「十九世紀の初から八十年にかけ、千八百萬人のインド人が飢餓のために斃れた。ヴイクトリア女皇が帝位に卽いた年、その一年のみで南インドに五百萬の餓死者があつた。余の熟知するベラリー地方では、一八七六年より一八七七年に亘る饑饉において、全人口の四分の一は死亡した。余はこの恐るべき饑饉の經驗を終生忘れ得ないであらう。毎朝、馬に乘りて政廳に行く時、路上幾百幾千の死屍が累々として野犬と禿鷹との貪るに委せられ、更に傷ましきことは、幼兒が母から捨てられし如く、骨と皮のみとなりて、言ひ難き悲し氣な表情を以て泣いてゐた光景であつた。――」

――インドの饑餓は日常的であり、毎年、その何れかの地方に凶作があり、しかもインド人は、農民の半數以上、三度の食事を完全に食べたことを殆んど知らぬ程である。實に一億に近いインド人は一年に一度さへ、空腹の氣持を忘れたことが無いと云はれる。

六月より九月に至る多量の雨を齎す南西のモンスーン——これこそ年雨量の約九〇%をなす——の如何は、インド農業の決定的なる條件であつた。しかも五ヶ年の中、一年は雨水少く、十年に一度は必ず旱魃に苦しまねばならぬインドに饑饉は絶えたことがない。かくてこれに對する灌漑設備こそ、最も重要であり、古代においては大いに發達したが、イギリスの政治下になりて、これが充分行はれず、農民の困窮は益〻増大した。しかも零細なるインド農民は、この自然の大なる力に對し、何ら抵抗の方法を知らない。かくて一度、饑饉に襲はれるや、餓死者は萬を以て數へ、無數の家畜の喪失となり、これに乘じて凶惡なる高利貸は農民の土地を奪ひ、その生活の最後の一線を失ふに至る。——エル・レイ（L. Rai）は云ふ——「近時のインドの饑饉は食料の饑饉ではなくして、資金の饑饉である。國土には常に全人口を養ふに足る食料がある。しかも民衆は、輸出商、小賣商人の要求する價格で、それを買ふ資金を何處に求め得られるであらう？」

ウイリアム・デイグビー（William Digby）の饑饉凶作の調査によれば

	件數	地帶
十一世紀	二	地方的

十三世紀	一	デーリ附近
十四世紀	三	地方的
十五世紀	三	地方的
十六世紀	三	地方的
十七世紀	三	地域不詳
十八世紀前半	四	地方的
一七六九――一八〇〇年	四	ベンガル、マドラス、ボンベイ、南部インド
一八〇〇――二五	五	死者約一〇〇萬
一八二五――五〇	二	死者約五〇萬
一八五一――七五	六	死者約五〇〇萬
一八七五――一九〇〇	一八	死者推定二六〇〇萬

――これによれば、イギリス統治後、饑饉は、イギリス資本主義の發展、侵蝕によつて、その廣さと程度において著しく擴大せるを知るのである。

一七六九――七〇年のベルガルの饑饉は、州内人口の三分の一、約一千萬は死したと云はる。しかも東インド會社はヘイスチングスの時代であり、租税をあくまでも嚴格に徵發した。この餓死の悲慘の中にありて、會社吏員は食料品を高價に販賣して巨利を博した。

また一七八四年及、一八〇三――四年の饑饉においても、同樣の暴利が貪られた。ことに後者の時は、マラッタ戰役の際にて、一層、大なる地租が賦課されたのであつた。

一八三三年マドラスにおいて、オンゴールよりマスリパタンに至るまで人骨を以て蓋はれたと云はる。

ことに一八六五――七年のオリッサの大饑饉は、カルカッタよりマドラス市に至る全沿海地方及びビハールに及び、その面積約十八萬方哩、四千七百五十萬人を含み、オリッサ一州のみにても、死者百萬と云はれ、全地域の人口の四分の一は餓死した。

一八七六――七八年には、マドラス、ボンベイ、マイソール、ハイデラバッド等の南部インド及びパンジャーブ、ウード等の大饑饉となり、被害地域二十五萬七千方哩、人口五千八百五十萬人に達し死者約四百萬を越え、ボンベイ州のみにても七七――七八年の死亡數は、平年を超ゆること八〇萬と稱せられた。

一八九六――七年には、西北國境州、ウード、ビハール、マドラス、中部諸州、ボンベイ、パンジャーブ、等を襲ひ、三〇萬平方哩の六千九百五十萬の住民が餓死に直面した。

更に一八九九――一九〇〇年には、中部諸州、パンジャーブ、ボンベイ等、其他インド藩王國に達し、四十七萬五千平方哩、住民五千九百五十萬人を含み、惡疫は流行し、英領インドのみにても、七十五萬人を死亡せしめた。

第六節　重　税

「インド農民の收穫の半ば以上に達する苛酷なる重稅」とハーバート・スペンサーの時代に、彼が痛烈に批難したインドの重稅によつて、インド人は全く困窮の底に沈み、イギリス人はこれによつて世界制覇を獲得したのであつた。

イギリス侵入以前のインドは世界最富の繁榮せる地方であり、高貴なるインド製品は世界市場の驚異であつた。

イギリスはこのインド人の生産事業を壓迫するために、高率の關稅制度を設け、また日常生活に必須なる鹽に對し、多額の鹽稅を課した。

しかもこの血稅は、英國官吏の贅澤極まる俸給と恩給とに多く支辨されるのであつた。更にインド人を强壓するために派遣、駐屯されたイギリス兵の軍費のために使用されるのである。

なほ一九一四年より一八年に亘る世界大戰において、インドは交戰者と非交戰者とを合して百四十萬千三百五十人を參加せしめ、且つ五億弗の軍費を支出せしめたのであつた。

更に年額少くも二千萬磅は、インドからイギリスに送金され、これと共に、個人が持つて歸英する分がそれと同額に近く、かくてこの全額は、インドの租稅收入の半額に當つてゐる。

しかもイギリスのアジア侵略戰爭には、インドの上に、その軍費が加へられた。

アフガン戰爭には、一千五百萬磅、二回のビルマ戰爭には一千四百萬磅、支那、ペルシャ、ネパール等の遠征に六百萬磅等が支出され、これがインド人の負擔となつた。しかもこの他幾多のインド人反亂のためにイギリス軍が消費せるもの約四千萬磅、及び東インド會社の資本及配當は三千七百二十萬磅にて、それ等の合計一億一千二百萬磅の多額が、インド人より搾取されたのであつた。

かくてインドがイギリスのために支出した軍事費の總計は、實に二百十二億八千萬ルピーと推定されるのであつた。

イギリスのインド統治は、あくまでも隱すべからざる最大の非人道的罪惡である。その「白人の義務」とは、白人が自らの利益のために、如何に有色人を搾取するかの表面的合理化である。

かくていかにイギリスが、インドに恩惠を與へたとするも、この多額の搾取と、自由の剝奪とによりて、インドは、それに對する遙かに高價な支拂を爲してゐるのである。

第七節　インドの英國的平和

英國はインド侵略に對し、「インドの平和」のためであると主張するも、これは全くの欺瞞であり却つてインドの平和は悉く否定され、インドに於ける英國の平和が要求されたにすぎない。

イギリス侵入以前のインドは決して、英國の云ふ如く流血と戰爭の國ではなく、宗教と文化の平和なる祝福された國土であつた。

イギリスのインド侵略は執拗と貪婪を極めたものであり、インド平和は、インドのために墳墓を築くことであつた。

侵入――怨嗟――反抗――軍隊の派遣――流血、鎮壓――そしてキリスト教的な欺瞞政策を以て、道徳上、このまゝに遺棄するに忍びない、文明をこの野蠻の上に與ふべきである。――しかもこの野蠻こそ「アジアの高度なる文化」であり、この文明こそ、西歐の物質的强奪に外ならなかつた。

こゝにインドの自由は全く否定され、拘束と壓迫の中に衰頽し行く民族の悲慘な沒落を、インドの平和と呼ぶのであつた。

しかも「インドの平和」こそ、イギリスの搾取の地獄であり、この中にこそ、戰爭よりも遙かに慘虐なる殺戮と强奪が行はれるのだ。インドに對し、眞の戰爭こそ、日々の平和よりも遙かに人道的なる幸福に外ならない。

第三章　インド獨立運動

インドの侵略者ヘイスチングスに對し、エドマンド・パークは「彼は傳統古く富有にして廣大なる一つの國家を蹂躙し、これを荒凉たる沙漠に變ぜしめた」と議會において難詰、彈劾した。またマコーレーも「三億の民は悲慘の底に追ひ込まれた。これを爲した政府は、野蠻時代の專制主義にもまさる極端なる壓迫と、文明が與へ得る一切の威力とを兼ね備へた政府である」と公言した。

かくてインドには、この悲慘に抗し、猛然たる「民族精神」の復活と文化復興、政治的獨立の要求が燃え上つた。

一八五七年、「セポイの反亂」は忽ち全インドに擴大し、ヒンヅー族、モスレム族も、これに合流し、白人支配より解放されんとする闘爭に參加した。

しかもイギリスの老獪なる植民政策は、インドの最も有力なる王族をして親英的たらしめ、それがインドの民衆を裏切り、兵員、金力等によりイギリスを支援した。またパンジャーブの人民、特にシックー族が、この運動に加入せず、英人を援助した。更にイギリスの外交は、列國の植民政策を通じ國際的助力を得たが、インド革命軍は孤立し、ことに回教徒の教父なるトルコ皇帝は、英國の友となり、トルコ領内のインド回教徒、ことにハイドラバット國王をして英軍を援助せしめた。また革命軍は組織的な統一力が無く、これに對し英軍は近代的な武器と兵力とによつて、遂に革命は敗れた。

この革命が挫折するや、全インドには猛烈なる彈壓、テロ政策が實行され、獨立運動はすべて地下潜行運動に化し、何ら社會の表面に獨立の主張を爲すことが出來なかつた。

一八八四年まで、獨立運動は休止し、僅かに上層階級、インテリゲンチャによつて「憲法運動」が計畫されたに過ぎなかつた。

僅かにインド人は、インド人の法律上の平等なる地位、法律を自ら執行する權利、外部的干渉なくて法律を作る權利等を獲得せんとした。

しかもこの運動は徒らにイギリス政府に嘆願するのみにて、何らの効果を示さなかつた。

第一節　インド國民運動

眞の强力なるインドの政治的獨立運動は、一九〇五年、日露戰爭において、日本が西歐最强のロシアの侵略を敢然として擊退せる所に始まる。このアジア民族のヨーロッパ民族に對する勝利は、全アジアの諸民族に甚大なる刺戟を與へ、澎湃たるアジア復興の自覺と兆候とを示したのであつた。

ここに新しい極端派（The Extremist Party）が結成され、偶〻インド總督カーゾン卿が、インドの積極的統制を爲さんとして、ベンガル州を、州民の熱烈なる反對にも拘らず、これを二州に分割せんとした。こゝに於て州民は、革命的インテリゲンチャに率ゐられて蹶起し、一九〇五年、英本國に對し、分割反對を陳情した。英國政府は、これを「總督の處置は旣定事實なり」と云つたが、そのインド人の反對は執拗であり、遂に英國政府は、これを變更するに至つた。――こゝにインド國民主義運動の劃期的事實となり、白人に對する猛然たる反抗を激成するのであつた。

まさにそれは、日露戰爭の大なる結實であり、同時にエジプトの國民運動、「ペルシャ人のペルシヤ」運動、トルコの青年トルコ黨の勃興、回教徒の運動等、すべて、アジア日本の勝利による反ヨーロッパ運動の點火に外ならなかつた。

この「自治と自助」とをスローガンとする「極端派」はインド國民運動の中心となり、反英抗爭を全インド化せんとするに至つた。すでに一八八五年に「全インド國民會議」（Indian Congress or All India National Congress）が創設せられたが、それはこの「極端派」によつて指導され進展した。

その創設時代の國民會議は、政治的民主主義運動をなし、この結成の助力者は、英人で退職官吏アラン・オクタヴイアス・ヒユーム（Allan Octavius Hume）であつたが、それが一九〇五年に至り、全く新しき政治的自治と、國民的統一とを要求するものとなつた。――インド國民主義（Indian Nationalism）は、實に日露戰爭の直接的結實であつたと云ひ得る。

インド獨立運動の思想的指導者としては、二十世紀の初期において、チヤツタージエー(B. C. Chaterjee）クリチユナヴアルマ（S. Chrichnavarma）詩人タゴール（Tagol）テイラツク（B. G. Tilak）ゴーシユ（A. Ghosh）レイ（L. Rai）等があつた。すでに一九〇四年タゴールは（Swadeshi Samaj)を書き、國家内にインド國家を建設する原理を示した。

今や年長の穏和派は、青年の急進派に壓倒せられ、一九〇六年、カルカッタの全國民會議の開催となる。この時、ナオロジ（D. Naoroji）が議長となり、兩派の對立を統一するため、インド獨立の綱領を提出した。

「一切は一言を以て盡し得。そは植民地にあらざる『自治政府（Self-Government）の要求』である。この政治組織のみが、我々の唯一の救濟であり、この自治政府の中に、我々の希望も、我々の力も、又我々の偉大も存してゐる。結束せよ、而して忍從せよ！　然らば幾百萬の民衆は、貧と飢ゑと病の死地より救はれ、更に幾千萬は物質窮乏と飢餓の脅威より逃れ得るならん。而も我がインドは、やがて嘗ての誇らかなる地位を、亞歐諸大國の間に再現し得るならん」と。

かくして「極端派」の要求により、綱領が決定せられた。

1、自治政府
2、家内及び內地生產業の保護
3、英國家に對するボイコット
4、國民敎育の促進

――この四綱領は後日、ガンヂーが創唱せる「非協力運動」（Non-Cooperation Movement）の根本をなすものであつた。

一九〇八年シユラート（Surat）の全インド國民會議において、インド獨立派と穩和派とは尖鋭なる對立を示し、遂に穩和派の「機械的政策《マシーン・ポリチク》」が勝ち、獨立派は窮地に陷ちた。穩和派は、この活動を憲法的運動にのみ極限し、自治政府における過半數の票決權により、「自治領制」（Dominion Status）を形成せんとしたが、獨立派は、これを妥協なりとしてあくまで反英運動たらしめんとした。

一九〇九年、英國政府は「モーレー・ミントー改革」（The Morley-minto Reform）を容認したのは、獨立派の强化を抑壓せんためであり、インドの立法部が變革された。が、これはイギリスの穩和派懷柔の政策であり、しかも權利は一切總督が握り、立法部に對し執行部の權能は依然として存在した。この變革により、インドの民衆は何等獲る所なきを知るや、大衆は穩和派を去つて極端派に接近するに至つた。

今やインド獨立運動は國際的聯闘を生ずるに至り、その支部を、ロンドン、パリ、東京及びアメリカの主要都市に置き、反英運動は俄かに强化した。

一九〇七年「Yagantar」（新時代）」なるカルカツタの新聞の主筆が、獨立運動に關し、訴追せられし時、青年國民主義者ダツト（Dutt）は法廷に立ち、敢然として「我らは完全なるインドの獨立を主張する者なるが故に、白人の政府によつて維持せらるゝ司法法廷を認め得ず。従つて、かくの如きものは、我等黨員を審理する權能なし――」と叫んだ。

第二節　世界大戰時代

世界大戰時代こそ、インド獨立の絶好の機會であつたが、イギリスのインド政策は老獪を極め、あらゆる甘言をもつて國民運動を懷柔した。かくて一九一五年春、ラホール、ベナレス、シンガポール、マンダレー等に獨立派の革命運動が勃發したが、インド大衆は穩和主義者に結び、英國協同派の勝利となる。インドは軍事的にも、財政的にも莫大の援助をなし、大戰中、インドが海外に派遣した兵士の總數は百二十一萬五千人を越え、戰時費の財政的支援は現金三億五百萬磅に上ると云はる。これは固より、英國政府が、インドの自治を公けに與ふることを誓約したためであつた。

英國政府は、時のインド事務大臣モンタギュ（Edwin Montague）をインドに派遣し、總督チエルムスフォード子爵（Chelmsford）と共に、一九一七年冬より翌年春に亘つてインドの實情を調査し、統治法改革の案の起草に着手せしめたが、これはあくまでも表面的のインド懐柔策にすぎなかつた。

一九一八年四月、この報告が發表せられ、新改革案の草案が作成された。――これは幾分、從來の極度の中央集權制を改めて、漸次に地方分權的政策を採らんとするものであつた。これに對し、戰爭に多大の犧牲を拂つたインド國民主義者は、決して滿足しなかつた。

しかもこれと同時にローラット條令（The Rowlatt Act）が發表され、インド人を極度に憤激せしめた。ローラット條令とは、戰時非常法として施行せられたインド國防條令を平時恒久的のものとし、安寧を害する者なりと認むれば、その何人たるを問はず裁判を經ずして、これを逮捕投獄し得る權能を行政官に與ふる彈壓令であつた。

五百人の無辜のインド人が、ダイヤー將軍（Dyer）の英軍に射殺せられたるアムリッツア事件（Massacre of Amritsare）は、このローラット法反對運動中であつた。

ガンヂーは、大戰中は極力英國政府を支持し、英國のため參戰するインド兵の募集に從事した。またインドは南アフリカ及諸地方の對獨戰爭に武器軍需品を供給した。一九一四年十一月のフランス軍の危機は、インドの援軍によつてのみ救はれたのであつた。フォッシュ元帥は報告において――「インド軍は最上の堅實と勇敢とを以て、軍の要求によく適應して戰つた。而して彼等は自らの希望により、塹壕戰にて活躍し、有要にして且つ貴重なる任務を遂行した。」

にも拘らず、ダイヤー將軍がインド人を虐殺すると知るや、ガンヂーは猛然激昂し、こゝに極端なる反英主義者となつた。一九一九年、カルカッタに全インド國民會議が開かれ、エル・レイが議長となり、反英政策を採擇、ガンヂーの主張により、左の綱領を定めた。

1、立法部における凡ての名譽的地位、稱號、資格を忌避すること
2、政府の下に於ける凡ての報償的地位を拋棄すること
3、警察及び軍事關係の凡ての任官を拒むこと
4、政府に對して納稅を拒むこと

――ガンヂーは、ヒンヅー族とモスレム族の對立を解消せんとし、インドの回教徒と結合し、「非協力運動」は忽ちにインドの大衆に波及した。この運動は激化し、一九二一年には、ラジュ・パット・レイやシー・ダス等の有力なる指導者等は多數に投獄された。

しかもインド國民主義者の運動は益〻盛んとなり州立法議會を占領し、「インド議會」なるものを現實の立法には何ら力なきものたらしめた。

ことに一九二一年プリンス・オブ・ウェールスのインド訪問により、益〻この反英運動は激化された。――殿下のボンベイ上陸を機會に、各地に反亂、大工場のゼネ・ストが勃發、四日間、都市の活動はすべて停止するに至つた。殿下の御上陸の日、八十三名の警官が負傷し、五十三名のインド人が射殺せられ、二百九十八人が負傷し、三百四十一人が捕縛せられ、百六十臺の電車が燒かれ、百三十三の店が破壞された。

太子に對し、全く暗然たる雰圍氣の中に、後年、王位辭退の先入見を與へたのであつた。

また同日カルカッタにおいても全市民は一齊に休業し、夜には電線は切斷され、暗黑化された。他の都市、村落にも暴動が起り英國官憲は裝甲自動車、機關銃等により、辛くもこの暴動を抑壓したが、市民は何ら殿下を歡迎する所か、却つて深酷な反感を示した。

一九二四年、第一次英國勞働黨内閣が成立し、インド人は自治問題の解決を期待したが、しかもラムゼイ・マクドナルドは「一九二四年十月二十五日のベンガルに關する法律」を出し、これは「無法の法律」と云はれ、この實施と共に數百のインド志士が投獄せられた。この法律によれば、

1、インド人に對しては令狀なくして逮捕及び家宅搜査を爲し得

2、これ等の被疑者を、インド解放運動關係者として審査し得

3、この法律の下に任命せられた委員は、被告人を審理のため引致することなしに、犯罪者なりと認定し得

4、何人の書いた如何なる陳述も、法廷において人證又は對質することなしに、法律侵犯の有效なる證據として採用し得

5、苟しくも嫌疑者は一ヶ月の間は何等の理由なくして拘禁することを得

6、審理は法廷を公開せずしてなし得

7、被告人はその防衛のため、辯護士を依頼する權利も拒否さる

——これにより、インド總督アール・リーデイング(Earl Reading)は極力インド人を抑壓したが

しかもインド立法議會における國民主義者は、一九二三年より三六年に亘り、壓倒的多數を以て——「インドに對する國民憲法を起草するために、英國とインドとの兩代表により所謂『圓卓會議』を開くべきことを要求する」の決議を二回も通過した。が、それは成立しなかつた。

一九二六年、アーウイン卿(Lord Irwin)がインド總督となり、モンタギユ・チエルムスフォード改革法により、インドの實情を調査し、英國保守黨内閣は、保守黨三名、勞働者二名、自由黨一名より成り、檢事總長ジョン・サイモン(John Simon)を委員長とする委員會を設けた。

サイモン委員會が、すべて英人委員から成り、インド人を缺いたことに對し、インド本國は大いに憤慨、穩和派、獨立派を問はず、委員會をボイコットするに決した。總督は止むなく委員を變更したが、何ら反對の氣勢鎭らず、二回インドを訪問せるサイモン委員會は、全インド人の反抗の中に、各地に「サイモン歸れ!」のデモが敢行された。一九二八年パンジャブ州のラホールにおいて、このデモを指揮せる國民運動の領袖ラジパト・レイ(Rai)は、警官のために毆打され遂に死亡するに至る。

この囂々たる反對の中に、サイモンの調査は試みられ、一九三〇年に「サイモン報告書」が發表された。それはインド人に對し、何ものをも與へるところが無く、徒らに巨費を用ひ、尨大なる調査報告は、インド人に對する貢獻ではなく、全く、いかにイギリスがインドを利用、搾取すべきかの調査に外ならなかつた。第一卷には、統治組織、教育の問題、直轄インドにおける代議制發達の程度等、を調査し、第二卷には、その將來の豫測、展望を爲したものであつた。

第三節　ネールの擡頭

サイモン委員がインドを巡歴せる間、インド人は盛んなる反對運動を激化し、更に自らのインド憲法を起草すべき方向に進んだ。

一九二七年十二月、マドラスの第四十二回インド國民會議は、テイ・エル・ネール（T. L. Nehru）に指導され、積極的に闘爭綱領を決定した。――「インド國民の目標は完全なる國民的獨立にある」ことを宣言した。この會議において、アンサリ博士は力說した。――「インド國民は今やインド問題を國際的見地より思考せねばならなくなつた。このためにアジア諸國との文化的關係を增進し、この友好的聯關を强化すべきである」と。

このマドラス會議の決議には、すでに左翼的影響のかなり著しきものあるを否定し得ない。

「この會議は、一九二七年二月ブルツセルに開催された反帝國主義會議に於ける帝國主義反對聯盟の形成を歡迎する。而して其の帝國主義對抗連動の組織と、全インド會議は歩調を合はせて進むべしとなす同會議の決定を採納す。

此の會議は、支那における凡てのインド軍隊及び警官隊は、直ちに召還し、而して苟くもインド人は、將來、英政府の使用人として、支那國民――それは、本會議の意見によれば、帝國主義反對闘爭に於いてインド國民の同志である――に對し戰闘をなし、又は反抗するために支那に行くことを禁止する。

更に會議は、インド國民は隣邦諸國人と抗爭せず、專ら彼等と平和的に交通し、彼等隣邦國民が何らかの戰爭に關與するか否かは、彼等自身が自由に決定すべきものなる原則を尊重する。

また會議は、インド國境における軍備を終止せしむること、及び英國政府がその帝國主義を擴大するために何らかの對外軍事的侵略又はインドを搾取するの行動を企圖する場合には、インド國民はこの軍事行動に參加し、又はいかなる方法においても、これ等の企圖に協力することを拒否するは、インド國民の義務なることを宣言する」

――更にこの左翼化せる國民會議は、パンディト・モティ・ラル・ネール(Pundit Moti Lal Nehru)を議長とするインド憲法起草準備委員會を設けた。この準備委員會は「全黨派會議」を設立し、一九二八年後半、この會議の報告なる「ネール報告」が公表された。

ネール報告の主旨は

1、インド各方面の協力を得るため、先づカナダに見る如き英帝國內自治領制を採用し、選擧權に關しては各派內の區別を去り、共同選擧となす

2、政府組織は聯邦制となし、王侯領もまた直接英帝國に從屬せず、先づ聯邦に加入すべきこと——この原則はインド完全獨立にあらざるため、起草委員のモティ・ネールとその子ジャワハルラル・ネール(Jawaharal Nehru)並びにベンガルの急進派首領サバース・カンドラ・ボース(Subosh Chandra Bose)との間に、長時間の討論が試みられたが、ガンヂーが兩首を調停し、ジャワハルラルは父に從つたが、ボースは蹶然として退場した。

かくてこの各派聯合會議は、この目的を明かにし、「終局の目的は完全なる獨立にありとなす政治的諸團體の行動の自由を制限することなく、本會議はインドに於て建設せらるべき政府の組織を、民選立法機關に對し、責任を負ふ責任政府たらしむべきこと、並びに斯の如き政府の組織は他の自治領以下のものたらざるべきことを宣言す」——これに對し急進的なるサバース・ボースは、一九二八年三月プーナ(Poona)に於ける第六回地方會議の演說にて「我々は固より『獨立インド聯邦』を支持す。

これ我々の前に立つ唯一の目標である。我々はインドが嘗てその繁榮時代の如く、インド自身の運命を決定するものはインドならんことを欲する。かくてその國民の天賦に卽して、國家を發達せしめ得るからである。而して我々は、インドが完全に桎梏を解かれたる獨立を得んことを欲する。かくてインドは世界の獨立國民の間に立ちて、擡頭し得るのである。我々は完全なる自由の享有を欲する。この享有により、我が國民は自らのためまた世界のため、大いなる事業を創造し得。かくて我々は國家自身の國旗を、わが國家自身の海軍を、わが國家自身の軍隊を、わが國家自身の外交使節を欲求す。」

一九二八年、カルカッタの全インド國民會議において、ガンヂー、ネール、その他が、若し自治領制が一年以內に認めらるゝならば、國民はこれを採擇するか否かを提議せる時、青年派はこれに反對し、ボースは力說して

「インドの青年は、インドを解放する任務をすでに我が身に受けた。我々は固より年長指導者を尊重し、これを敬愛す。しかも彼等が『極端派中における穩和派』と誹謗されてゐる我々と協調せざるならば、青年派と年長派との對立は到底不可避である。青年派の運動によつて、青年インドの上に新しい自覺が黎明してゐる。彼等青年は、いつまでも徒らに手を拱いて長老の日和見的な政策に追從しない。彼等は、將來インドの後繼者であり、且つインド解放はたゞ彼等の肩の上にのみかゝつてゐる

を意識してゐる」と。

第四節　ラホール會議後の激化

一九二九年ラホール（Lahore）における第四十四回全インド國民會議において、それまでガンヂー派は、急進的な青年派と對立し來つたが、この會議において緊密に結合しガンヂーは革命的インド獨立運動の最前衞となつた。

前年の十二月カルカッタ會議において、ガンヂーは「自治領制」を支持したが、今やラホール會議において、彼自ら「英帝國を離脱したるインドの絕對獨立」を主張する決議案を提出した。ネールはその議長であつた。

その決議に曰く

1、我等の標榜するスワラジ（Swaraj 自治）を今後、完全なる獨立（プールナ・スワラジ Purna

Swaraj）と定義す。

2、インド國民會議員全部に對し中央並に州立法議會議員の職を辭し、これをボイコットすることを要求す。

3、インド國民會議執行委員に對し、必要と思惟する場合には、時と所とを問はず、納稅拒否並に非軍事的抗爭を開始するの權限を賦與す。

4、昨年度インド國民會議に於て採擇したるネール報告書は自治領の地位を標準として起草せられたるインド憲法草案にして、且つインド敎徒と回敎徒との間に敵意を釀したる結果に鑑み、全インド國民會議は右報告書に對する責任を撤回す。

5、去る十二月二十二日ニューデーリイ附近の鐵道に爆彈を裝置し、アーウイン總督搭乘の列車を爆破して、總督に危害を加へんとしたるものあるに對し、遺憾の意を表す。

（この條項の決議に關し、急進分子は大いに反對したが、ガンヂー派の非暴力主義が勝ちこの項も採擇された）

――この會議は一九三〇年一月一日に終り、一萬五千余の大衆は議場をめぐり、バンデー・マータラム（Bande Mataram）母國萬歲！　を絕叫した。

かくてインド國民會議議長ジャワハルラル・ネールは、一月二十六日を以てインド獨立記念日とし全インドのみならず、全世界におけるインド人によつて祝祭を擧ぐることに決し、同日決議案を發表した。

「我々はインド人がこの自由を享受し、その努力の成果を享有し、その生活必需品を所有することは、他のいづれの國民にも讓渡すべからざるインド人の權利なることを確信する故に、若し如何なる政府にせよ、この權利を剝奪し壓迫する者あらば、我々はこれを變革し、これを廢止するの權利を有す。インドに於ける英國政府は、たゞにインド人の自由を剝奪せるのみならず、インドの大衆の搾取の上に自らを築き、インドをして、經濟的、政治的、文化的、精神的に荒廢せしめたり。故に我々はインドをして英國の羈絆を脫し「プールナ・スワラジ」、完全なる獨立を確立することを要することを確信す。

インドは既に英國の統治により經濟的に荒廢せしめられたり。我々人民より收奪する政府の歲入は實に我々の全收入の總和に當るものなり。人民の平均收入は一日七ピース（二片以下）にして、更に苛酷なる重稅を負課せらるゝなり。この重稅の中、主として農民の負擔するところなる土地稅は二〇％に達し、貧民の大多數が負擔する鹽稅は、三％に當るなり。

手織紡績の如き村落工業は全く破壞せられ、農民は一年の中、少くも四ケ月の農閑期には働くを得ずして徒食せざるを得ず、手工業に對する技術は、かくて著しく減退し、而も他の諸國に於けるが如くに、農村の手工業は萎靡せしめられたり。

關稅及び幣制は複雜にして、農民に對して更に負擔を重課す。

英國の工業製品は、我々の輸入の大部分を占め、關稅は英國製工業品のために、明白なる特惠待遇を與へ、而してその關稅收入は、インド大衆の負擔輕減のために使用せられざるのみならず、却つて莫大なる冗費、贅澤なる行政のために使用せらる。更に橫暴なるは爲替相場の濫用であり、爲めに我がインドより英國に數百萬金流出を招來せり。

インドの政治的地位が、英國の統治下におけるが如く低下をもたらしたるは、未だ曾て有らざる所にして、如何なる改革案も、眞實にインド國民に政治的權能を與ふるものにあらざりき。我々の有する最も高貴なるものも、外來權力の前に屈服せざるを得ざりき。――言論、結社の自由は拒否せられ我々同胞の多數は海外に亡命を餘儀なくせられ歸國するを得ず、行政的才能を有する者は殺戮せられ爲めに大衆は低級なる村吏の行政に滿足せざるを得ざりき。

文化的にこれを觀れば、現時の敎育制度は、我々を我々の家庭より追放し、我等の訓練は、我々自身の鐵鎖を更に强固ならしむる如く行はる。

精神的にこれを觀れば、インド人軍備の强制的撤廢は、我々をして非男性的ならしめ、外國軍隊たる英人のインド占領は、我々の抗爭的精神に致命傷を與へ、我々をして我々自身を擁護し、又外國の侵略を防禦し、或は盜賊・强盜・凶漢の災厄より、我々の家庭を防護すること能はざらしめたり。

我々は、今や瞬時と雖も、我が國土をかくの如く悲慘ならしめたる統治を、これ以上、繼續せしむることは、人類と神とに對する罪惡と確信す。しかも我々は、代々の自由を獲得する最も効果ある方法は、暴力にあらざることを認めたる故に、我々は能ふ限りにおいて、一切の英國政府との積極的協力を撤退すべき準備をなし、更に納税拒否を含む英國官吏に對する反抗を準備せん。

かくして我々は茲にプルーナ・スワラジを確立せんために、インド國民會議が決定したる一切の方針を遂行せんことを、嚴肅に決議するものなり」と。――こゝにインド各地に反英デモが敢行され、外國におけるインド人もこれに贊同した。

更に當日、インド國民會議は、マハートマ・ガンヂーに全權限を與へ、ここに一九三〇年三月十二日より、國民的非暴力、不服從運動を斷乎として開始した。これこそインド獨立運動史上、劃期的の事件であり、七十九人の義勇隊を率ゐ、不當なる鹽專賣法を破棄すべくボンベイ州カンベイ灣に行軍を爲した。その鹽專賣法は、二百五十倍の高稅が課せられ、これによつてインド人は日常生活に、いかに苦惱せるかを知るのである。

この解放運動の實行により、全インドに深甚な衝動を與へ、インド民衆は蹶然として起ち、ために英國政府は徹底的なる彈壓を試み、カルカッタ市長グプタ、インド國民會議長ネール、立法議會議員メータ等の有力者は續々檢擧、投獄され、更に一般大衆の、逮捕、監禁、告訴等は無數に上つた。民衆はそれに對し益〻反抗し、血ぬられし暴動は各地に勃發――酷熱の中に、自由の情熱は火の如く燃え、白き沙漠の上に赤々と犧牲の血は流れた。――永遠の流轉を誦する如きボンベイの灣頭の波濤に和して、五萬餘の大衆が、愛國歌を熱狂的に高唱し、その蕭々と立つ椰子の影に、亡國の怨を叫び、その燒ける砂上に鹽汲みをなし、インドの鹽專賣法を公然と破棄するのであつた。

五月五日午前一時、遂にガンヂーはプーナ郊外のエロヴダ中央牢獄に拉致された。ガンヂー逮捕の報傳はるや、獨立運動は更に激化し、全インドに亘りハルタール（總罷業）が斷行され、「英帝國主義打倒！」はヒマラヤの皚々たる雪峰に對して絕叫された。

これより先きガンヂーは、反英運動の實行以前、インド總督アーウイン卿に書を寄せて、その要求を提出した。

1、絶對の禁酒
2、地租を少くも半減すること
3、鹽稅の廢止
4、軍事費の半減
5、高級官吏の俸給を半額以下に減ずること
6、政治犯人全部の釋放
7、政治的檢擧の廢止
8、煽動的集會禁止條令の撤去
9、國外追放者の歸國許可

しかもこの要求は全く拒否され、遂に決然、反英運動に猛進し、更に幾多の彈壓がなされるや、ガンヂーは悲壯なる鬪爭宣言を書いた。

「――グジャラート地方の民衆は、恰も一體の如く奮起せり、余は我が眼にて、アート及びビムラートに於て數千の男女が何ら臆する所なく、斷乎製鹽法を破棄するを認めたり。しかもこの多數の群集にも拘らず、何らの暴行の兆候をも見ず、官憲があらゆる行動を彈壓せるも、彼等は飽くまでも靜肅

に非暴力を守れり。

グジャラートに於て、名望有能の同志は、殆んど逮捕され、しかも民衆は、非暴力を嚴守す。彼等は秩序を破壞するを拒否し、多數の群衆さへも不服從の名の下に逮捕さるゝを寧ろ榮譽とせり。これ實に正にかくあるべきことなり。かくの如くして、抗爭が不斷に繼續する限り、我々はプールナ・スワラジの、遠からずして我々の暖國に確立さるゝのみならず、我々はインドのその輝しき實證を世界に對して寄與するならん。

犧牲なくして獲得せるスワラジは、決して永續すべきものにあらず、故に我々は彼等の爲し能ふ貴き犧牲を捧げんとする我が同胞の態度を是認す。眞實の犧牲における受難は、一面において殺すことなき死、死より生るゝ生命を體得せしむるならん。さればインドをして、この第一義に生かしめよ！

今日のインドの自己尊重、現實インドの一切は、眞理把持の掌中にある鹽によつて表象さる。それ故に掌中に鹽を把持せよ！　されど鹽を奪ふに決して暴行をなすこと勿れ！　無抵抗運動者は、牢獄に身を置ける時、悦びて鹽を渡せよ」と。

――五月十六日、インドの一切の交通機關が杜絶し學校は閉鎖され、あらゆる商工業の休業せるインドにおいて、インド國民會議は開かれ、ネール議長は、決議案を採擇した。

1、目的達成のため、各階級とも全力を盡し、ガンヂー投獄中は、更に奮激し、闘爭を繼續すべきこと

2、不納税運動を開始すること

3、鹽專賣法反對運動及び禁酒運動を更に激化すること

4、英國商業機關に對するボイコット

5、非暴力嚴守の必要を强調

6、インド各新聞に休刊を求むること

——ガンヂーは自らの運動繼續の指導者にヴラバイ・パテルを指名し、——「今や有史以來、儔なき戰闘が開始されんとす、死を怖れる者は巡禮に出でよ！」と呼べるパテルも、數日にして官憲に捕へられ、それに次で八十歳の老雄アッパス・チャブジがこれを繼承した。しかも彼も捕へられ、更にそれを繼げる閨秀詩人サロヂニ・ナイヅが立つたが、コモラ・デウイユ女史と共にグラサナ村鹽倉襲擊にあつて逮捕された。かくて立法議會議長の榮職にあつたシー・パテルは、これを一擲して、反英運動の先頭に立ち、遂に捕縛された。

五月三十日、英國は更に二法案を出して、國民運動を抑壓し、一は「一定債務の支拂拒絕教唆に對する法令」、他は「威嚇禁止令」であつた。

回教徒は、六月四日、ボンベイに示威大會を開き

1、ガンヂーの反英運動支持

2、全インド回教徒は非暴力的反英運動に參加し、英國商品のボイコットを斷行す

3、全インド國民會議並に回教徒評議會が圓卓會議に參加せざる以上、回教徒は同會議に一人たりとも代表者を派遣せざること

今や全インドは反英運動の一大戰場と化し、四月六日より六月十五日の間に、表面的に有罪の判決を受けたものは實に四千三百七十七人に及んだ。かくて投獄殺害されたものは、十萬に達した。しかもこの英國の迫害は言語に絕し、英國前東洋艦隊司令長官のマドレン・スレイド孃は、自らの良心のために、遂にガンヂーの使徒となり、名をインド名ミラ・バイと改め、この英國の暴狀を徹底的に暴露した。

――「竹杖で頭部、胸部、腹部、關節を打つ、裸體にして毆打、××の衣服を剝ぎ××に棒を入れ

る、意識を失ふまでに××を壓す、負傷者を刃物で傷け、荊蕀の中又は鹽水に投入す、馬蹄で群集を蹂躙、身體に針を刺し、又は針の中に投込む、意識を失つてもなほ毆打す、——實に人類の歷史に於て最も惡魔的なる戰慄すべき罪惡である」と言明した。

第四章　英印圓卓會議

すでに一九二四年、インドの國民會議により、直轄領インド、五侯領インド、英國政府の各代表による圓卓會議（Round Table Conference）を開き、インドの憲法問題、兩者の關係を討議すべきことを要求した。

一九二九年、サイモンは、この圓卓會議を英國政府に提議し、こゝにその開催のことが決した。しかもすでに事態は全く惡化し、インド國民會議派は、圓卓會議に對し、すでに期待を失つた。

イギリスは穩和派の領袖ジャグール、及びサプル等をしてガンヂー、ネール父子、ナイヅ女史等を說得、妥協せしめんとしたが、彼等は斷乎として反英抗爭を宣言す。

英國は全インドの革命化を恐れ、一九三〇年十一月、ロンドンの英國上院、ロイヤル・ギャラリーにおいて第一次圓卓會議を開いた。しかもインド國民會議派は全くこれに參加しなかつた。インド代表には穩和派のスリニヴアサ・シヤツスリー（Srinivasa Sastri）ジンナー（Jinnah）等がインド自治領を要求した。またバハヅル・サプル（Sapru）は、インド聯邦制度を希望し、更に王侯代表のビカーナーのマハラージヤ（Maharaja）もこれを熱烈に支持した。

またインド教代表のムーンジー（Moonje）は力強く主張した。——「武力によつてインド人の運動を彈壓し得る時代はすでに過ぎた。且つかくの如き時代は再び來らず。我は自らこの眼を以て、インドの大衆、男子は固より婦女子までが、英國の軍隊や警官に對し、昂然と、たとへ汝等の盡し得る一切の凶惡手段を盡すとも、我等は射殺さるゝを覺悟す、と叫ぶを目撃した。——我は此の會議に自治の乞食として來たのではない。若し諸君にして、自ら進んでドミニオン・ステータスを提供すとなすならば幸甚である。が若し恐怖と疑心とにより、この朋友的態度に出でざれば、我は率直に云はん、我等は完全なる責任政府、以下を以ては斷じて滿足せず」と。

これに次で回教徒代表のマウラナ・ムハマッド・アリ（Muhammad Ali）は叫ぶ——「神が支配する世界においては、我は第一に回教徒であり、第二に回教徒であり、最後に回教徒である、回教徒以外の何ものでもない！　然もインドに關する限り、インドの自由インドの幸福に關するの限り、我は先づインド人であり、次にインド人であり、最後にインド人である、インド人以外の何ものでもない！」——かくて穏和派にしても、自治領獲得を、あくまでも主張するに對し、英國政府は何らの腹案がなかつた。しかもイギリスはインド代表をあくまでも會議以外において懐柔、僞瞞し、遂に全く無意味なる、聯邦案の作製に協力するに至つた。

しかもこれを胡魔化すために、英國政府は一九三一年一月にサプルの要求、——ガンヂー等の政治犯人釋放の提案に應じ、ガンヂー等を放免した。

しかも二月十七日以後、ガンヂーは、アーウイン總督と會見した。

國民會議派は、一、非軍事的不服從運動を停止し、二、政爭の武器としての英貨排斥中止をなし、三、次回の圓卓會義に參加するを承認することを條件として、政府當局は

1、海岸地の住民に鹽の採取、製造、販賣を許可す

2、外國綿布及び酒類の賣店に對する平和的なる見張を許可

3、暴力行爲なかりし政治犯人を釋放

4、不服從運動中に施行された彈壓法の撤回

——かくして、三月五日「ガンヂー・アーウイン協定」又は「デーリイ協定」が成立した。

一時、ガンヂーの軟化、變動を痛擊する急進分子が出で、國民會議は分裂せんとした。しかもその後、英國州知事は、デーリイ協定を屢〻破るに及び、遂に國民會議委員會は、圓卓會議に參加を拒否するに至つたが、總督は驚き、それを改め、國民會議もプールナ・スワラジの達成を目的としてガンヂーの出席を認めた。

第一節　第二次圓卓會議

一九三一年八月、ガンヂーは第二次圓卓會議出席のため、會議派のパンデイツト・モハン・マラヴイヤ(Pandit Mohan Malaviya)及びサロザニ・ナイヅ女史(Sarojiri Naidu)と共に、イギリスに赴く。セント・ジエームスの絢爛豪華なる宮殿の中に、インド木綿の巾を着た半乞食の如きマハトマ・ガンヂーが悠然と出席し、嚴然たる威容を正した大法官サンキイ卿がそれに對峙し、最も興味ある對照を現出した。しかもインドにおける少數敎徒問題は、大なる障碍となり何ら會議は進展しなかつた。

イギリス本國では、九月二十一日、金本位停止となり、總選擧に直面、保守黨政府の成立が漸く顯著となり、ガンヂーのロンドン滯在は單にジャーナリズムの話題となるのみにて、實質的には何らの效果がなかつた。――ガンヂーは英國の老獪なる不誠意を知り、――「英國がインドに完全なる獨立を與へない限り、我等は再び國民的非暴力、不服從運動を開始し、我等の目的を到達するまで、英國と闘爭する決意を有する」と言明した。

この間にも、インドにおける彈壓は益々激烈を加へ、ユナイテッド州にては、不納稅運動が復活しこれに農民數百萬が參加した。ペルシャワルにおいては、國民會議派指導者アブドル・ガフール・ハンが逮捕され、一萬三千人は檢束、投獄された。ベンガル州にては、一ケ月間に英人地方長官が四人暗殺され、同地方にて千數百人のインド人が逮捕された。

この中、ベンガルのチパラ地方長官は、白晝、二名のインド婦人によつて暗殺されたのであつた。――ガンヂー一行は限りなき憤懣の中に、英國人の冷然たる嘲笑と蔑視とを痛く背に受けつゝ、十二月五日、霧の深い暗鬱なロンドンを出發した。――ガンヂーの外交使節としての能力は、その性格のあまりに空想的なるため、殆んど何ら獲得するところがなかつた。すでに第二次圓卓會議出發以前デーリイ協定の成立前後より、國民會議派の急進靑年層には、ガンヂーの聲望は甚しく失墜し、それに代つてサバース・ボースの力が漸く强化された。

ガンヂーは十二月二十八日、ボンベイに上陸するや、彼を待ちつゝあるものは、熱狂的な青年急進派の「インド萬歳！」の歡呼にあらずして、冷たきインド官憲の抑壓であつた。ガンヂーは今やイギリスの不法極まる欺瞞に悲痛なる怨悔を感じ、アーウイン總督に對する數回の會見申込も、すべて拒否され、ここに再び反抗運動を始めんとするや、早くも一月四日、エロヴダに投獄された。

同時に幾多の國民運動者が逮捕され、ボースも刑期不定の行政刑を宣告された。

第二節　第三次圓卓會議以後

第二次圓卓會議は、ガンヂー出席して全く失敗に終るや、英首相マクドナルドはこれを「圓卓會議を延期した」と辯じ、更に一九三二年十一月、第三次圓卓會議を開會した。

しかもインド國民會議派及び英國勞働黨代表は、これに參加を拒絶し、何らの期待もなかつた。

インド代表には、サプル、ジャヤカール等が出席した、英國側は首相マクドナルド、大法官サンキイ卿、サイモン、アーウイン卿、インド事務大臣サミュエル・ホーア等が參會した。

この結果は、大多數のインド人は全くの不滿と甚しき無關心を示したのみであつた。

第三節　反英運動の激化

一九三八年二月――インド政治犯釋放問題に關し、英國皇帝任命の英人州最高の行政官なる各州の知事と、各州自治政府とが猛烈なる衝突を惹起し、新イギリス皇帝ジョージ六世のインド訪問は、中止せられた。

二月十五日、ビハール州及びアグラ・オウト聯合州の兩自治政府は、政治犯釋放不干渉を要求して容れられず、國民會議派の方針に從つて總辭職した。

時にハリプラに開催中のインド國民會議の指揮者ガンヂーは、「政治犯人の釋放の可否よりも、問題は國家の本質に關する原則擁護にあり」と主張し、議長サーバス・ボースは「英國がなほ全インドを永久にその帝國主義の抑壓下に置かんとするならば、直ちに我々はイギリスと絶緣すべきである」と絶叫し、前議長ネールも、英帝國主義鬪爭を强調した。

しかもこのインドの反抗は、一九三五年の統治法を、一八三七年四月一日以來、新憲法として强制的に實施せる所にある。國民會議派はあくまでこれに反對し、十一州の中六州まで、國民會議派が州議會に絶對多數を占め、しかも州内閣組織を拒絶した。この不安に對し、イギリス政府は巧みに懷柔せんとし、インド事務大臣ゼットランドの妥協工作が成功した。

これと共にインド各地の政治犯人が續々釋放され、一般民衆はこれを歡呼して熱狂的に迎へた。この猛然たる情勢は一つの大なる反英運動に激化せんとせるため、イギリス政府は、俄かにそれに對し强硬なる彈壓を加へた。

かくて國民會議派ハリプラ大會は、却つてイギリスに抑壓され、一、新憲法の排斥、二、政治的危機の不擴大、三、支那侵略に對する抗議として、日貨排斥の三項を決議した。

このハリプラの大會における排日決議は、明かにイギリスの老獪なる煽動によるものであり、インドには、アジア民族解放、アジア協同體建設を目的とする支那事變の眞の意義を、些も知るべき方法もなかつた。

しかも國民會議派中には、多數の第二インター系の社會主義分子があり、シヤワハラル・ネールを指導者とし、こゝに反日的運動が計畫されたのである。

これに對し、二億三千萬のヒンドウ教徒の中心機關なる「ヒンドウ・マハサバ」はインド革命の元老サバルカルを統帥として、積極的に日本を支持し、イギリス打倒を決行するのである。

かくてインド國民會議派は、すでにインド獨立の力を失ひ、イギリスと妥協し、ことにタゴールの如きは、明かに反日的宣傳を爲すに至つたことは、益〻イギリスの植民地政策の悪辣を極めしものを示し、更にインド國民會議を、まさに支那の蔣介石政權による國民政府化さんとする策謀を暴露すべきである。

第三部　世界現状維持勢力

第一章　イギリス

イギリスの島に古來住めるブリトン人は、ケルト系であり、シーザーが西暦前五五年、イギリス侵入の後、約二百餘年、ローマの治下にあつた。

それに次でゲルマン民族の一種なるアングロ人が移住し來り、こゝにアングロ・サクソンの古代社會が營まれた。島上に數箇の王國が割據した。

九世紀に至り、アルフレッド大王によつて、諸王國は統一されイングランド王國の建設となつた。

九世紀末に至るや、北方より、デーン人が侵入し來り、カヌート父子によつて、一〇一六年より四三年まで支配された。

更にサクソンのエドワードが再び、イングランドの王位を復活したが、一〇六六年、ノルマンディ侯ウイリアムが島を攻略し、その統一を完成し、封建制が確立さるゝに至つた。

第一節　封建時代

十二世紀中葉プランダジネット王朝の勢力甚だ大となり、ジョン王は獨裁的壓制をなし、人民大いに困窮したが、遂に人民の反亂となり、ジョン王の力屈し、こゝに王權を制限し、人民の自由と權利とを保證する、大憲章（Magna Charta）に、一二一五年、王は署名を餘儀なくするのであつた。

一二六五年、國會（Parliament）が始めて開催され、民權が大いに强化したが、かくてイギリスの憲法の基礎及び國會は、すべて人民の下よりの壓力によつて强制されたのであつた。

更にフランスとの百年戰爭（一三三七――一四五三年）が勃發し、兩國は長期抗戰によつて、兩軍とも全く勢力を消耗し、人民は疲弊、困窮し、ことにフランスはイギリス軍に侵入され、國土は荒廢し、一時ヘンリー五世は、英佛兩國の王を兼ねたが、ジャンヌ・ダークの出現によつて、イギリス軍は撃退され、フランスは失地を全く恢復するに至つた。

しかも英本國においては、ランカスター、ヨーク兩家に、紅白の「薔薇戰爭」が起り、最も封建的な騎士戰を戰ひ、一四八五年、ランカスターの支族タルチユーダ家が、王位を獲得し、チユードル朝の祖となつた。

第二節　初期資本主義の出現

十字軍の出征により、イギリスは豐かな東方の物資を發見し、それを獲得するために、盛んに東洋貿易を營み、巨大なる利潤を博するに至つた。こゝに商業國としてのイギリスの勃興となり、これを擴大し、また他の貿易を妨げ、商船を脅かすための强力なる海賊の出現を必然ならしめた。イギリスの優勢なる大海軍は、實にこの海賊の集團であり、その巨大なる國富は、掠奪的なる貿易に起因するのであつた。

この大規模なる實行者が、實にエリザベス女王であり、スペインの無敵艦隊を撃破せるのは、全くイギリスの海賊船の大集結による反撃に外ならなかつた。

更にイギリスの國家的統一を爲せるのは、エリザベスの父王ヘンリー八世であり、彼の甚しき不道徳は、こゝに中世的純潔を否定し、近代資本主義の功利的唯物性を示せるもので、ローマ法王よりの破門は、却つて、自由なるイギリス國教を確立する利得を占めた。

エリザベス女王は、まさにシエークスピアの戯曲に見る如き、譎詐と、姦策、冷血にして貪婪なる野心の結晶であり、かくて嫉妬と權勢慾のためにスコツトランドの女王メリーを殺害し、或は多數の海賊を公然と認容し、更にそれに勳功を與へ、こゝにイギリスの海外植民地獲得の時代が始まるのであつた。――かくしてアメリカには、始めて、エリザベス女王に因める、ヴアージニアの地が開拓さるゝに至つた。

第三節　革命政府

エリザベス女王に次いで、舊教主義が復活し、こゝに劇烈なる清教徒の壓迫となり、清教徒は苦惱の餘り、遠く自由の天地、アメリカの新大陸に逃れるのであつた。

しかもイギリスは、當時世界貿易の王座にあつたオランダ經濟力との、物凄い抗爭を始め、或は海賊船をもつて、オランダ商船を海上にて掠奪し、または、强力なる艦隊をもつてオランダ海軍を擊破する等、漸くオランダの商業權、海上權を奪取するに至つた。

今やイギリスの商工業階級は、俄かに勃興し、ここに舊封建貴族、地主階級との尖銳なる對立、矛盾を激化した。しかもスチユアート家のジエームス一世及びチヤールス一世は、新興商工業階級の自由と利益と權利とを認めず、遂に激甚なる反抗を招き、その革命的なる鬪爭は、「長期議會」（一六四〇――一六〇年）の二十年に亘る、相剋となつた。

その自由主義的イデオロギーの實現を決行せるオリヴァー・クロムウエルは、奮然として、國會を武裝蹶起せしめ、國王チャールスの封建的騎士軍と抗爭した。數年に亘る內戰の後、遂に國王は敗れ、イングランド革命は、斷行され、一六四九年、國王は死刑に處せられたのであつた。クロムウエルは獨裁官となり、共和制を實施した。

クロムウエルは徹底せるユダヤ的唯物論者であり、近代的資本主義の基礎を確立した。

これに次で、スチユアート家チャールス二世は、一六六〇年、王政を復活し、審查律（Test Act）人身保護律（Habeas Corpus Act）等を出し、更にジエームス二世は、再び舊敎を再興し、王權神授說、絕對封建制を再建せんとしたが、ウイッグ黨の「名譽革命」（Glorious Revolution）が決行され、スチユアート家は廢止された。

第四節　資本主義イギリス

革命議會は、ジエームス二世の女婿たるオレンジ公ウイリアム三世をオランダより迎へ國王に推戴した。

今やイギリスの商業的政治は益〻强化され、自由主義は、商工業的階級の權力を愈〻大となした。

一七〇七年、大ブリテン王國は、建設され、王位は相續權によつて、現王朝の祖ハノーヴアー家に繼がれ、ジヨージ一世が即位した。これと同時に、責任内閣制度が生じ、イギリスの議會主義が確立した。

この間、イギリスはフランスと、二百年に亘る、長期戰を繼續するのであつた。それは海上植民地の攻略と海上權の爭奪とであつた。

フランスは、インド、アメリカ、等に大なる植民地を早く獲得したが、それを發展せしむる持久力と政策を缺き、イギリスは、これに反し、彼のあくまでも功利的なる唯物主義による、植民地搾取の方法を立て、更に他民族を相互に對立し、また同一民族の上層階級と下層階級とを分裂矛盾せしめ、その分離に乘じ、漁夫の利を占め、それを統一するのが、イギリス發展のイデオロギーであつた。

この老猾なる手段によつて、巧みにインドを侵略し、アフリカを奪取し、アメリカを獲得した。しかもアメリカには、從來、イギリスの壓制を逃れた清敎徒の存在せるため、その姦策が效を奏せず、寧ろ逆用され、こゝに北アメリカの反英的革命戰を惹起するに至つた。かくて一七八三年、アメリカの十三州は獨立した。

しかもヨーロッパにあつては、フランス革命の勃發となり、一時、イギリスの王朝も、甚だ危險となり、更にナポレオンのヨーロッパ統一と、反英抗爭は、さすがに、イギリスを致命的に困窮せしめたが、しかも近代資本主義の力によつてナポレオンは大陸封鎖政策に失敗し、更にオーターローの一戰に、軍費の缺乏によつて敗北し、遂に、二百年に亘る英佛長期戰は、こゝに終結した。

イギリスの勝利は、實にインドの植民地的搾取によるものであり、この物資により、イギリスの產業革命が達成され、その豐富なる經濟力は、十九世紀における、イギリス世界制覇を可能ならしめたのであつた。

今や國内の階級關係は全く一變し、多數の「腐朽選擧區」(Rotten Borough)が生じたが、それを新興商工業階級は悉く廢止し、こゝに貴族、地主等の舊勢力は甚しく衰退するに至つた。

産業革命による機械工業は、マヌファクチュアー的手工業を敗滅せしめ、近代的プロレタリアートの出現となり、ブルジョア對プロレタリアートの階級鬪爭が激化されるに至つた。ことに勞働者は、新しき機械の發明によつて、人力を不必要とし、多數の失業者を出すことによつて、却つて機械を憎惡し、これを破壞せんとする暴動が頻發した。かくて近代的なる社會運動が惹起し、チャーチズム運動(一八三七——一八四八年)にまで進展するのであつた。

第五節 イギリスの憲法

イギリスは成文憲法を有せず、法律、制度、慣習、先例等によつて規定されし不文憲法のまゝである。これはイギリスの最も巧妙にして推測せしめざる政治的行動の爲し得る所以である。

たゞ不文憲法の基礎をなすものとして「大憲章」「權利請願書」「權利典章」の三大法典を有するのである。

しかもイギリスは、その植民地統治政策として、必ずその勢力下にある國に對しては、明確なる成文憲法を制定せしめ、これによつて、自らの統制力を根本的に他國に植ゑつけんとする計畫である。この成文憲法によつてイギリスは、他國の政策を强制的にイギリスに對し有利なる如く決定するに至るのであつた。

一、大憲章

ジョン王は苛刻專横なる暴君であり、徒らに兵を用ひ、特にフランス攻略のために出征せしめたが、戰は常に利あらず、諸侯は全くその勢力を消耗し、一般人民は經濟的にも肉體的にも甚だ困憊した。しかも國王は何らそれを意とせず、盛んに兵力を濫用せるため、こゝに諸侯、僧侶、人民は一致協力して聯合軍を組織し、首都ロンドンに進擊し、王の軍を擊破した。

ジョン王は、驚愕してロンドンより逃亡、人民軍は、これを急追し、ラニミードの野に於て、國王をして大憲章（Magna Charta Libertatum, The Great Charter）に署名せしめた。

大憲章は、本文六十三條より成り、――人民の生命財產の安全の保證、國王の權力の制限、また今後、新租稅、補助金を徵集する時には諸侯僧侶より成る會議の承認を必要とするを定めた。しかも、これは主として、國王の權力を、諸侯僧侶に對し、限定したものであり、イギリス憲法の基礎をなすものとして最も重要であり、前後三十二回、修正、革新せられた。

2、權利請願書

一六二八年、チャールス一世に對し、議會の決議せる建議案を「權利請願書」(Petition of Rights)と云ふ。

王は即位するや、忽ちフランスと戰端を開き、多額の軍費と多數の兵力を必要とし、議會を無視せる獨裁的行動を爲せるため、議會は特別委員を選定して請願書を起草せしめ、これを國王に迫つて、强制的に、一六二八年六月七日に調印せしめた。

これは全文は十一ケ條より成り、人民の權利の强化であつた。

一、何人も議會の協賛なくして、贈與金、公債、獻金、租税を徵收されざること

二、何人も國法によるにあらざれば禁錮の刑を受けざること

三、陸海軍軍兵を民家に宿泊せしめざること

四、庶民に軍律を强ひざること

――これ等は、國王に對する議會の決議であり、その手續、效力等は、全く法律と何ら異るところがないのであつた。これにより人民の力は、國王に對して、强力なる制限を與へたものであり、まさに人民の勝利であつた。

3、權利典章

一六八九年「非常議會」(Convention Parliament) が決議せるものを「權利典章」(Bill of Rights) と云ふ。

一六八五年、ジェームス二世、即位するや、彼は王權神授說を信じ、舊敎を保護し、人民の權利及自由を無視することが屢〻であつた。かくて憤激せる人民は結束して王に反對し、遂にジェームス二世をフランスに追放するに至つた。これに代り、その甥にして女婿なるオランダ王ウイリアムを王位に迎へた。こゝに「非常議會」は、一六八九年二月十三日、ウイリアムと王妃メリー（ジェームス二世の王女）に王冠を捧げ、「權利宣言書」(Declaration of Rights)を議決し、それを承認せしめた。この宣言書は、同年十二月十六日――「臣民の權利及び自由を宣言し、王位相續を定むる法律」、即ちこの「權利典章」なる法律として發布せられた。

全文は十三條より成るもので、人民の力の甚だ强調せられた法律であつた。

第一條においてジエームス二世の不法を明示し、退位の理由を解明し、次に

一、議會の承認を經ざる國王の法律停止權

二、王權による法律廢止權

三、宗教上の事件に關する「委員裁判所」の設置

四、議會の協贊を待たずして、大權に託して財金の徵集

五、國王に對する請願書の確認

六、議會の同意なく平時常備軍の募集維持

――これ等の六項目は何れも違法なることを明かにす

七、自衞のための武器所持の自由

八、議員選擧の自由

九、議會における言論の自由

十、過當の保釋金及び罰金、殘忍不當の刑罰を採用すべからざること

十一、陪審官の登錄及び選擧

十二、裁判確定前の罰金は不法なること

十三、議會を屢〻開催すること

等の諸項目を新しく規定するのであつた。

更に、第二條以下は、王位相續及び國王の地位に關する條項である。――なほイギリスはプロテスタント教國であり、ローマ教會に屬せず、舊教徒に關係なきことを明かにし、更に、舊教徒たるもの或は舊教徒と結婚したるものは王位相續權を失ふべしと定めた。

最後の第十三條において、それ以前に發布せられたる諸法典は、この典章によつて、何ら侵害、廢棄せられざることを確言した。

更に、王位の繼承に關しては、統一的なる成文の典範なく、たゞ一七〇〇年ウイリアム三世が「王位確定法」(Act of Settlement) を出し、これによつて國王の相續法は決定された。

――かくてイギリスの憲政史は、まさに國王と國會との權力抗爭史と云ひ得る狀態を示してゐる。

第六節　イギリス議會

イギリスの議會制度は、十一世紀、ウイリアム一世がノルマンディより移入せる會議制であり、それをアングロ・サクソン時代より、漸次改變し、初め最高裁判所の形式であつたが、十三世紀の初、立法部として確立するに至つた。

なほ十四世紀に於て、その一院制の國會は、現在の如き二院制の議會に變更されたのであつた。上院（House of Lords）は、もと政治上の實權を所有し、十九世紀において、その活動は最も積極的であつたが、二十世紀に入るや、全くその力を下院に奪はれ、今日では單に歴史的存在としての名目を止むるのみとなつた。

その最大の轉機は、一九〇九年、上下兩院の激烈なる正面衝突であつた。時にアスキスの自由黨内閣であり、藏相ロイド・ジョージは、豫算案において、所得税に大なる累進税を賦課した。これを繞り上院は反對し、下院は賛成し、大激戰となり、遂に下院は一般輿論の支持を得て、上院を壓服した。かくしてこゝに一九・一一年、「議會條令」(Parliament Act) が制定され、上院は、一切の財政法案に對する權能を失ひ、また一般法案にも、その權能は限定された。――即ち一般法案は、同一議會たると否とを問はず、三會期引續き下院を通過したる場合、毎會期上院これを否決するも、國王の裁可を得て法律と爲すことを得。但し上記の期間は、少くも滿二ヶ年を經過するを要す。

今や下院 (House of Commons) が政治の絶對權を握り、單に立法權のみならず、行政府をも支配するに至つた。

ことに十九世紀以後、民主主義に徹底し、一九一八年「議會條令」にて、始めて普通選擧の實施を見た。なほ一九二八年には「人民代表制條令」(Representation of tha People Act) が出で、男女平等の參政權が認められた。

第七節　政黨の對立抗爭

イギリスの政治史は、貴族地主の封建的勢力を代表する「トーリー黨」(Tory Party) と商工業の新興階級を代表する「ホイッグ黨」(Whig Party) の二大政黨の對立、交錯の發展であつた。

しかも、十九世紀の中頃、穀物條例の廢止問題をめぐり、兩黨の分解作用が行はれ、こゝにトーリー黨の傳統を繼ぐ「保守黨」(Conservative Party) とホイッグ黨の流を汲む「自由黨」(Liberal Party) としての新しき對立を爲すに至つた。

なほ十九世紀末、アイルランド自治問題に關し、自由黨內に分裂が生じ、チエムバーレン一派は、自由黨を去つて保守黨と合同し、「保守統一黨」(Conservative Unionist Party) を組織した。

しかもこの二大政黨の展開の中に、十九世紀末葉より、社會情勢の必然的要求として「勞働黨」(Labour Party) が勞働プロレタリアート階級より出現、組織され、保守、自由の二大陣營に攻勢的態度をとつた。

世界大戰勃發するや、勞働黨は俄かに激增し、自由黨の進步的分子を勞働黨內に吸收し、一九二四年、マクドナルドを首班とする第一次勞働黨內閣が成立した。

しかも一九三一年八月、イギリスは擧國一致內閣を組織せんとして「國民內閣」の成立となり、勞働黨、自由黨は大分裂し、勞働黨よりはマクドナルドを黨首とする「國民勞働黨」（National Labour Party）とマックストンを首領とする「獨立勞働黨」（Independent Labour Party）とが分裂し、自由黨よりはサイモン派の「國民自由黨」（Natinal Liberal Party）とロイド・ジョージを黨首とする「獨立自由黨」（Independent Liberal Party）が成立し、なほ勞働黨より「共產黨」が分離した。

かくてイギリスは、その政治史に未だ嘗て見ざる如き、幾多の諸黨派の對立となり、苦悶し、沒落せんとする老大イギリスの暗澹たる運命を象徵化する如くである。

第二章　フランス

古代にあつて、フランスの國土には、ゴール民族とケルト民族とが住み、その地方はガリアと總稱された。フランスの南部は、西暦前一二〇年頃、ローマ人に征服され、前六〇年時代には、シーザーによつてガリアが悉く平定され、その歴史は、シーザーの「ガリア戰記」に詳述されてある。それ以後五世紀間、ローマ・ゲルマン文化時代であり、フランスの地には深く南方のローマ文化が侵潤したのであつた。

しかも東方アジア民族が、五世紀頃、西方に進出するに從ひ、これに壓迫されて、東ゲルマン民族の西退となり、五世紀末には、西ゴート、フランク、ブルグンド、アラマンニ諸族が、大移動を始め、フランスの地域に多數移住し來つた。

この中にフランク族が最も强力となり、今日のフランスの地を征服、統一し、始めてフランク王國を建設した。このフランク王國は、國力益々發展し、東方に進出し、チャールス大帝の時代には、今日の佛、獨、伊、等の地方を領有した。

王の死後、八四三年、王國は、東、西、中の三國に分割され、末子チャールスが、西王國を得て、西フランク王となり、これが後年のフランスの起源となつた。

第一節　封建制の變遷

十字軍の遠征は、フランス封建制の極度の發達を示すと共に、東方文化の影響の下に、中央集權化をもたらし、ことにイギリスとの百年戰爭によつて國家的意識の確立となつた。

なほ東方より、蒙古民族の侵入あり、その偉大なる帝國組織を知るや、こゝに始めて絕對王制を目的とするブルボン王朝の成立となつた。

かくて三十年戰爭において、フランスの國力を愈〻强大ならしめ、ルイ十四世時代（一六四三——一七一五年）は、絕對王政の極盛期となり、王權神授說出で、フランスの封建文化の黃金時代となつた。しかもこれと同時に、近代資本主義による自由主義、個人主義的唯物論の輩出となり、ヴォルテール、ラメトリー、ドルバック等の尖銳なる現實社會の唯物的分析を生じ、貴族專制の深刻なる矛盾を暴露した。まさにラテン文化は、世界文化の最高峰に立ち、フランスの王宮は、各國宮廷の典型となり、絢爛の限りを盡した。——しかもこの歡樂の陰には、哀愁があり、直ちにルソー等の革命論に共鳴し、近代第三階級の勃興と、苦悶せる農民階級との結合による、フランス大革命の勃發を必然ならしめた。

第二節　舊制度の否定

ルイ王朝の豪奢は、フランス國庫の窮乏となり、ことに多年に亘る英國との長期戰のために、國力は消耗し、なほその外交政策の失敗は、全くブルボン王朝をして、人民の支持を失はしめ、なほ農民の困窮は極限に達し、新興ブルジョアジーの自由主義的運動は、猛然として爆發し、こゝにパリの大革命戰となつた。

一七八九年ルイ十六世（一七七四――九二年）によつて召集された「三部會」は憲法議會に變じ、國家の主權は、全くブルジョアジーの手に掌握された。

かくて貴族的なるアンシアン・レジームは悉く拒否され、ルイ十六世と王妃等はすべて死刑に處せられ、それ以後、無數の流血の慘を示せる、恐嚇政治の時期に入つた。

各國の軍隊は、今やフランスの動亂に乘じて諸方面より侵入――この國家存亡の危機に際し、憤然ナポレオンの軍事的獨裁が出現した。

ナポレオンは古代ローマの世界國家建設を企圖し、資本主義的個人主義を抑壓せんとした。かくてナポレオンの帝國主義は、ブルジョアジーの自由主義と對立し、遂にこのためにナポレオンは、財政難のために、イギリス的資本主義に敗れた。

ナポレオンの沒落後、ブルボン王朝が復活し、貴族及び大地主の勢力が再び大となり、神聖同盟の結成を見たが、しかも近代的自由主義とブルジョアジーの攻勢のために七月革命（一八三〇年）の勃發となり、更にこれを徹底せる二月革命（一八四八年）によつて、この自由主義の運動は、ヨーロッパ全土に甚大なる影響を與へ、こゝに過去の封建的殘滓物は、急速に拒否されるのであつた。

オーストリアのメッテルニッヒの沒落と共に、多年、歐洲の現情を維持せる保守勢力は衰退し、新興の、プロシヤ、イタリアの國家統一への意志と行動とを强化した。

一八七〇年スペインの王位繼承問題を契機とする普佛戰爭は、ルイ・ナポレオン三世の失敗となり一八七一年一月二十八日、パリはドイツ軍のために攻略された。

しかもこの三月、パリには、プロレタリアートの革命となり、第一回プロレタリアートの獨裁としてのパリ・コンミユーンの成立となつた。しかも忽ちにしてこれは擊碎され、フランスのブルジョアジーは、フランスの全權を掌握し、マクマホン大統領となり、一八七五年二月、共和制憲法が制定された。

第三節　世界大戰前後

十九世紀末、すでにフランスの文化は頽廢せる末期的沒落性に沈湎し、しかもその「世紀末」的苦悶は遂に二十世紀初頭の、世界大戰を必然化したのである。まことにそれは、西歐末期文化の自己否定としての歐洲大戰であり、たとへフランスは、ドイツの經濟的社會的破綻によつて勝利を得たとはいへ、その國土は永年に亘る戰場となり、一切のものは荒寥たる廢墟と化し、悲慘なる頽廢と死滅のみが殘存したのである。この深刻なる悲劇を一時的に忘却し糊塗せんとして、その生活は益〻暗澹たる刹那的享樂に陶醉し、この瞬間の自己欺瞞によつて民族衰亡の運命を回避せんとするのである。

特に戰後の經濟的困窮は、年と共に重加し、ドイツの賠償金は全く不拂となり、しかも、ドイツの復讐を豫感し恐怖する人心は、ドイツの復興を絕對に抑壓し、封鎖的包圍工作を、一つには國際聯盟によつて現狀を維持し、一にはソヴエート、イギリスとの軍事協定をもつて實行せんとした。更に外相バルツーは、中歐、東歐とも密接な關係を結び、更にあらゆるアフリカの權益を犧牲としてイタリアと協力せんとする時、バルツーは一九三四年十月、マルセイユにおいてユーゴー・スラヴィア國王アレキサンダー一世と共に暗殺せられ、こゝにフランスの外交政策は一大頓挫を受けた。

しかもイタリアがエチオピア問題を惹起するや、フランス外相ラヴアールは、佛伊協商あるに拘らず、イギリス外交に操縱され、國際聯盟第一主義を採り、イタリアに反對し、こゝに佛伊の關係は俄然、最も著しい對立、相剋を示すに至つた。

しかもイタリア空軍の威力により、地中海に集結した全英大艦隊も何ら防壓する力なく、エチオピアは、イタリアに併合され、佛伊の關係は益〻惡化した。

これと同時に、佛ソ關係は、更に軍事協定にまで發展し、こゝに人民戰線内閣が成立し、さらにスペインは赤色人民戰線政府が獨裁した。これに對し、イタリア、ドイツの反共的支持を受けたフランコ反政府軍は、突如、北阿より、スペイン本國を襲擊し、以後、猛烈なるスペイン内戰の時代に入つた。フランスは、あくまでもピレネーの彼方を保持せんとして、人民政府を支援し、武器、飛行機、義勇兵、財力を送り、またイギリス、ソヴエートもまた政府軍を積極的に援助し、こゝにスペインに於て、歐洲大戰の一端がすでに開始されたのであつた。

しかもフランスは、全くイギリス、ソヴエートの國力に左右され、何ら確乎たる獨立的な勢力なく一歩一歩、自らの沒落の一途を辿るのみとなつた。

さらに支那事變にあつては、イギリスと共に蔣政府を支持し、佛領インド支那より、廣西、海南島、河內、雲南、四川に通ずる武器補給の線を作り、またフランス租界は、未だ抗日政策の重要なる策源地である。

なほチエコ・スロヴアキヤのズデーテン問題に關しては、フランスは、チエコに對する援助條約が存するに拘らず、イギリスと共に、ヒツトラーの外交戰略に壓倒され、中歐における唯一の盟邦を冷酷に裏切り、更にソヴエートとの關係も甚だ安定を缺き、今や人民戰線的フランスは、全くナチス・ドイツのために徹底的に壓倒されるに至つた。

第四節　フランス外交戰

フランスは世界大戰終るや、再び戰禍の來らざるを避けるため、完全なる安全保障とドイツをして再起せしめざる如き巨額の賠償を要求した。

フオッシュ元帥は、ライン河線をもつて、獨佛の國境たらしむべきをクレマンソーに提案した。クレマンソーは、これを平和會議に主張して、一時四頭會議は不調とならんとした。しかも英米援護協定にて、フランスはラインに對する要求を讓歩するや、クレマンソーは、一方より大なる批難を蒙つた。更に賠償問題は甚しき困難に衝突し、漸く一九二一年四月二十八日、賠償委員會は、總額千三百二十億金マークを査定、五月五日、ロンドン會議にて、最後の決定を見た。しかもドイツがこれを拒否せるため、デユセンドルフ外、ラインの三都市がフランス軍によつて占領され、獨佛の關係は、著しき險惡さに陷つた。

一九二二年一月、カンヌ會議開かれ、ロイド・ジョージは、フランスの對獨强硬外交を緩和せしめる代償として一月四日、ブリアンに英佛協定案を提出した。なほ、ブリアンに代つてポアンカレー立ち、自主的外交を主張し、英佛保障協定が不成立となつた。且つ賠償委員長バルッーは積極的なる態度をもつてドイツの賠償履行を迫つた。

一九二二年、パリ會議が不穩なる情勢の中に開かれ、會議は不調となり、フランスは遂にルール占領を決行した。しかも二四年の總選擧の結果、ポアンカレー内閣は破れ、エリオ新内閣成立した。

こゝに一九二四年十月、國際聯盟の「平和議定書」が漸く調印された。

第五節　ロカルノ條約

一九二五年二月九日、ドイツ外相シュトレーゼマンはフランス政府に對し、國境の安全と國際關係の調整を要求した。この提案は、獨佛の友好關係を恢復し歐洲の平和建設を企圖せるものであつた。

八月三十一日より九月四日にわたり、ロンドン專門家會議において、條約草案の法律的討議がなされ、十月四日よりスウイスのロカルノ（Locarno）において、英、佛、獨、伊、白、波、チエコの七ヶ國の全權代表會議が開かれ、同月十六日に、正式に「ロカルノ條約」の調印がなされた。

この內容は七ヶ條の主要なる條項を有してゐる。ことに英、佛、白、獨、伊の五ヶ國間に結ばれた相互條約が最も重要なるものである。この五ヶ國と共同責任をもつて、ドイツとフランス、ベルギー間の現在の國境を維持し、ライン河の東方五十粁內を非武裝地帶となし、次に獨佛、獨白間に、攻擊、侵入、戰爭せざること、であつた。

これにより、一時、歐洲の政局は平和的友誼關係を恢復したかに見えたが、しかも忽ち世界經濟恐慌の襲來による各國の經濟的困窮となり、ことにドイツは、まさに財政的破產をなさんとする苦惱の底より、ドイツを救はんとする、ヒットラーによるナチスの勃興となり、更に國際的ブロックが尖銳に對立するに至り、再び暗澹たる世界戰爭の危機を孕むのであつた。

かくて一九三三年一月、ナチスが、ドイツの政權を獲得するや、忽ち强硬なる國民外交となり、十月には國際聯盟脫退、三四年三月には、ザール地方に强壓的なる武力占領を斷行した。

なほ三五年三月には、ヴエルサイユ條約第五篇の軍備制限條項を敢然として廢棄し、軍備の自主的宣言を決行した。

三月七日、ヒットラー總統は、ベルリン駐剳のロカルノ條約調印國たる、英、佛、伊、白、の四ヶ國大使に對し、「覺書」を手交し、ラインランド非武裝地帶の占據を宣言した。この爆彈的宣言と共に早くもドイツの軍隊は堂々、ラインランドに侵入し、在住のドイツ人は、歡呼、感泣して、これを迎へた。

一、ドイツはラインランド非武裝地帶に關する一方的條項に代へ、新たにフランス並にベルギー兩國政府と協議を行ひ、獨佛間及び獨白間に、夫々佛白兩國の希望に基き、非武裝地帶を設置せんとする用意がある。

二、ラインランド非武裝地帶占據は、事實上、本日午前開始されたり。

三、ドイツ本國及び其の領土全部に亘り、今や完全なる平等が恢復せられたのであるから、ドイツ政府は今や聯盟より脱退するの主要理由は消失せるものと思惟す。

四、ドイツ政府は聯盟に復歸せんとする用意あり、而して右に關聯して或る時期を經て、植民地問題の平等待遇並びに聯盟規約によりヴェルサイエ條約の分離問題が友好的商議を通じて解決さるべきを期待する。

五、ドイツはフランス及びベルギーと二十五ヶ年を期限として不可侵條約を締結するの用意を有す。

六、ドイツ政府がリツアニアを東歐不可侵條約に欣然參加せしめんとすることは、リツアニア政府が最近數ヶ月間メーメル地方に對する態度を改善したる事實に基づくものである。

七、ドイツ政府はこゝに西歐防共條約の締結の必要を重ねて强調する。

――この日、午後、ドイツ緊急國會は、ゲーリンク議長司會の下に開かれ、ヒットラーは、堂々とナチス外交政策の基調を宣言し、――「ロカルノ條約はすでに存在せず、ドイツ政府はラインランド非武裝地帶における完全なる回收を恢復した」と聲明した。

この宣言と決行は、全歐を愕然たらしめ、三月十二日、ロンドン・ロカルノ會議は英、佛、白、伊、四ヶ國にて開かれ、一般討議の後、フランスの要請を容れ――「全會一致、ドイツ軍によるラインランド非武裝地帶再占據はヴェルサイユ條約第四十二條、第四十三條、並びにロカルノ條約の明瞭なる侵犯を構成することを確認し、聯盟理事會に裁斷を求める」ことに決定した。

直ちに十四日、聯盟理事會は開催され、全會一致にてドイツ問責案を可決した。

「聯盟理事會は三月八日、佛白兩國政府の提出した要請に基き第一にドイツ政府はヴェルサイユ條約第四十二條並びにライン保障條約を無視し、ライン非武裝地帶に正規軍を派遣駐屯せしめてヴェルサイユ條約第四十二條、第四十三條、並びにライン保障條約を侵犯したことを確認する。第二に聯盟事務長に對し右事實の確定をロカルノ體制參加各國政府に通達することを命ずる」と。

――しかも、この聯盟の問責も、何らの力を有せず、ロカルノ體制は全く崩壞した。

第六節　フランスの憲法

フランスはヨーロッパにおいて最初の成文憲法を發布したが、幾度か政體を變革し、憲法を改正すること十回に及んだ。

第一回憲法は、一七九一年九月三日、公布され、人權及び市民權宣言による三權分立を定め、主權は人民に在り、制限君主制を決定せるものであつた。

その「人權及び市民權の宣言」（Déclaration des droits de l'homme et du citoyen）は、一七八九年八

月二十六日に制定、公布されたものである。その序文に――「國民議會を構成するフランス人民の代表者は、人間的權利の忘却が社會的不幸と政府の腐敗との唯一の原因なるを念ひ、ここに左の件を決議す。卽ち、該宣言が常に公共事務に司はる全成員の眼前にあつて絕えず彼等をして己の權利と義務とを想起せしむるために、立法權力及び執行權力の行動が常に凡ゆる政治的施設の目的と對比せしめらるゝことによつて尊重されるために、今後單純にして論爭の餘地なき諸原則を根據とする公民の諸要求を常に憲法の支持と一般的幸福とへ向けるために、人間の自然的、不可離的權利を嚴然たる宣言の中に述ぶること卽ちこれである」と。

さらに、この「宣言」の全內容は、

第一條、人ハ出生及生存ニ於テ自由及平等ノ權利ヲ有ス。社會的ノ不平等ハ公共ノ爲ノ外作ルコトヲ得ズ

第二條　凡テノ政治的結合ノ目的ハ人ノ天賦且ツ不可讓ノ權利ヲ保持スルニ在リ。此等ノ權利ハ自由、所有權、安全及壓制ニ對スル反抗ナリ

第三條　全主權ノ淵源ハ必ズ國民ニ存ス。如何ナル團體モ如何ナル個人モ國民ヨリ出デザル權力ヲ行使スルヲ得ズ

第四條　自由トハ他ノ者ヲ害セザル凡テヲ爲シ得ルヲイフ。各人ノ自然的權利ノ行使ハ社會ノ他ノ各員ヲシテ同一ノ權利ヲ享有セシムルコトノ外ニ制限ヲ有セズ。此ノ制限ハ法律ニ依ルニ非ザレバ之ヲ定ムルコトヲ得ズ

第五條　法律ハ社會ニ有害ナル行爲ノ外之ヲ禁止スルノ權利ヲ有セズ。法律ノ禁止セザル行爲ハ之ヲ妨グルコトヲ得ズ。法律ノ命ゼザル行爲ハ何人モ之ヲ爲スコトヲ强制セラルヽコトナシ

第六條　法律ハ總意ノ發表ナリ。凡テノ公民ハ自ラ又ハ其ノ代表者ニ依リテ法律ノ制定ニ參與スルノ權利ヲ有ス。法律ハ其ノ保護ヲ與フルモノト處罰ヲ定ムルモノトヲ問ハズ凡テニ對シテ均一ナルヲ要ス。法律ノ眼中ニハ凡テノ公民ハ均等ナルガ故ニ、公民ハ其ノ能力ニ應ジ自己ノ價値及自己ノ技能ニ依ル外他ノ區別ナク均ク凡テノ尊號、公ノ地位及職務ニ任ゼラルヽヲ得

第七條　何人モ法律ノ定メタル場合ニ於テ、法律ノ定メタル形式ニ從フニ非ザレバ公訴、逮捕又ハ拘留セラルヽコトナシ。專恣ノ命令ヲ請願シ、公布シ、執行シ、又ハ執行セシムル者ハ之ヲ罰スベシ。然レドモ各公民ニシテ法律ニ基キ召喚セラレ又ハ逮捕セラルヽトキハ即時ニ之ニ遵フベシ之ニ抵抗スレバ罪アリ

第八條　法律ハ絕對ニ必要ナル刑罰ノ外之ヲ定ムルヲ得ズ。何人モ犯罪ノ前ニ制定セラレ且ツ公布

セラレ及適法ニ適用セラレタル法律ニ依ルニ非ザレバ處罰セラルヽコトナシ

第九條　各人ハ其ノ有罪ヲ宣告セラルヽ迄ハ無罪ヲ推測セラルヽガ故ニ之ヲ逮捕スルノ必要ヲ裁定セラレタルトキト雖モ、ソノ身體ヲ拘束スルガ爲ニ必要ナラザル凡テノ暴力ハ法律ニ依リテ嚴重ニ之ヲ禁ズベシ

第十條　何人モソノ意見ノ發表ガ法律ニ依リテ定メラレタル公共ノ秩序ヲ害セザル範圍內ニ於テハ其ノ意見ノ爲メニ妨害セラルヽコトナシ。宗教上ノ意見ニ付テモ亦同ジ

第十一條　思想及意見ノ自由ノ交換ハ人ノ最モ貴重ナル權利ノ一ナリ。故ニ各公民ハ法律ノ定メタル場合ニ於ケル此ノ自由ノ濫用ニ對シ責ヲ負フ外自由ニ言論シ、著作シ、及出版スルコトヲ得

第十二條、人及公民ノ權利ノ保障ハ公ノ權利ヲ必要トス。此ノ權利ハ凡テノ利益ノ爲ニ存スルモノニシテ其ノ權力ヲ委ネラルヽ者ノ特別ノ利益ノタメニ存スルモノニ非ズ

第十三條　公ノ權力ノ維持及行政ノ費用ノ爲ニ公共ノ課稅ハ避クベカラズ。此ノ課稅ハ凡テノ公民ノ間ニ其ノ能力ニ從テ平等ニ之ヲ分配スベシ

第十四條　凡テノ公民ハ自ラ又ハ自己ノ代表者ニヨリテ公ノ課稅ノ必要を認定シ、自由ニ之ニ同意シ、其ノ用途ヲ檢シ及ビ其ノ性質、徵收、納付及繼續期間ヲ定ムルノ權利ヲ有ス

第十五條　社會ハ其ノ行政ノ公ノ代理人ニ對シテ責任ヲ問フノ權利ヲ有ス
第十六條　權利ノ保障ノ安固ナラズ且ツ權力ノ分立セラレザル社會ハ總テ憲法ヲ有スルモノニ非ズ
第十七條　所有權ハ不可侵且ツ神聖ノ權利ナルガ故ニ、法律ニヨリ公ノ必要ガ明ニ之ヲ要求スルコトヲ認定シ且ツ豫メ正當ノ賠償ヲ支拂フノ條件ノ下ニ於テスルニ非ザレバ所有權ヲ奪フコトヲ得ズ

一七九一年の第一回憲法は、九二年、王政崩壊と共に廢止された。

第二回憲法は、一七九三年六月二十四日、最初の共和國憲法であり、議會の議決を經たる後、一般人民投票により制定發布されたものであつた。

第三回憲法は、一七九五年八月二十二日に公布された執政官憲法。

第四回は、一七九九年十二月十三日のナポレオン執政憲法。

第五回は、一八〇四年のナポレオン帝政憲法。

第六回は、ブルボン王家復活の、欽定憲法（Charte Constitutionelle）であり、一八一四年六月四日に發布された。

第七回は、一八三〇年八月十四日の七月革命憲法。

第八回は、一八四八年十一月四日の二月革命憲法であり、第二共和國の政體を定めた。

第九回は、一八五二年一月十四日、大統領ルイ・ナポレオンの制定せるもの。

第十回は、同年十一月二十二日の新帝政憲法であつた。

なほ今日の憲法は、一八七〇年九月四日、ナポレオン三世の帝政が崩壞し、共和制が成立し、一八七五年二月二十五日及び六月十六日に發布された第三共和制憲法であつた。それは三個の單行法一、公權の組織に關する憲法、二、上院の組織に關するもの、三、公權相互に關するものであつた。

なほこれは、一八七九年と一八八四年の二度改正を受けるに至つた。

第三章　アメリカ合衆國

アメリカなる名は、地誌學者マルチン・ワルツエミユラーが、一五〇七年、アメリゴー・ヴエスプツチ（Amerigo Vespucci）の新發見紀行によつて新大陸に命名したものであつた。

古代アメリカ大陸に生存した人種は、北アジアより移住せる Homo americanus であり、蒙古人種の一種であつた。なほ黒潮の流れによつて、アジアよりメキシコ方面に漂着したアジア石器人種もあり、これ等が「塚造り」と呼ばれ、アメリカ・インデイアンの祖とされる。

十一世紀、ノルマン人は、早くグリーンランドより北アメリカに達したと云はる。しかもその後、この發見を忘れ、漸く一四九二年、コロンブスの發見によつて、ヨーロッパの一般的認識となつた。

此後、スペイン、フランス、イギリス等が盛んに移住を始めた。ことにエリザベス女王の時代、植民地政策を大いに奬勵し、その開拓の基礎を確立した。

その後、英本國に於ける清教徒の壓迫により、その自由を求めての新大陸への移住は益々多く、積極的に理想郷建設を企圖するのであつた。七年戰爭、長期の英佛戰爭のため、英本國は多額の戰費を必要とし、アメリカ大陸の植民地に對しても、强制的に莫大なる租稅を負課し、壓迫せるため、遂に植民地人の憤激となり、一七七六年、「獨立宣言書」の發表となつた。

フランスの熱烈なる支援によるアメリカ獨立戰爭は、イギリスを屈服し、一七八三年、イギリスはその獨立を承認し、十三州の外、ミシシツピ川以東を割譲した。こゝに聯邦組織の共和體制、各州の自活、三權分立制を採用し、第一次大統領に、ワシントンを推し、首都をニューヨークに定め、次でフイラデルフイアに移し、最後にワシントンに決定した。

第一節　領土の獲得

アメリカの國家的發展は、その自然的條件の最も有利なるために、土着のアメリカ土人を壓迫、擊退し、或は不法に低廉なる價格を以て廣大なる地域を買收し、或は强制的に奪取するのであつた。一八〇三年には、ルイジアナをフランスより買收し、一八一九年には、フロリダをスペインより獲得、更に一八四六年には、オレゴン、ワシントン兩州をイギリスより讓與せしめ、なほ一八四八年には、テキサス、ニユー・メキシコ、カリフオルニヤの三州をメキシコより奪取した。

時に、領土の擴大に從ひ、南北の社會經濟狀態を異にし、北部は主として工業的な自由主義であり南部は農業的な奴隷制を主とし、北部はレパブリカン黨、南部はデモクラット黨多く、なほ宗敎的には北部は新敎であり、南部は舊敎多く、遂に奴隷廢止問題を直接の契機として南北戰爭が勃發するに至つた。

一八六〇年、奴隷制廢止を宣言せるリンカーンが大統領に選擧され、南北戰爭は激化し、南部十一州はアメリカ聯邦を組織し、獨立的にこれに對抗した、北軍の形勢甚だ不利であつたが、その海軍力の優勢なりしため、一八六五年、南軍敗退した。すでに一八三五年一月一日、リンカーンは敢然として奴隷解放の宣言を發した。

なほ外に對しては、アメリカの自主を主張するモンロー主義を實行し、グラント大統領の時代、一八六八――七七年の間に、アメリカの國家的統一は確立し、その產業經濟は驚嘆すべき飛躍的發展を示した。

なほ一八六七年、ロシアの財政窮乏に乘じて、アラスカを買收し、マッキンレー大統領時代（一八九七――一九〇一年）は、アメリカの帝國主義的侵略時代であつた。彼の暗殺後、ルーズヴェルト時代（一九〇一――一九〇七年）は、軍備の大擴張を强行し、パナマ運河を開鑿、支那、南米に積極的進出を遂げた。

タフト出で、新保護關稅を實施したが、共和黨分裂し、この間隙に生じ、漁夫の利を占めて、一九一二年ウイルソン大統領出で、遂に世界大戰に直面した。

一九一七年四月、ドイツの無制限潛水艦問題に激昂せる民衆の力によつて、大戰に參加――この間歐洲大戰により、アメリカの經濟は、一擧にヨーロッパの經濟的主權を奪ひ、その産業、金融の發展は世界經濟を獨占するに至つた。

アメリカの繁榮は、全く全世界を壓倒し、世界金融經濟の中樞となり、巨大なる戰債問題を全歐の上に投げ、その近代的メカニズムの大量生産時代に入る。

しかも、この「永遠の繁榮」を誇るかに見えた好況も、一九二九年の世界恐慌の影響の下に、悲慘なる沒落を示し、大銀行の破産、産業經營の沒落、失業者の氾濫、戰債モラトリアム、株式市場の大崩落等、一朝にしてアメリカの黄金時代は夢の如く消えた。
かくして、ルーズヴエルトのニユー・デールのアメリカ再建政策の實現となるのであつた。

第二節　アメリカの政黨

アメリカは建國以來、二大政黨の對立、抗爭による政黨政治國である。共和黨（Republican Party）は、ハミルトンによつて創立され、初めは「聯邦主義者」（Federalist）と呼ばれ、後、「國民共和黨」（National Republican Party）と云はれ、最後に今日の名稱「共和黨」となつた。

今日、共和黨の最高指導者は前大統領フーヴアー（Herbert Hoover）及び共和黨全國委員會議長サンダース（Everett Sanders）等である。

「民主黨」（Democratic Party）は、ジエフアーソンによつて創設され、初めは「民主共和黨」（Democratie Republican）と云はれ後、現在の如く「民主黨」と稱せらるゝに至つた。民主黨の指導者は、ルーズヴェルト大統領、「民主黨全國委員會議長」ファーレイ（James Farley）等である。

兩黨の政綱は、始めは、確然と、共和黨は、中央集權的で、民主黨は州權主義的であつた。南北戰爭時代、共和黨は北部の商工業階級を地盤として、奴隷解放を主張し、保護關稅を要望したが、民主黨は、南部諸州の農業階級を地盤として共和黨に反對した。——しかも今日にあつてはその差異は殆んど消滅するに至つた。

たゞ共和黨は、保守的であり、帝國主義的であるが、民主黨は、進歩的であり、また自由主義的である。なほ共和黨は北部に多く、民主黨は南部が主なる勢力範圍である。

第三節　アメリカ外交

一八二四年十二月二日、大統領ジェームス・モンロー（James Monroe）が議會に送れる敎書により——アメリカ諸國の自由獨立の擁護と合衆國のヨーロッパ政治への不干涉主義を提唱し、この「モンロー主義」(Monroe Doctrine) がアメリカ外交政策の基調となるに至つた。

このモンロー主義は、アメリカ外交の巧妙なる辯解と解釋とを示し、甚だ大なる利己主義的外交を爲すに至つた。こゝに十九世紀末には「汎アメリカニズム」(Pan-Americanism) が主張され、北、中南のアメリカ大陸を、悉くブロック的に統一せんとするに至つた。

一八九八年、米西戰爭以來、アメリカ合衆國の外交は、全く帝國主義的となり、軍備の大擴張による資本主義の發展、侵略となつた。――ハワイ、グワム、フイリツピンの獲得は、太平洋政策による太平洋の政治的、經濟的獨裁を企てしめた。

アメリカ極東政策

アメリカの東洋進出は、歐洲資本主義諸國に比して甚だ遲れたのであつたが、その門戸開放、機會均等の要求は、ワシントン會議における九ケ國條約の締結によつて、日本の大陸政策を抑壓し、積極的なる東洋進出を策動した。

今や巨大なる金融資本力を武力として、一擧に支那における經濟的制覇を實現せんとした。ここに日本の大陸經營策と必然に全面的對立を惹起するに至つた。

その露骨なる表現は「スチムソン原則」の聲明であり、滿洲事變に對する、アメリカの最も强硬なる反對的態度であつた。

ことに上海事變において、日米兩海軍は、一觸即發、危機一髮の極度に尖鋭なる對立を示すのであつた。しかも日本海軍の最も强力なる斷乎たる威力は遂にアメリカの海軍をして、日米開戰の到底勝算なきを豫測せしめ、恐怖せるアメリカは何ら武力行使を爲すを欲しなかつた。

第四節　アメリカ中立法案

最近の世界大戰の危機益〻切迫するや、アメリカは、すでにケロッグ不戰條約の無力なるを知り、更により有力なる戰爭防止の工作を爲さんとし、こゝに一九三五年八月二十日、ピットマン上院外交委員長の名において新しき中立法案が提出され、翌二十一日、上院を通過した。

その法案の主要なる條項は、
一、本法效力發生後、九十日以内に、總ての武器輸出入業者及び製造業者は軍需品監督局に、其

の姓名、事務所所在地、取扱品目等を登錄すべく、右登錄以後においては許可なくして、武器の輸出を爲すことを得ず

二、外國間に戰爭發生せる場合には、大統領は右事實を布告すべく、且右布告後においては、武器彈藥及び戰爭用品を、米國より交戰國の港及び交戰國に轉送するの目的を以て中立國の港に輸出すること及び米國船舶が右物品を交戰國又は轉送の目的を以て中立國に輸送することを禁止し、違反者に對しては武器、船舶を沒收する外、一萬ドルの罰金、五ヶ年の禁錮、又は兩者を併課する

三、外國又は米國船舶により、交戰國に對し、人又は武器輸送の氣配あるも、其の出港を停止するに足る確證なきときは之にボンドを納入せしめる

四、大統領は必要ある場合、外國潜水艦の米國入港を禁止し又は之に條件を附することを得

五、大統領にして其の必要を認めたるときは、米國人が交戰國船舶により旅行する場合は、自己の危險において爲すべき旨を布告すべきこと

——右法案は、幾分の修正により、その有效期間を、一九三六年二月二十九日迄にするといふ條項を附して採擇、——八月三十一日、大統領の裁可を經て效力を發生するに至つた。

九月二十九日、大統領は、十一月二十九日迄に、中立法第二條による武器、彈藥、軍需品製造業者及び輸出入業者の登錄、並びに輸出入許可制度を實施すべき旨を聲明し、六種の品目を定め、右武器彈藥、軍需品に該當するものと布告した。この中、軍用たると商用たるとを問はず一切の飛行機、飛行船が含まれる。

かくて八月三十一日、中立法は、發動され、中立維持の工作をなした。時に十月伊ェ戰爭勃發、同五日ルーズヴェルト大統領は兩國間に八月三十一日裁可の中立法案の意味における戰爭狀態發生せりとなし、同日以後、軍需品を右兩國に輸出するを禁じ、同時に今後右兩國と取引を爲さんとする者は如何なる種類たるを問はず、自己の危險において爲すべき旨の聲明を發し、更に合衆國市民に對し、——兩交戰國の船舶による旅行差控を勸告し、若し右船舶により、旅行せんとするものに對しては、自己の危險において爲すべき旨を布告した。

第五節　不戰條約

一九二七年四月六日、アメリカ合衆國參戰十周年紀念日にあたり、佛外相ブリアンが、合衆國國民に對し、平和のためのメッセージを送り、佛米間に「不戰條約」の締結を提唱した。

かくして議漸く進み、同年末、アメリカは、米佛に拘らず多數の國家間に、この不戰條約を結ばんと企て、これを回答し、幾多の接衝後、翌二八年四月十三日、アメリカ國務長官ケロッグ（Kellogg）の提案として、第一次の「單一多邊的不戰條約」が提議され、六月二十三日、第二次の改訂不戰條約が提議された。

かくて、更に九ケ國の間に、不戰條約は討議され、すべての受託の後八月二十七日、フランス外務省「時計の間」にて、條約の調印が行はれた。

この不戰條約は、單に戰爭を防止するの要望のみにて、それを違反せるものには何ら制裁の規定なく、効果は極めて乏しきものであつた。

一九二八年八月二十七日調印

条約全文

ドイツ國、アメリカ合衆國、ベルギー國、フランス國、イギリス國、イタリア國、日本國、ポーランド國、チエコ・スロヴアキア國ハ

人類ノ福祉ヲ增進スヘキ其ノ嚴肅ナル責務ヲ深ク感銘シ其ノ人民間ニ現存スル平和及ヒ友好ノ關係ヲ永久ナラシメムカ為メ國家ノ政策ノ手段トシテノ戰爭ヲ率直ニ拋棄スヘキ時機ノ到來セルコトヲ確信シ

其ノ相互關係ニオケル一切ノ變更ハ平和的手段ニヨリテノミ之ヲ求ムヘク又平和的ニシテ秩序アル手續ノ結果タルヘキコト及ヒ今後戰爭ニ訴ヘテ國家ノ利益ヲ增進セントスル署名國ハ本條約ノ供與スル利益ヲ拒否セラルヘキモノナルコトヲ確信シ

其ノ範例ニ促サレ世界ノ他ノ一切ノ國カ此ノ人道的努力ニ參加シ且ツ本條約ノ實施後速カニ之ニ加入スルコトニ依リテ其ノ人民ヲシテ本條約ノ規定スル恩澤ニ浴セシメ以テ國家ノ政策ノ手段トシテノ戰爭ノ共同拋棄ニ世界ノ文明諸國ヲ結合センコトヲ希望シ

茲ニ條約ヲ締結スルコトニ決シ之カ爲メ左ノ如ク其ノ全權委員ヲ任命セリ（各國全權委員氏名略）因ッテ各全權委員ハ互ニ其ノ全權委任狀ヲ示シ之カ良好妥當ナルヲ認メタル後左ノ諸條ヲ協定セリ

第一條

締約國ハ國際紛爭解決ノ爲メ戰爭ニ訴フルコトヲ非トシ且ツソノ相互關係ニ於テ國家ノ政策ノ手段トシテノ戰爭ヲ抛棄スルコトヲ其ノ各自ノ人民ノ名ニ於テ（註）嚴肅ニ宣言ス

第二條

締約國ハ相互間ニ起ルコトアルヘキ一切ノ紛爭又ハ紛議ハ其ノ性質又ハ起因ノ如何ヲ問ハス平和的手段ニ依ルノ外之カ處理又ハ解決ヲ求メサルコトヲ約ス

第三條

本條約ハ前文ニ掲ケラルル締約國ニ依リ其ノ各自ノ憲法上ノ要件ニ從ヒ批准セラルヘク且ツ各國ノ批准書カ總テ「ワシントン」ニ於テ寄託セラレタル後直チニ締約國間ニ實施セラルヘシ

本條約ハ前項ニ定ムル所ニ依リ實施セラレタルトキハ世界ノ他ノ一切ノ國ノ加入ノ爲メ必要ナル間開キ置カルヘシ一國ノ加入ヲ證スル各文書ハ「ワシントン」ニ於テ寄託セラルヘク本條約ハ右寄託ノ時ヨリ直チニ該加入國ト本條約ノ他ノ當事國トノ間ニ實施セラルヘシ

〔註〕戰爭抛棄に關する條約第一條中の字句の解釋に關する日米間交換覺書

一九二八年七月一六日、在米澤田代理大使よりケロッグ合衆國國務長官に交付したる書文

不戰條約案第一條中の「其の各自の人民の名に於て」なる字句は其の人民の代理者としての意に非ず即ち本條約を締結する者は人民自身に非ず、又右字句は人民に對し戰爭抛棄の重要性を印象せしむるの目的を以て本條約に挿入せられたるものなりと了解す

一九二八年七月十六日、ケロッグ合衆國國務長官より在米澤田代理大使の受領したる覺書

本官は今朝、日本國代理大使より覺書を受領したるが右覺書に於て同代理大使は戰爭抛棄に關する條約第一條中の「其の各自の人民の名に於て」なる字句は、日本國皇帝陛下が「其の人民の代理者として」署名せらるゝの意に非ざるものと了解せらるべき旨を述べたり。本官が一九二八年七月六日、日本國代理大使に與へたる覺書中に於て述べたるが如く「人民の名に於て」なる字句は「人民の爲めに」なる字句と同意義なり。日本國憲法に依れば日本國皇帝陛下は自らの名に於て署名せられ其の人民に代りて署名せらるゝものに非ざるが故に日本國に於て右字句は如何なる種類の代理をも意味し得ざること極めて明瞭なり。本官の右に述べたるが如き解釋に依る日本語譯文は

完全に正確なるべし

――この「人民ノ名ニ於テ」の問題は、甚だ重大なる事項にて、當時の日本は、囂々たる反對論を出すに至つた。

第六節　四ケ國條約

一九二一年七月、日英同盟は遂に滿期に達し、イギリスは、日米の危機が增大し、しかもそれに介入するを避け、否寧ろ、日米を衝突させ、それにより新興日本を抑壓せんとするため、冷然として多年の日英の友誼を廢棄した。

しかもそれに代るものとして、太平洋に進出する日本の南進政策を壓迫せんための「四ケ國條約」をワシントンにおいて提案し、締結するに至つた。

それは「太平洋方面における島嶼たる属地及び島嶼たる領地に關する四ヶ國條約」と稱せられ、一九二一年十一月より翌年二月に亘り、日、英、米、佛、の四ヶ國にて論議され、二一年十二月十三日右四ヶ國の間に締結されたものであつた。

それは太平洋に面せる關係諸國の領土の安全保障——即ち現狀維持の決定であり、明かに日本南進政策を公然と抑止したものであつた。

イギリスは大戰後の疲弊より未だ恢復せず、新興日本の經濟的進出を抑へ、且つワシントン會議において、アメリカと共同して日本海軍の劣勢比率を强制したのであつた。イギリスは、これによりアメリカの歡心を買ひ且つ英米の接近と、この共同戰線による日本の暴壓を謀つた。

四ヶ國條約の條文

アメリカ合衆國、イギリス帝國、フランス國及ヒ日本國ハ一般ノ平和ヲ確保シ且ツ太平洋方面ニ於ケル其ノ島嶼タル屬地及ヒ島嶼タル領地ニ關スル其ノ權利ヲ維持スルノ目的ヲ以テ之カ爲メ條約ヲ締結スルコトニ決シ左ノ如ク其ノ全權委員ヲ任命セリ（各國全權委員氏名略）右各委員ハ互ニ其ノ全權委任狀ヲ示シ之カ良好妥當ナルヲ認メタル後左ノ如ク協定セリ

第一條

締約國ハ互ニ太平洋方面ニ於ケル其ノ島嶼タル屬地及ヒ島嶼ニ關スル其ノ權利ヲ尊重スヘキコトヲ約ス

締約國ノ何レカノ間ニ太平洋問題ニ起因シ且ツ前記ノ權利ニ關スル爭議ヲ生シ外交手段ニ依リテ滿足ナル解決ヲ得ルコト能ハス且ツ其ノ間ニ幸ニ現存スル圓滿ナル協調ニ影響ヲ及ホスノ虞アル場合ニ於テハ右締約國ハ共同會議ノ爲メ他ノ締約國ヲ招請シ當該事件全部ヲ考量調整ノ目的ヲ以テ其ノ議ニ付スヘシ

第二條

前記ノ權利カ別國ノ侵略的行爲ニヨリ脅威セラルルニ於テハ締約國ハ右特殊事態ノ急ニ應スル爲メ共同ニ又ハ各別ニ執ルヘキ最モ有效ナル措置ニ關シ了解ヲ遂ケムカ爲メ充分ニ且ツ隔意ナク互ニ交渉スヘシ

第三條

本條約ハ實施ノ時ヨリ一〇ケ年間效力ヲ有シ且ツ右期間滿了後ハ一二ケ月前ノ豫告ヲ以テ之ヲ終了セシムル各締約國ノ權利ノ留保ノ下ニ引續キ其ノ效力ヲ有ス

第四條

本條約ハ締約國ノ憲法上ノ手續ニ從ヒ成ルヘク速ニ批准セラルヘク且ツ華盛頓ニ於テ行ハルヘキ批准書寄託ノ時ヨリ實施セラルヘシ一九一一年七月一三日倫敦ニ於テ締結セラレタル大ブリテン國及ヒ日本國及ヒ日本國間ノ條約ハ之ト同時ニ終了スルモノトス合衆國政府ハ批准書寄託ノ調書ノ認證謄本ヲ各署名國ニ送付スヘシ

本日アメリカ合衆國、イギリス國、フランス國、日本國間ノ條約ニ署名スルニ當リ各署名國ノ了解及ヒ意嚮ハ左ノ如クナルコトヲ茲ニ聲明ス

一、本條約ハ太平洋ニ於ケル委任統治諸島ニ之ヲ通用ス但シ本條約ノ締結ハ之ヲ以テアメリカ合衆國カ右委任統治ニ對シ同意ヲ與ヘタルモノト認ムルコトヲ得ス且ツアメリカ合衆國ト當該受任國トノ間ニ右委任統治諸島ニ關スル協定ノ締結ヲ妨クルモノニ非ス

二、第一條第二項ニ掲クル爭議ハ國際法ノ原則ニ依リ專ラ當該國ノ國內法權ニ屬スル問題ヲ含ムモノト解スルヘカラス

追加協定

前記條約ニ使用セラレタル「島嶼タル屬地及ヒ島嶼タル領地」ナル語ハ之ヲ日本國ニ適用スルニ付テハ單ニ樺太臺灣及ヒ澎湖列島並ヒニ日本國ノ委任統治ノ下ニ在ル諸島ノミヲ包含スルモノトス

――これを見れば、いかに四ヶ國條約が、イギリスの老獪なる政策によるかは明かであり、日本は一には軍縮により、一にはこの條約により、全く海上の發展を極度に封鎖されたのであつた。これはまさに「九ヶ國條約」が日本の大陸發展を完全に抑壓せんとするものと相結び、日本は非常なる抑壓政策の欺瞞の下に陥つたのであつた。

第七節　九ヶ國條約

イギリスは日本の支那進出、大陸政策を、列强の封鎖陣營をもつて抑壓せんとし、こゝにアメリカを誘つて一九二一年十一月、ワシントンにおいて「四ヶ國條約」と共に論議し、翌年二月六日、日、英、米、白、支、佛、伊、蘭、葡の九ヶ國の間に――「支那に關する九ヶ國條約」が締結された。それは支那の領土保全と門戶開放、機會均等の二大原則を確定せるものであり、英、米、の支那における權益を確保し、日本の大陸發展を强力に阻止する政治戰略であつた。

すでに一八九九年、アメリカの國務長官ヘーによつて支那の門戶開放が要求されて以來、アメリカは經濟的に東洋進出を試み、これにイギリスの支那政治政策が結合し、こゝに支那における三民主義による抗日、排日の地盤が形成されたのであつた。

條約內容　　　――一九二二年二月六日調印

アメリカ合衆國、ベルギー國、イギリス國、支那國、フランス國、イタリア國、日本國、オランダ國及ヒポルトガル國ハ極東ニ於ケル事態ノ安定ヲ期シ支那ノ權利利益ヲ擁護シ且ツ機會均等ノ基礎ノ上ニ支那ト他ノ列國トノ間ノ交通ヲ增進セムトスル政策ヲ採用スルコトヲ希望シ右ノ目的ヲ以テ條約ヲ締結スルコトニ決シ之カ爲メ左ノ如ク其ノ全權委員ヲ任命セリ（各國全權委員氏名略）

右各委員ハ互ニ其ノ全權委任狀ヲ示シ之カ良好妥當ナルヲ認メタル後左ノ如ク協定セリ

第一條

支那國以外ノ締約國ハ左ノ通リ約定ス

一、支那ノ主權獨立竝ヒニ其ノ領土的及ヒ行政的保全ヲ尊重スルコト

二、支那カ自ラ有力且ツ安固ナル政府ヲ確立維持スル爲メ最モ完全ニシテ且ツ最モ障碍ナキ機會ヲ之ニ供與スルコト

三、支那ノ領土ヲ通シテ一切ノ國民ノ商業及ヒ工業ニ對スル機會均等主義ヲ有效ニ樹立維持スル爲メ各盡力スルコト

四、友好國ノ臣民又ハ人民ノ權利ヲ減殺スヘキ特別ノ權利又ハ特權ヲ求ムル爲メ支那ニ於ケル情勢ヲ利用スルコト及ヒ右友好國ノ安寧ニ害アル行動ヲ是認スルコトヲ差控フルコト

第二條

締約國ハ第一條ニ記載スル原則ニ違背シ又ハ之ヲ害スヘキ如何ナル條約協定取極又ハ了解ヲモ相互ノ間ニ又ハ各別ニ若シクハ協同シテ他ノ一國又ハ數國トノ間ニ締結セサルヘキコトヲ約定ス

第三條

一切ノ國民ノ商業及ヒ工業ニ對シ支那ニ於ケル門戶開放又ハ機會均等ノ主義ヲ一層有效ニ適用スル

ノ目的ヲ以テ支那國以外ノ締約國ハ左ヲ要求セサルヘク又各自國民ノ左ヲ要求スルコトヲ支持セサルヘキコトヲ約定ス

（イ）支那ノ何レカノ特定地域ニ於テ商業上又ハ經濟上ノ發展ニ關シ自己ノ利益ノ爲メ一般的優越權ヲ設定スルニ至ルコトアルヘキ取極メ

（ロ）支那ニ於テ適法ナル商業若シクハ工業ヲ營ムノ權利又ハ公共企業ヲ其ノ種類ノ如何ヲ問ハス支那國政府若シクハ地方官憲ト共同經營スルノ權利ヲ他國ノ國民ヨリ奪フカ如キ獨占權又ハ優先權或ハ其ノ範圍期間又ハ地理的限界ノ關係上機會均等主義ノ實際的適用ヲ無效ニ歸セシムルモノト認メラルルカ如キ獨占權又ハ優先權

本條ノ前記規定ハ特定ノ商業上工業上若シクハ金融業上ノ企業ノ經營又ハ發明及ヒ研究ノ獎勵ニ必要ナルヘキ財產又ハ權利ノ取得ヲ禁スルモノト解釋スヘカラサルモノトス

支那國ハ本條約ノ當事國タルト否トヲ問ハス一切ノ外國ノ政府及ヒ國民ヨリノ經濟上ノ權利及ヒ特權ニ關スル出願ヲ處理スルニ付キ本條ノ前記規定ニ記載スル主義ニ遵由スヘキコトヲ約ス

第四條

締約國ハ各自國民相互間ノ協定ニシテ支那領土ノ特定地方ニ於テ勢力範圍ヲ創設セムトシ又ハ相互

間ノ獨占的機會ヲ享有スルコトヲ定メムトスルモノヲ支持セサルコトヲ約定ス

第五條

支那國ハ支那ニ於ケル全鐵道ヲ通シ如何ナル種類ノ不公平ナル差別ヲモ行ヒ又ハ許容セサルヘキコトヲ約定ス殊ニ旅客ノ國籍其ノ出發國若シクハ到達國貨物ノ原產地若シクハ所有者其ノ積出國若シクハ仕向國又ハ前記ノ旅客若シクハ貨物カ支那鐵道ニ依リ輸送セラルル前若シクハ後ニ於テ之ヲ運搬スル船舶其ノ他ノ輸送機關ノ國籍若シクハ所有者ノ如何ニ依リ料金又ハ便宜ニ付キ直接間接ニ何等ノ差別ヲ設ケサルヘシ

支那國以外ノ締約國ハ前記鐵道中自國又ハ自國民カ特殊條件特殊協定其ノ他ニ基キ管理ヲ爲シ得ル地位ニ在ルモノニ關シ前項ト同趣旨ノ義務ヲ負擔スヘシ

第六條

支那國以外ノ締約國ハ支那國ノ參加セサル戰爭ニ於テ支那國ノ中立國トシテノ權利ヲ完全ニ尊重スルコトヲ約定シ支那國ハ中立國タル場合ニ中立ノ義務ヲ遵守スルコトヲ聲明ス

第七條

締約國ハ其ノ何レカノ一國カ本條約ノ規定ノ適用問題ヲ包含シ且ツ右適用問題ノ討議ヲ爲スヲ望マ

シト認ムル事態發生シタルトキハ何時ニテモ關係締約國間ニ充分ニシテ且ツ隔意ナキ交渉ヲ爲スヘキコトヲ約定ス

第八條

本條約ニ署名セサル諸國ニシテ署名國ノ承認シタル政府ヲ有シ且ツ支那國ト條約關係ヲ有スルモノハ本條約ニ加入スルコトヲ招請セラルヘシ右目的ノ爲メ合衆國政府ハ非署名國ニ必要ナル通牒ヲ爲シ且ツ其ノ受領シタル回答ヲ締約國ニ通告スヘシ別國ノ加入ハ合衆國政府カ其ノ通告ヲ受ケタル時ヨリ效力ヲ生スヘシ

第九條

本條約ハ締約國ニ依リ各自ノ憲法上ノ手續ニ從ヒ批准セラルヘク且ツ批准書全部ノ寄託ノ日ヨリ實施セラルヘシ

第八節　國際聯盟

一九一八一月八日、ウイルソン大統領は世界平和の基礎となるべき十四ヶ條のメッセージを發し、その第十四條に――「大國モ小國ト等シク、ソノ政治的獨立及ヒ領土的自主權ヲ相互ニ保證スル目的ヲ以テ特殊ノ規約ノ下ニ一般的國家聯合ヲ構成スヘシ」として國際聯盟設立を提唱した。

一九一九年、パリの平和會議において、戰爭拒否のための國際機關創設を提案し、一月二十五日採擇さる。同月二十七日、特別委員會を設置、聯盟規約の草案を起稿、二月に原案成る。四月二十八日ウイルソン大統領、それを提案し、全會一致にて採擇された。ここに「國際聯盟規約」が形成され、二十六ヶ條よりなり、ヴエルサイユ媾和條約の中に挿入せられた。かくて一九二〇年一月十日、ヴエルサイユ條約の效力發生と同時に、國際聯盟もその效力を發生した。

一九二〇年、第一回總會において加盟國は四十二ヶ國であり、それは英佛の戰勝による利益の確保であり、主唱者のアメリカそのものが加入せず、しかもその首脳部はユダヤ人的ブロックに獨占され年と共に英佛の權力を支持する國際的機關の本性を暴露し、こゝに滿洲事變を契機として、斷乎、日本は醜惡なる國際聯盟を脱退するに至つた。――これに從ひ、ドイツ、ブラジル、イタリア等は續々脱退し、しかもソヴエートの加入と共に、益〻その人民戰線的色彩を濃厚とし、更に支那事變において、日本との對立はまさに全面的なるものと化した。

國際聯盟規約の主要條項

締約國ハ

戰爭ニ訴ヘザルノ義務ヲ受諾シ、各國間ニ於ケル公明正大ナル關係ヲ規律シ、各國政府間ノ行爲ヲ律スル現實ノ規準トシテ國際法ノ原則ヲ確立シ、組織アル人民ノ相互ノ交渉ニ於テ正義ヲ保持シ且ツ嚴ニ一切ノ條約上ノ義務ヲ尊重シ、以テ國際協力ヲ促進シ且ツ各國間ノ平和安寧ヲ完成センガ爲メ、玆ニ國際聯盟規約ヲ協定ス

第八條

一、聯盟國ハ平和維持ノ爲メニハ其ノ軍備ヲ國ノ安全及ビ國際義務ヲ協同動作ヲ以テスル强制ニ支障ナキ最低限度迄縮少スルノ必要アルコトヲ承認ス

十條

聯盟國ハ聯盟各國ノ領土保全及ビ現在ノ政治的獨立ヲ尊重シ且ツ外部ノ侵略ニ對シ之ヲ擁護スルコトヲ約ス右侵略ノ場合又ハ他ノ脅威若クハ危險アル場合ニ於テハ聯盟理事會ハ本條ノ義務ヲ履行スベキ手段ヲ具申スベシ

第十一條

一、戰爭又ハ戰爭ノ脅威ハ聯盟國何レカニ直接ノ影響アルト否トヲ問ハズ總テ聯盟全體ノ利害關係事項タルコトヲ茲ニ聲明ス仍テ聯盟ハ國際ノ平和ヲ擁護スル爲メ適當且ツ有效ト認ムル措置ヲ執ルベキモノトス、此ノ種ノ事變發生シタルトキハ事務總長ハ何レカノ聯盟國ノ請求ニ基キ直ニ聯盟理事會ノ會議ヲ召集スベシ

第十二條

一、聯盟國ハ聯盟國間ニ國交斷絕ニ至ルノ虞アル紛爭發生スルトキハ當該事件ヲ仲裁裁判若クハ司法的解決又ハ聯盟理事會ノ審査ニ付スベク且ツ仲裁裁判官ノ判決若クハ司法裁判ノ判決後又ハ聯盟理事會ノ報告後三ケ月ヲ經過スル迄ハ如何ナル場合ニ於テモ戰爭ニ訴ヘザルコトヲ約ス

第十五條

一、聯盟國間ニ國交斷絶ニ至ルノ虞アル紛爭發生シ第十三條ニ依ル仲裁裁判又ハ司法的解決ニ付セラレザルトキハ聯盟國ハ當該事件ヲ聯盟理事會ニ付託スベキコトヲ約ス、何レノ紛爭當事國モ紛爭ノ存在ヲ事務總長ニ通告シ以テ前記ノ付託ヲ爲スコトヲ得、事務總長ハ之ガ充分ナル取調及ビ審理ニ必要ナル一切ノ準備ヲ爲スモノトス

四、紛爭解決ニ至ラザルトキハ聯盟理事會ハ全會一致又ハ過半數ノ表決ニ基キ當該紛爭ノ事實ヲ述べ公正且ツ適當ト認ムル勸告ヲ載セタル報告書ヲ作成シ之ヲ公表スルコトヲ得

第十六條

一、第十二條、第十三條、又ハ第十五條ニ依ル約束ヲ無視シテ戰爭ニ訴ヘタル聯盟國ハ當然他ノ總テノ聯盟國ニ對シ戰爭行爲ヲ爲シタルモノト看做ス、他ノ總テノ聯盟國ハ之ニ對シ直ニ一切ノ通商上又ハ金融上ノ關係ヲ斷絶シ自國民ト違約國國民トノ一切ノ交通ヲ禁止シ且ツ聯盟國タルト否トヲ問ハズ他ノ總テノ國ノ國民ト違約國國民トノ一切ノ金融上通商上又ハ個人的交通ヲ防遏スベキコトヲ約ス

二、聯盟理事會ハ前項ノ場合ニ於テ聯盟ノ約束擁護ノ爲メ使用スベキ兵力ニ對スル聯盟各國ノ陸海又ハ空軍ノ分擔程度ヲ關係各國政府ニ提案スルノ義務アルモノトス

三、聯盟國ハ本條ニ依リ金融上及ビ經濟上ノ措置ヲ執リタル場合ニ於テ之ニ基ク損失及ビ不便ヲ最少限度ニ止ムル爲メ相互ニ支持スベキコト、聯盟ノ一國ニ對スル違約國ノ特殊ノ措置ヲ抗拒スル爲メ相互ニ支持スベキコト並ニ聯盟ノ約束擁護ノ爲メ協力スル聯盟國軍隊ノ版圖內通過ニ付キ必要ナル處置ヲ執ルベキコトヲ約ス

四、聯盟ノ約束ニ違反シタル聯盟國ニ付テハ聯盟理事會ニ代表セラルル他ノ一切ノ聯盟國代表者ノ聯盟理事會ニ於ケル一致ノ表決ヲ以テ聯盟ヨリ之ヲ除名スル旨ヲ聲明スルコトヲ得

第二十一條

本規約ハ仲裁裁判條約ノ如キ國際約定又ハ「モンロー」主義ノ如キ一定ノ地域ニ關スル了解ニシテ平和ノ確保ヲ目的トスルモノノ効力ニ何等ノ影響ナキモノトス

第二十二條

一、今次ノ戰爭ノ結果、從前支配シタル國ノ統治ヲ離レタル植民地及ビ領土ニシテ近代世界ノ激甚ナル生存競爭狀態ノ下ニ未ダ自立シ得ザル人民ノ居住スルモノニ對シテハ該人民ノ福祉及ビ發達ヲ計ルハ文明ノ神聖ナル使命ナルコト及ビ其ノ使命遂行ノ保障ハ本規約中ニ之ヲ包含スルコトノ主義ヲ適用ス

第四部　ソヴェートの政治闘争

第一章　ソヴエート新憲法

一九三六年十一月二十五日より、モスコウにおいては第八回全聯邦ソヴエート臨時大會が、全國より二千三百餘の代表を集め、十二月五日、全會一致を以て新憲法案を採擇、公布するに至つた。今やスターリンの獨裁は、その組織的統一力を獲得せんとし、スターリン憲法の制定をなし、これにより一國社會主義的民主主義を確立すると共に更に世界赤化の積極的なる攻勢に出でんとする作戰計畫であつた。

――その新憲法の主要なる條項を擧げれば、

第一章　社會組織

第一條　ソヴエート社會主義共和國聯邦ハ勞働者及ビ農民ノ社會主義國家ナリ

第二條　ソヴエート聯邦ノ政治的基礎ハ地主資本家ノ權力顚覆及ビプロレタリアート獨裁ノ結果發展强化セル勤勞代表ソヴエートニ依ツテ構成サル

第三條　ソヴエート聯邦ノ全權力ハ勤勞代表ソヴエートノ形式ヲ採ル都市及ビ農村ノ勤勞者群ニ歸屬ス

第四條　ソヴエート聯邦ノ經濟的基礎ハ資本主義的經濟制度ノ淸算、生産用具並ビニ生産手段ノ私有廢止及ビ人ニヨル人ノ搾取撤廢ノ結果確立セラレタル社會主義的經濟制度及ビ生産用具並ビニ生産手段ノ社會主義的所有ヨリ成ル

第五條　ソヴエート聯邦ノ社會主義的所有ハ國家ノ所有即チ全人民ノ財産ノ形式ニ依ルカ或ハ協同組合共營農場ノ所有（個々集團農場ノ財産若クハ協同組合財産）ノ形式ヲ採ル

第六條　土地、ソノ埋藏物、水域、森林、工場、鑛山、鐵道、水運、空輸、銀行、交通、通信手段、國營大農場企業（國營農場、機械・トラクター・ステーション等）及ビ都市並ビニ工業中心地ニ於ケル住宅施設ノ主要部分ハ總ベテ國家財産即チ全人民ノ財産ニ歸屬ス

第七條　共營農場並ビニ協同組合ニ於ケル公共企業及ビ附屬家畜、生産用具、生産物並ビニ公共建造物ハ共營農場並ビニ協同組織ノ公共社會主義的財産ヲナス、各共營農戸ハ附屬ノ小土地ヲ私

的使用ニ供シ、同地ノ副次的施設、家屋、生産的家畜、家禽並ビニ小農具ヲコルホーズノ約款ニ從ヒ私的財産トス

第八條　共營農場ノ占有スル土地ハ無償且ツ無期限即チ永久ニ使用ヲ保證サル

第九條　ソヴエート社會主義聯邦ニ於ケル支配的經濟形態タル社會主義的經濟組織ト併行シテ、法律ハ個人勞働ヲ基礎トシテ個人農並ビニ家內勞働者ニ對シ小規模ノ私的經濟ヲ許容ス、但シ他人ノ勞働ヲ搾取スルコトヲ許サズ

第一〇條　市民ノ勞働ニヨル收入、貯蓄、住宅、家內副業用具並ビニ家事用具、手廻品、娛樂用具ノ私有財產權ハ法律ニヨリテ保護サル、市民ノ私有財ニ對スル相續權ハ法律ニヨリ保護サル

第一一條　ソヴエート聯邦ノ經濟生活ハ公共ノ富ノ增加、勤勞者ノ物質的並ビニ文化的水準ノ堅實ナル向上及ビソヴエート聯邦ノ獨立並ビニ國防ノ强化ヲ目的トスル國家經濟計畫ニヨリ決定サレ、指導サル

第一二條　ソヴエート聯邦ニオイテハ勞働ハ「働カザルモノハ食フベカラズ」トノ原則ニ基キ勞働力ヲ有スル全市民ノ義務トス。ソヴエート騎邦ニ於テ「各人ハソノ能力ニ應ジテ働キ、ソノ勞働ニ應ジテ報酬ヲ受クル」ナル社會主義ノ原則ガ實現サル

第二章　國家組織

第一三條　ソヴエート聯邦ハ均等ノ權利ヲ享有スル左ノ諸ソヴエート社會主義共和國ノ自發的團結ヲ基礎トシテ構成サレタル聯邦國家ナリ

ロシア社會主義聯邦ソヴエート共和國、ウクライナ社會主義ソヴエート共和國、白ロシア（以下社會主義ソヴエート共和國ヲ略ス）アゼルバイジヤン、ジヨルジア、アルメニア、トルクメン、ウズベツク、タヂツク、カザツク、キルギス

第一六條　聯邦各共和國ハ當該共和國ノ特質ヲ考慮ニ容レ、ソヴエート聯邦憲法ト全ク抵觸セザル如ク制定サレタル獨自ノ憲法ヲ有ス

第一七條　聯邦各共和國ハソヴエート聯邦ヨリ自由ニ脫退スル權利ヲ留保ス

第二一條　ソヴエート聯邦ヲ通ジ全市民ニ對シ單一國家市民權ヲ確立ス、聯邦共和國ノ各市民ハソヴエート社會主義共和國聯邦ノ市民タルモノトス

第三章　ソヴエート聯邦國家權力ノ最高機關

第三〇條　ソヴエート聯邦ノ最高機關ハ聯邦最高會議トス

第三二條　ソヴエート聯邦ノ立法權ハ聯邦最高會議ニヨリ專ラ實現セラル

第三三條　聯邦最高會議ハ聯邦會議及ビ民族會議ノ兩院ヨリ成ル

第三四條　聯邦會議ハ人口三〇萬ニ就キ代表一名ノ割合ヲ以テ、ソヴエート聯邦市民ニヨリテ選擧サル

第五章　ソヴエート聯邦ノ諸行政機關

第六四條　聯邦國家權力ノ最高執行行政機關ハ聯邦人民委員會ナリ

第七七條　國防、外交、通商、交通、通信、水運、重工業、防備工業ノ人民委員ハ全聯邦人民委員部トス

第七八條　食料工業、輕工業、林業、農業、穀類畜産國營農場、財務、國內商業、內治、司法、保健ノ人民委員部ハ「聯邦及ビ共和國」ノ人民委員部トス

第一〇章　ソヴエート市民ノ基本的權利及ビ義務

第一一八條　ソヴエート聯邦市民ハ勞働ノ權利即チ勞働ニ從事シ且ツ勞働ノ量並ビニ質ニ應ジ報酬ヲ受ケ且ツ保證サレタル勞働ニ從事スル權利ヲ享有ス、右權利ハ國家經濟ノ社會主義的組織、ソヴエート社會ニオケル生産力ノ發展、經濟恐慌ノ絶滅、失業淸算ノ事實ニヨリ保證セラル

第一一九條　ソヴエート聯邦市民ハ休息ノ權利ヲ享有ス、右權利ハ勞働者ノ壓倒的多數ニ對スル七

時間勞働制ノ實施、勞働者並ビニ使用人ニ對スル年次有給休暇制ノ設定、勤勞者ニ對スル療養所並ビニ休息ノ家並ニクラブノ完備ニヨリ保證セラル

第一二二條　ソヴエート聯邦ノ女子ハ經濟、國家、文化、社會、政治生活ノ全分野ニ於テ男子ト平等ノ權利ヲ享有ス

第一二四條　市民ノ信仰ノ自由ヲ保證スル爲メソヴエート聯邦ニ於テハ教會ハ國家ヨリ分離サレ、學校ハ教會ヨリ分離セラルル、宗教的儀式執行ノ自由及ビ反宗教宣傳ノ自由ヲ全市民ニ對シ均シク承認サル

第一三二條　國民皆兵ハ不動ノ律法タリ、勞農赤軍ノ兵役ニ服スルハソヴエート聯邦市民ノ名譽アル義務ナリ

第一三三條　祖國ノ防衛ハソヴエート聯邦各市民ノ神聖ナル義務ナリ、祖國ニ對スル叛逆、宣誓ニ對スル違反、敵軍ヘノ投降、國軍ノ權威ノ毀損、敵國ヘノ間諜行爲ハ最モ忌ムベキ罪惡トシテ嚴罰ニ處ス

スターリンは新憲法發布の趣旨に關し、同大會において演說した。

彼はその中に於て「修正提議」に關し「第一七條削除案」に對し――「憲法第一七條に對しソヴエート聯邦を自由に離脱する權利を保有せしめる第一七條全部を草案より削除せよといふものである。余はこの修正案は誤謬であり、故に本會議はこれを採擇すべきではないと思惟する。ソヴエート聯邦は聯邦を構成し、平等の權利を有する共和國の自由意志による聯邦である。ソヴエート聯邦より自由に離脱する權利を規定せる條項を、憲法より削除する事は、この聯邦の自由意志性を蹂躙するものである。我々はこの手段に贊成し得ようか。余はこの修正に贊成するを得ず、且つ贊成すべきではないと思ふ。」

更に「民族會議廢止案」に關し――「民族會議廢止提案に關しては、余はこれまた不當なりと考へる。もしソヴエート聯邦が單一國家ならば、一院制度の方が二院制度に優るであらうが、ソヴエート聯邦は周知の如く多數の國よりなる聯邦である。ソヴエート聯邦の各民族は、共通の利害關係のほかに、各民族の特殊情勢に關する特殊の利害關係を有してゐる。これらの特殊關係は無視し得ようか。否、無視することは不可能である。これらの特殊の利害關係を反映すべき特殊の最高機關をおくことは必要であらうか。疑ひもなく必要である。かゝる機關がなければ、ソヴエート聯邦の如き多數民族よりなる國の統治は不可能である。第二院たる民族會議こそ、かゝる機關である」と。

――これ等の民族問題の重要視は、ソヴエート聯邦における最大の問題であり、スターリンは、ジヨルジヤ國生れのグルージン種であり、一九一二年「マルキシズムと民族問題」を書いて、追放せられ、また十月革命直後、一九一七年以降一九二三年まで「民族部人民委員」であり、民族問題に關し最も關心を拂ひ來つた。――こゝにスターリンのトロツキー排撃以來、戰慄すべき肅淸工作の大量的虐殺は、この民族問題を重要なる契機とすることを知ることによつて、その餘りにも不可解なるソヴエート内部の矛盾と抗爭との深刻なる謎を解くことを得るであらう。亞歐にまたがる尨大なるソヴエート・ロシアにおいて、アジアか、ヨーロツパか、の對立は、ユダヤ民族問題を繞つて、益〻尖銳化し、この辯證法的矛盾は、スターリンの血の獨裁を必然化したのである。――一九一七年來のソヴエート大革命は、なほ續き、更により大なる新しき東方の原理の出現によつてのみ、この限りなき分裂の悲劇を揚棄し得るのである。

第二章　コミンテルンの變革

第三インターナショナルなるコミンテルンは、一九一九年三月、レーニンがモスコウにコミンテルン結成準備會議第一回大會を開けることにより正式に構成された。

レーニンは第四回世界大會まで議長となり、直接に革命運動の發展と社會主義建設に努力したが、一九二四年一月病歿して、その後繼者に關し一大紛爭が生じ、一時はコミンテルンは指導者を失つたが、スターリンが主權を獲得し、こゝにコミンテルンは一大轉換を示すに至つた。

一九二三年、ドイツ革命の失敗に次いで支那國民革命の中絕により、スターリンはソ聯一國社會主義建設政策を斷行し、深刻なるソ聯共產黨內の對立となり、世界革命主義のトロツキーと全面的なる抗爭をなした。第六回大會が一九二八年に開かれて以後、長く世界大會は開かれず、漸く一九三五年になつて第七回大會が召集された。

これによつて「當面のファッシズムの攻勢に對する對策」を議題とし、第二インターナショナル及び一般民主主義團體と共同戰線を結び、こゝにファッショ國家に對する人民戰線の結成をなす政策を決定した。

レーニンの歿後、ソヴエートの主權を繞つて、トロツキー對ジノヴイエフ、カメネフとの抗爭が生じ、スターリンは後者を支持して、トロツキーを失脚せしめ、その後、漸くスターリンが自らの直系勢力を增大すると共に、トロツキー派なりとして、ジノヴイエフ、カメネフ等を斷罪し、ゲ・ペ・ウの力によつて遂に反對派を悉く彈壓して、スターリン獨裁を獲得した。

一九一七年十月十日の革命の前夜において、トロツキーの革命戰術はフインランドより歸來したレーニンを動かし、革命の即時決行を、中央委員會に出した。――「逡巡猶豫することは罪惡である」――のトツキキーの急進的見界は、カメネフとジノヴイエフの二票の反對があつたのみで、滿場一致可決された。しかもカメネフ等の反對意見を有する者は、他にもあり、レーニンの即時斷行に反對なる者は、トロツキーに對する積極的反抗となつた。レーニンはトロツキーの赤軍統率者としての果斷なる革命的才腕を重要視し、ペトログラードの郊外に身を隱した彼は、十月十七日の中央委員會に對する通告に於いて、斷乎としてカメネフ等を批判した。カメネフ等は主張する――「大衆の協力なくして、ゼネラル・ストライキの支持なくしては、革命は、必然に失敗の運命にある一の暴力沙汰を爲すに過ぎない。トロツキー戰術はブランキー主義に外ならない。苟くもマルクス主義政黨なるものは革命の問題を、一個の軍事的陰謀の問題に墮せしむべからず」との見界に對し、レーニンは力說する――「それは決してブランキー主義ではない。――如何にも軍事的陰謀なるものは、もしそれが或特定階級の黨によつて組織されなかつたならば、もしその組織者が、一般的には政局の動向を、また特殊的には國際情勢を考慮しないならば、それは單なるブランキー主義に過ぎないであらう。」と。

トロツキーはこの反對派に對して悠然として一笑して云つた。「叛亂は、技術ではなくて、一個の機械だ。これを運轉さすには技術家があれば充分である。そして、たゞ技術家のみが、この運轉を停止することが出來るであらう」と。

十月二十四日の白晝、トロツキーの叛亂は決行された。しかもその作戰計畫は、革命家にして數學者なる、また將棋の名人であつたアントノフ・オフセンコ――レーニンはトロツキー戰術に言及せる時、彼を指して、たゞ將棋の名人のみが叛亂を組織することが出來ると云つた。——その憂欝な病的な風貌、肩の上まで垂れた長い髮は、ブリユメール十八日前のナポレオンの姿に似た、アントノフ・オフセンコによつて決定された。

トロツキーは本來のボルシエヴイキではなく、新來の革命家であり、彼は云つた。「私は十二使徒の一人ではない、私は寧ろ始めて異敎徒に說敎したかのセント・ポーロだ！」と。

スターリンは純粹なロシア人ではなく、ジヨルジア人と云はれる。彼は西歐的な文化人ではなく、西ヨーロツパ的な文化、心理、道德の敵である。——こゝに彼の大いなる謎があり、彼の執拗なる政略が結成、實踐される。——スターリンはアジア的な忍從の塊とも云ふべき態度を以て、トロツキーの神經的な、狂想的な心理を無氣味に凝然と監視する。トロツキーは西洋の迫害に苦惱し、反抗せるユダヤ的精神の權化であり、その徹底せる主我的な反逆性は、かのイスカリオテのユダと酷似するを見る。

スターリンは潜かにトロツキーの弱點と誤謬とを悉く捕捉し、黨の機關の中樞部を着々として手に容れた。かくてレーニンの死に際し、ソヴエート革命の双璧と稱されしトロツキーが、主權の後繼者たるは當然なりと自認せる時に、すでにスターリンは、レーニンの死の遙か以前に、この後繼者は自らに決定さるべく工作し終つた。

その病中、黨内における統制的權力をスターリンに與へたのは、レーニン自らであつた。——ロシアの農民を心とするレーニンは、トロツキーの餘りに才氣あり、奔放なる情熱を憂ひ、むしろ單に樸素にして忍從性あるスターリンを、自らの社會變革の守成者たらしめんとするのであつた。

トロツキーは現實の形勢の不利なるを知るや憤然として、スターリンに——「君はレーニンの病氣を利用したのだ」と焦燥的に威嚇したに對し、スターリンは冷然として「君にレーニンの死を利用させないために」と唯一言した後、他は一切口を出さなかつた。

トロツキーは、從前より、默々として鈍重なる牛の如きスターリンをば、一個の無能なる存在として殆んど認めず、寧ろその愚鈍なるものとして輕蔑し、自らの赤軍の建設とその偉大なる統率者としての權威に比し、何らの競爭者、敵對者としての價値を認めなかつた。

トロツキーは十月革命の力により、世界史的變革を自らの手によつて斷行せんとし、昂然として全世界のプロレタリアートの結束と、世界革命を實現せんとした。しかもまさに成功せんとして遂に失敗せる、ドイツと支那との現實により、トロツキーの理論は今や一個の空想論化せんとした。——これを巧みにスターリンは捕へた。しかもロシア國内の情勢は甚しい困窮に陷り、レーニンも止むなく「新經濟政策」を立て、革命的共産主義時代より出でんとする方向を、最も積極的に主張し、ここに一國社會主義の建設に邁進せんとする。

スターリンは猛然として「世界革命論は、メンシエヴイズムの一變種である」として、トロツキーに正面より挑戰した。彼はトロツキー主義を赤色ボナパルト主義なりと排撃した。その時、トロツキーは、陸海軍人民委員長であり赤軍統率力と勞働組合組織の實權を握つてゐた。――これに對し、スターリンは、ジノヴイエフ、カメネフと共に有名なる「トロイカ」――三頭立の橇に象れる三頭制――を作り、あらゆる計略と策謀とを以て、トロツキーを失脚せしめんと努力した。かくてトロツキーの誤謬を大衆に暴露し、トロツキー派の離間、排撃に全力を盡した。――その中心機關が血ぬられしゲー・ペー・ウー（オ・ゲ・ぺ・ウ、單一國家政治監督廳）の恐るべき出現となつた。

ゲ・ぺ・ウの戰慄すべき首腦部には、凶猛なるヂエルジンスキーがあり、トロツキーの周邊に、隈なき密偵の網を張りめぐらした。トロイカは、トロツキーに對し、あらゆる行動において、その野心を發きその革命の裏切りなることを、大衆の前に眞僞を問はず宣傳した。

かくてトロツキー派は見る見る崩壞し行くのである。これに對し、トロツキーは、自らの世界革命論を更に理論的に基礎づけんとして、現實の行動よりも、却つて、イギリスの政治的・社會的研究、クロムウエルの清敎徒軍と赤軍との類似點や、レーニンとクロムウエル、ロベスピエール、ナポレオンムッソリーニ等との比較研究を爲すのであつた。彼は書いた――「レーニンは、ボナパルトともムッソリーニとも比するを得ず、寧ろクロムウエルとロベスピエールとに比すべきである。レーニンは、二十世紀におけるプロレタリア・クロムウエルである。この定義は、十七世紀におけるプチ・ブルジヨア・クロムウエルに對して爲し得る最高の辯護である」と。

この間に、反トロツキー派は、遂にトロツキーより陸海軍人民委員長の職を奪ひ、赤軍の命令權を拒否した。――さすがにトロツキーは自らの身邊の蕭條たるを知り、病氣となり、モスコウを去り、一九二六年五月、彼はベルリンの一病院にあつた。

しかもゲ・ペ・ウの建設者たるチエルジンスキーは、一九二六年七月、黨中央委員會において、トロツキーの猛烈なる彈劾演說中に、腦溢血にて倒れた。これに次でメンジンスキーがゲ・ペ・ウの首腦部となり、スターリンはこれを最も重要視した。

更にトロツキーが、ロシアを去るや、今や「トロイカ」――「レーニンの遺骸の三人の正式の防衞者」の間に、深刻なる對立、矛盾が生じた。ここに共產黨の內訌は、第二の鬪爭段階に入つた。

スターリンはソヴェート政權の極端な官僚化を斷行し、その防衛のため特別部隊を作り、その指導部をゲ・ペ・ウの本部なるルビアンの宮殿に置いた。メンジンスキーはこの新しき組織を爲し、モスコウを四の地區に分け、縱横に祕密電話線が張られた。各地區には細胞としてのスパイが置かれそれが核《ケルン》を成した。この組織の戰鬪單位は「班」であり、しかも、それは全く祕密であつた。これによりトツロキー派は悉く支離滅裂となり、コルチャックやウランゲル等のコサック騎兵を破つた赤軍の兵士等さへ、すでにトロツキーから離れ、今や大衆の眼には彼は哀れにも一個の革命の敵と化した。

しかもスターリンの强大は、カメネフ、ジノヴィエフをして今や却つてトロツキーと接近せんとしたが、トロツキーがスターリンに對し、モスコウに反亂を起すことに協力し得ず、これを裏切つた。

一九二七年十月、十月革命十週年記念祭の擧げられる前夜、トロツキーはスターリン打倒のクーデターを斷行せんと決意した。すでに數週前より世界の諸〻の國より第三インターナショナルの代表者が陸續としてモスコウに雲集した。――革命の氣分は再びトロツキーに一九一七年の戰時革命の情熱を呼び醒した。十一月七日――モスコウは赤色を以て全市は火焔の如く飾られた。赤色廣場のクレムリンの城壁の前には、無數の眞紅の旗がレーニン廟の周圍に飜へつた。廣場の奥のワシリー・ブラジエニー寺院の方にはブチョンヌイの颯爽たる騎兵部隊や、トハチエウスキーの强大なる步兵部隊が、革命時代の輝ける闘士等が――かのトロツキーが英雄の如く指揮して勝利を獲得した赤軍の兵士等が整列してゐる。今や陸海軍人民委員長たるウォロシーロフが、堂々たるソヴエート赤軍の閲兵式をなしてゐた。その時赤軍の創建者なるトロツキーは、同志に全く裏切られ、部下は四散し、僅かに千人の手兵を以て、最後の突撃を決行せんとする。

トロツキーは、その日、モスコウの大衆に、熱烈なる叫びを訴へたが、幾千かの學生と勞働者とが聽くのみであり、しかも同じ頃、赤色廣場では、轟々として、巨大なる群集が殺到し、スターリンは凱旋將軍の如く、政府及黨の首腦部を從へて國家の主權者の威容を示した。――突如、トロツキー派の一隊が、大學の階段講堂に亂入し、保安部隊の一部を突破し、一群の學生勞働者が、赤色廣場に進入し來つた。大衆はすでにトロツキーの存在を認めず、その反抗を誹謗した。トロツキー派の武力蜂起は直ちに悲慘なる失敗に歸した。

スターリンを支持し、それに指導さるゝものは、主として革命時代以後の青年であり、また十月革命の時には、寧ろ革命の體驗なき者が多かつた。ここにスターリンの獨裁の地盤があり、これに反し反スターリン派は、殆んど革命の實行者であり、彼等は本質的に革命的であり、かくてソヴエートの計畫的建設過程に不滿であり、必然的に反抗するのであつた。スターリンの一國社會主義的官僚化に對し、革命的なトロッキーは火の如く、批判し、輕蔑し、反逆する。——スターリンは反幹部派との闘爭の名において、トロッキー的革命主義を淸掃し、それに代へるに官僚的な組織を以て統制した。かくてレーニン時代のポリト・ビュウローに首腦部的に活動せる同志は、すべてスターリンのため極度に抑壓され、その後に、當時は全く微々たるものであつた者が、主權を獲得した。かくて從來のボルシエヴイキ黨は、俄然急激に變轉したのであつた。

第三章　ソヴエート陰謀事件

一九二六年、トロツキーはジノヴィエフの新反對派と合流して、反幹部運動をなし、一切の役員を免ぜられ、翌二七年には共産黨より除名され、トルキスタン地方へ流された。

しかも一九二九年には國外に追放され、トルコ、フランス、スペイン等に放浪し、一九三五年ノルウエーに赴き、更に大西洋を越えてメキシコに逃れた。

このトロツキー派と同一視されるジノヴィエフ、カメネフ等は一九二五年より反幹部運動を始めた。

ジノヴィエフはレーニンと共に、プロレタリア革命の元勳であり、嘗てはレニングラード・ソヴエート議長、コミンテルン執行委員會議長、全聯邦共産黨政治局員等に歴任、ソ聯最高の功勞者であつた。

カメネフも、一九〇四年以來のボリシエヴヰイキ黨員であり、第一次全ロシア中央執行委員會議長、黨中央委員會書記長、モスクワ・ソヴエート議長、全聯邦人民委員會副議長、黨政治局員、勞働及國防會議長等に就任し、ソヴエート・ロシア建設の最高權威者であつた。

一九三四年十二月一日レニングラード黨支部長キーロフがニコラエフなる者にスモーリヌイ黨本部で暗殺された。キーロフはスターリンの最も信頼せる直系の幹部であり、キーロフ暗殺によるスターリンの憤激と衝動とは極めて深酷であつた。

それまでスターリンは、第一次、第二次五ヶ年計畫の經濟文化的建設に全力を注ぎ、ソヴエート國家の偉大なる發展を示し來つたのであつたが、このキーロフ殺害によつて、スターリンの態度は、全く根本的に變質した。彼の名の如く鋼鐵の如き性格は、その本來の猛牛の如き力によつて、憤然火の如く燃え上つた。最大に親愛せる者の悲業の死に對し、偏執的なる彼は、ゲ・ペ・ウ機關を總動員して、この事件を探査することによつて、更に巨大にして恐るべき背後關係のあることを知つた。

キーロフ事件特別審判條令なるものを公布し、事件審理の結果、ニコラエフ以下犯行直接關係者十四人を即決死刑に處し、またこの事件に直接關係無きも、間接に示唆を與へしものとしてジノヴヰエフ、カメネフ、エウドキモフ、バカエフ等に對し、各〻十年程度の禁錮處分をなした。

しかもこれはゲ・ペ・ウ長官ヤーゴダが、事件の擴大を欲せず、また自らの配下であるレニングラードのゲ・ペ・ウ支部長のエウドキモフ等にも關係ありしために、これを或る程度、祕密にしたと云はれる。

しかもキーロフ暗殺後も、反政府陰謀の合同本部は、國外よりテロリストの供給を受け、ドイツの祕密警察《ゲシュタポ》とも連絡し、このスターリン以下の暗殺計畫を進めたと云はる。

一九三六年八月十九日の午後――モスクワは固より全ロシアは異常な緊張に包まれた。

その日の午後零時十分より、勞働組合聯合會館「十月の廣間《オクチャブリスキー・ザール》」において、「トロツキー・ジノヴィエフ合同センター陰謀事件」の公判が進められてゐた。

その臨時ソヴエート最高法院軍事委員會の法廷にては、ウリクフ裁判長、マトレヴイチ、ゴリヤコフ、ニキトチエンコの各軍事裁判官、コチユーシユコ書記官、ウイシンスキー檢事等が嚴然と司法官席に列ぶ。

被告席には、嘗ては輝けるソヴエート革命の最高首腦部たるジノヴイエフの黑色の髮も著しく白髮と化し、カメーネフの學者的政治家の風貌も全く憔悴し、スミルノフ、エフドーキモフ、等十六人の巨頭なる被告が首を垂れて着席した。

その無氣味な死の靜肅を破つて、先づ裁判長は、全被告が辯護人を拒絶したので、被告自身に質問釋明等の權が與へられたと報じた。

ここに最初、事件の直接關係者なるムラチコフスキーに訊問が始められた。彼は五十三歳であり、トロツキーとは最も親交があり、赤軍に重要なる地位を占めたことがあつた。彼は狂熱的な性格であり、一九二三年トロツキー派として反幹部運動を計畫實行し、テロ行爲組織を作つた。

彼は陳述した――「一九三四年末、カザクスタンに居た時、今度の連累者でトロツキーの親近者なるドレイツエルよりトロツキーの密書を受け、その中にスターリン、ウオロシーロフ暗殺計畫を積極化すべきである、又戰爭の場合には敗北主義を採り、内亂に轉ずべきである、なほ赤軍内には陰謀派の細胞を組織しなければならぬ、と記してあつた。この密書には「老人《スタリーク》」と署名されたのみであつたが、私はトロツキーの筆蹟を熟知してゐたので、それがトロツキーであることは疑はない所である」と云つた。

次にウイシンスキー檢事はジノヴイエフに訊問した。

檢事「トロツキー、ジノヴイエフ合同センターは何時組織されたか？」

ジノヴイエフは悄然として「一九三二年の夏であつた」
檢事は「活動の期間はどれ程であつたか?」
ジノヴイエフは「事實上一九三六年まで」
檢事「いかなる行動をなしたか?」
ジノヴイエフ「主なる行動は、テロ行爲の準備であつた」
檢事は力強く「何人に對するテロ行爲か?」
ジノヴイエフは低く「指導者等に對して」
檢事、凝然と被告を視つゝ「然らば同志スターリン、ウォロシーロフ、カガノウイチに對してか?この合同センターが一九三四年同志キーロフの暗殺を組織したのか?」
ジノヴイエフは機械的に「然り、われ等のセンターが組織した」
檢事は强壓的に「そのセンターに、被告、カーメネフ、スミルノフ、ムラチコフキー、テル・ワガニヤンがゐたのか?」
ジノヴイエフは頭を肯定的に動かす。
檢事は斷定的に「從つて被告は、すべて同志キーロフ暗殺を組織し、且つ實行したのか?」

ジノヴイエフ「然り」

檢事「着席せよ」

——更にカメネフに對しても

檢事は「被告はエフドキモフと共に一九三四年秋、バカエフに對し、レニングラードに行き、キーロフ暗殺準備の進行狀態を檢べることを委任したか？」

カメネフ「然り」

次に檢事はバカエフに對し

檢事「被告はレニングラードでニコラーエフ（キーロフ暗殺者）に會つたか？」

バカエフ「會つた」

檢事「キーロフ暗殺に關して協議したか？」

バカエフ「暗殺の指令はジノヴイエフ、カメネフによつて與へられた故に、別に協議する必要はなかつた」

檢事「しかしニコラーエフは被告に對し、自分は暗殺斷行を決心したと言つたか」

バカエフ「彼も云つたし、レーヴイン、マンヂリシタム、コトルイノフ、ルミヤンツエフ（以上暗殺團員）も言つた」

ソ聯當局は、事件の內容を發表した。

――ソ聯における社會主義建設の失敗に最大の期待をかけたトロツキー、ジノヴイエフ等の反對派は、五ケ年計畫の實現で、この希望が空しくなつたのを知り、一九三二年國外のトロツキーのイニシアチヴにより最後の政權獲得手段として、テロ行爲によるスターリン、ウオロシーロフ（國防人民委員）キーロフ（黨政治委員）カガノウイチ（交通人民委員）ジダノフ（黨書記局員）コンオール（黨政治局員）オルヂヨニキゼ（重工業人民委員）等、黨最高幹部の暗殺團を組織した。

このトロツキー・ジノヴイエフ合同センターの人員は、トロツキー派――スミルノフ（元郵電人民委員、五十六歲）ワガニヤーン（四十三歲）ムラチコフスキー（元赤軍幹部、五十三歲）

ジノヴイエフ派――ジノヴイエフ（元コミンテルン執行委員長）カメネフ（元黨政治局員、五十三歲）エフキモフ（元黨組織局員、五十二歲）バカエフ（四十九歲）

――この七人によつて組織され、後にテロ行動のために、ドレイツエル（四十二歲）レインゴリド（三十九歲）ピケリ（四十歲）ゴリツマン（五十四歲）ダヴイツド（三十九歲）オリベルグ（二十九歲）ユーリン（三十五歲）エム・ルリエ（三十九歲）エヌ・ルリエ（三十五歲）の九名。――合計十六人であつた。

この中、スミルノフは一九三一年、ドレイツエルは一九三四年ベルリンに赴き、同地でトロツキーの息セドフに會見し、ジノヴイエフ派と策應してのテロ組織、並に實行方法と政權奪取に關し指令せるトロツキーの密書を受取り、歸國し、合同センターの組織と活動の聯絡を爲した。

更にエム・ルリエを首とするテロ別働隊は、ドイツ・フアシストの指導者たるヒムレルの代理者で黑色秘密警察の首腦部フランツ・ヴイツの指命と援助とによるものである。また前記オリベルグ等九人のテロ行動隊指揮者は、フアシストの援助で、ホンジユラス國の旅劵を手に入れ、ベルリンよりソ聯に潛入した。

テロ行動隊員ニコラーエフに指命して、一九三四年十二月、キーロフ暗殺に成功せる陰謀團は、一九三五年七月コミンテルン第七回世界大會に、ダヴイツトをドイツ共産黨中央委員會代表の一人として出席せしめ、スターリンを狙はしたが、餘りにスターリンの席と遠く離れてゐたのと嚴重警戒のため遂にブローニング・ピストル發射の機無く、目的を果し得なかつた。

なほスターリン成功後は、更に國家保安部《ゲ・ペ・ウ》の全部員を殺害する計畫であつた。

次に合同センターの直接のメンバーではないが、同一意見を有すると見るトムスキー（元ソ聯邦勞働組合評議會議長）ソコーリニコフ（元財務人民委員元駐英大使）ブハーリン（現イズヴェスチヤ紙主筆）ラデック（評論家）ヴグラーノフ（元黨書記局員）ルイコフ（現遞信人民委員）セレブリヤーコフ（元交通人民委員代理等）があり、トムスキーは、八月二十二日、自殺せる外、全部檢擧され、最高法院にて取調を受けてゐる。

ウイシンスキー檢事は、八月二十二日、四時間の論告の後、ジノヴイエフ等十六人の銃殺を求刑、被告側から政府への助命嘆願がなされたが、翌二十三日夜却下され、二十五日遂に銃殺された。トロツキー父子に對しては、ソ聯領土内で發見次第逮捕の上、最高法院の審理に附せられることが發表された。

第四章　並行本部事件

一九三七年一月には、合同センターの別働隊であり、スターリン政權の覆滅を企圖した並行本部事件が公判に上程された。

この事件の主要なる人物は、重工業人民委員部次長ピヤタコフ、外務人民委員部次長ソコリニコフ、イズヴエスチヤ紙外報部長ラデック、交通人民委員部次長セレブリヤコフ等であり、國外よりのトロツキーの指令、スターリン政府首脳部に對するテロ陰謀、フアッショ國との通謀による敗戰主義、重要産業の破壞、等であり、その重要なる地位を利用しての、スターリン政權の否定を策動したものと云はる。

しかも一方にはフアッショ國とスパイ行動をなし、ドイツにはウクライナ、日本には沿海州、アムール州を割譲すると云ふ如きことがソヴエート政府によつて虚構された。

しかもこの事件の主原因は、第一次、第二次五ヶ年計畫による重工業、化學工業、交通機關等の不成功、紊亂狀態を暴露するものであつた。

一月二十三日、勞働組合會館における最高軍事裁判所――犀利なる裁判長ウイシンスキーの冷然たる聲――「ボグラウスキー、オロブンス、クラアシユ、ニヤツエフ、リフシト、ノルキン、ムラロフ、ピヤタコフ、プシン、ラタイチヤツク、セレブリヤコフ、シエストフ、トウロツク――（一時、言葉が切れ、死の如き靜寂）――以上死刑を宣告す」

「――ラデツク、ソコリニコフ懲役十年、ストロイロフ、懲役八年――」――やがて氷の如く凝結した空氣の中に、狂氣の如き拍手の響。

顏面蒼白の被告等の頭は下つた――嘗てレーニンの眞の同志であり、革命の首腦部的先驅者なりし十三人の者は、今や運命は決したのだ。

彼等の逞しき革命の精神は、今や全く消えて悄然と死を待つ敗北者の影――ラ・ルビヤンスカのゲ・ペ・ウ監獄における拷問のためか？――或は死を常に覺悟する革命家の宿命か？　または被告等の四分の三を占めるユダヤ人の民族的諦觀と死後の確信か？――

起訴文が讀まれ、夫々の犯罪項目が發表された。しかも被告等は悉くそれに從順に服罪した。
——五日間の續審において、各被告は更に詳細に審理を受け、こゝに審理書類が作成された。

ラデックの陳述——

ウイシンスキー檢事「被告の過去のトロツキイストとしての活動を簡單に述べよ」
ラデック「一九二三年、黨の內訌に際し、トロツキー反對派に加はり、その後、一九二八年一月追放に處せられるまで、同反對派に屬し、その指導に服してゐた。それ以後も一九二九年七月ソ聯中央委員會に聲明書を提出した時まで、トロツキー組織の中央部に所屬してゐた」
檢事「トロツキイスト中の誰れと關係を續けたか?」
ラデック「友人としてムラチコフスキーと、舊友としてスミルノフと關係し、その助手ガイエフスキーを通じトライザアと交渉した。舊い個人的友人たるピヤタコフ、プレオブラゼンスキー、スミルガ、セレブリヤコフとの關係は固よりである」
檢事「合同本部の存在と活動とを何時知つたか?」
ラデック「一九三二年十一月、その創設を知つた」

検事「何人から？」
ラデック「初め、一九三二年二月から三月に至る間、私に宛てたトロッキーの手紙によつて、それが準備されてゐることを知つた。組織が成立したことに關しては、一九三二年十一月ムラチコフスキーから知つた」
検事「その手紙に對し被告はいかに行動したか？」
ラデック「トロッキーは、トロッキー派のみならずジノヴィエフ派もまた、再び闘爭を續けることに決定したし、合同交渉は目下進捗してゐると言つてゐた。私は特に愼重を要すると考へ返事を出さなかつた。闘爭の方向に進まんと決心したのは一九三二年九月か十月かの月末であつた。——ムラチコフスキーと會談し、私は彼に『君達と共に進むことに決心した』と云つた。私は彼に闘爭計畫の進捗を問ふた」
検事「ムラチコフスキーは何んと答へたか？」
ラデック「彼は極めて決定的に、闘爭はテロリスト的局面に進み、同戰術實現のため最近ジノヴィエフ派と合同し、更に近く豫備行動に入らんとすると語つた」
検事「豫備行動とは何か？」

ラデック「テロリズムが新しき課題となりし以上、豫備行動がテロリスト幹部の糾合と創建にあるべきは明かである。その後、ムラチエフスキーは私に、甚大な犧牲を賭して、極めて尖鋭な鬪爭が行はれんとしてゐるから、我等は敗北に終つた時、即ち逮捕された時を慮つて、幾分の幹部を保留しなければならない。そして彼は『君を第一本部のメンバーとしなかつたことは、そのためである』と云つた」

檢事「被告は、トロツキイストがキーロフ殺害を準備しつゝある事實を知つてゐたか？」

ラデック「その時ムラチコフスキーは私に、レニングラードのジノヴイエフ派が或る企てを準備しつゝあることを語つた。そしてその人物がキーロフであることを明かに知つた」

檢事「被告は暗殺團の全貌を知つてゐたか？」

ラデック「トロツキー・ジノヴイエフ合同本部の發端からの一員として、私は實際的準備も幹部の糾合も、これら幹部の組織も、また幹部の訓練も知悉してゐた」

檢事「右翼のグループとはどうか？」

ラデック「ブハーリンとの關係が固よりあつた」

檢事「どんな關係か？」

ラデック「最初の會談は一九三四年の六月か七月かであつた。ブハーリンが『イズヴェスチヤ』の仕事を擔當してからのことである。その時、我々は相互に關係を保持してゐた二つの本部のメンバーとして會話を始めた。私は彼に『君はテロリストの道へ入つたか』と問ひ、彼は『然り』と答へた。この問題を擔當してゐるのは誰れかと訊ねたら、彼はウグラノフだと云つた。――ブハーリンは私に彼等の本部では、大多數が、キーロフ殺害の結果に立脚して、テロリズムを全然放棄するのは輕率であり、却つてゲリラ戰術から計畫的テロリズムに至る、熟慮され計畫された必死の鬪爭に移行することが必要であると語つた。この問題に關し、私は一九三五年七月、ブハーリン、ピヤタコフ、ソコリニコフと語つた」

檢事「被告がトロツキーと交換した手紙の內容を陳述せよ」

ラデック「一九三四年四月の手紙に、ドイツにおけるフアシズム權力の擡頭は全情勢を變革した。同時に極東における情勢は尖銳化し、その戰は不可避である。トロツキーはこの戰ひが、ソヴエートの敗北に終ることを疑はなかつた。この敗北は、我々のブロックの權力獲得に好適な時勢となるのだと、彼は書いた」

檢事「被告自身、ソヴエート聯邦の敗北に、それとも勝利に與みしたか?」

ラデック「長年月の間の私の活動は、私が敗北を欲しての行動であつた。――トロツキーは敗北の結果は領土的譲歩を不可避となすであらうと考へ、明確にウクライナを指摘した。またソ聯の分割を提起した。沿海州とアムール地方を日本へ譲與することを。――」

第五章　赤軍の狂嵐

一九三七年六月十日の深夜、突如、前國防人民委員部次長トハチエフスキー元帥以下、赤軍最高首腦部七將軍が逮捕され、最高軍事裁判所の公判に附することが發表された。同時に前國防省第二次長であり、赤軍政治部の最高指導者なるガマルニクが檢擧直前に自殺した。

公判は全世界の極度の驚異の中に開かれた。

――主席判事ウルリッヒ裁判長、判士にエゴロフ元帥、マルクスニス航空總司令、ブジョンヌイ元帥、ブルユッヘル元帥、シャポシニコフ參謀總長、ベーロフ白ロシア軍管區司令、デュベンコ・レニングラード軍管區司令、カシリコ北コーカサス軍管區司令、ゴリアチエフ・コサック軍團長等が任命された。

――しかもこの公判の結果、これ等赤軍の最高首腦部は、ソ聯邦に對し、非友誼的政策を遂行しつゝあるドイツ軍首腦部と聯絡し、祖國に對し叛逆行動を爲せる事實、外國の軍事的諜報機關に密通して赤軍の秘密を漏洩し、赤軍の敗北を企圖し、更にソヴエート内における地主、資本家の權力復活を爲さんと計畫しつゝあるものであり、被告等は右罪狀を悉く告白したものであつた。

――トハチエフスキー元帥は、一八九三年にロシア貴族の子として生れ、一九一四年帝政軍隊に入り、世界大戰に參加し、革命勃發するや赤軍に變じ、一九一八年入黨、ポーランド攻略に大功を示し卓越せる戰略家であり、三十五歳にして國防人民委員部次長となり、赤軍の近代的裝備化をなしたる赤軍の最高指導者であつた。

エーデマン將軍は、ラトヴイア人、キエフ士官學校出身の舊帝政參謀將校であり、革命後は、赤軍大學校の校長となり、更に一九三二年以來、オソアヴイアフイム（航空化學協會）會長であつた。

ヤキール將軍は、一八九六年に生れしユダヤ人、一九一七年入黨し、一九二五年、國内戰の功勞によつてウクライナ軍管區司令官となり、一九三五年、キエフ軍管區司令に轉じ、ソ聯の西部國境防備の首腦者であり、更に黨中央執行委員であつた。

プートナ將軍は、前ロンドン駐在ソ聯武官であり、世界大戰に少尉で出征、革命後は、日本駐在武官となり、滿洲事變後、一時、極東赤軍副軍司令官となり、極東軍の指導權を有した。

ウボレーウッチ將軍は、一八九六年、リッアニアに生れ、舊帝政將校であつた。國內戰に大功ありてシベリヤ出兵には極東軍司令となり、日本軍撤退の交渉を爲した。次いで北コーカサス軍司令官となり、西部國境軍の中樞であつた。

フエルドマン將軍は、舊帝政軍の將校出身で、ウオロシーロフ元帥の秘書をなし、各國駐在武官に歷任し、赤軍總務部長にあつた。

プリマコフ將軍は、コサック騎兵の出身であり、プートナ將軍に次で日本駐在武官となり、その後レニングラード軍管區司令官にあつた。コルク將軍は、舊帝政將校の出、國內戰の功により、レニングラード軍管區司令より赤軍大學校長となり、次にモスコー軍管區司令官の樞要なる地位にあつた。

――この世界を驚駭せしめた赤軍の內訌は、その直接動機を、一九三七年三月のスターリンの政治意織再教育に關する警告に發した。スターリンは、赤軍內部の異分子肅正を斷行せんとし、ゲ・ペ・ウをして赤軍肅淸をなす認可を與へた。しかもウオロシーロフを除く赤軍最高幹部は、これに斷乎として反對した。赤軍は、從來、スターリンの黨部の支配外にあり、必ずしもスターリンの獨裁下になかつた。

第一節　赤軍の確立

メーデーにおいてクレムリンの城壁下、レーニン廟の「赤い廣場《クラスナヤ・プロスチジ》」に堂々たる近代裝備を世界に誇示する赤軍の巨大なる壯觀――

レーニンの十月革命に蹶起せる赤旗を護る赤衛軍は、一九二二年になつて徵兵制度が採用された。――赤軍の創設者はトロツキーであり、第一次赤軍の統帥者であり、革命軍事委員會議長を兼ねたが、赤軍が、戰時革命軍より國家的赤軍と轉ずるに從ひ、トロツキーは一九二三年、失脚して、第二次統帥者にはフルンゼ將軍が立ち、一九二五年、患部手術のために急死した。これに代り、ウォロシーロフ元帥が第三次の總帥となつた。

一九三四年には、赤軍最高統帥機關なる革命軍事委員會が廢止され、國防人民委員部が設立され、從來の會議制度を單一指導制度に變じ、赤軍內の統制を一元化した。更に一九三五年には、赤軍の階級制が復活され、赤軍の近代的大裝備が完成されんとした。――陸、海、空の各軍隊、軍政治部、空軍技術部、軍法務部、ゲ・ペ・ウ部隊等に、階級制が設けられた。陸軍には一等司令官より十級の階級、海軍は艦隊司令長官以下十級に分れ、軍政治部には一等軍事委員より九級の階級が編成された。

赤軍首腦部として元帥には、ウォロシーロフ、トハチエフスキー、エゴロフ、ブジョンヌイ、ブルユッヘルの五人が任命された。

一九三四年にはトハチエフスキー元帥が國防人民委員部次長となり、この一大改革をなし、一九三五年一月の第七回中央執行委員會において、赤軍の再建を主張し、極東及び對ドイツの軍備の大擴張を要求し、一萬キロを距つる東西兩戰線における同時的且つ獨立的防禦に備ふる點を力說し、こゝに彼によつて「東西兩戰線正面同時獨立作戰」が建設された。

かくして舊來の奇襲を主とするバルチザン戰術を廢して、近代機械化兵備となし、赤軍の擴張は忽ちにして世界最大の陸軍と化し、ことに空軍の充實、機械化部隊の優勢は、實に壓倒的なるものとなつた。

赤軍の指導原理としては

1、ソ聯の戰爭目的は資本主義打倒、プロレタリア獨裁、共產主義の確立。

2、現代戰は全國民を網羅する戰爭である。
3、戰線と銃後との間に境界なく戰場は全國土である。
4、武力は直接國家により支持せらる。而して一國産業の特質は、武備、動員、戰略戰術に至るまで緊密なる關係を有す。
5、近代戰の特質は運用よりも裝備の良否、即ち一國工業力が其の運命を支配するものである。
6、火力と機動との調和良好な優秀なる敵軍に對する戰爭指導は、敵國軍隊を内部的に崩壞せしむるにある。
7、戰爭の終末は國内における全戰爭遂行力、即ち工業力、人的資源、國民の生活力に致命傷を與へたる時始めて求め得るものである。
8、近代戰の特色は平和と戰爭との限界消滅して無宣戰のまゝ戰爭狀態に入ることである。
9、少くも接壤國に對し速戰即決を期し得る兵力を保持する。

一九三五年における陸軍平時總兵力は約百六十萬、正規兵約六十九萬、民兵部隊交代部約六十六萬特別軍隊約二十五萬（ゲ・ペ・ウ約十六萬、護送軍約九萬）より成る。

歩兵軍團司令部　約二〇（軍團は二——四師を基幹となす）
正規歩兵師團　約三五 ⎫
民兵歩兵師團　約五〇 ⎭ 計　約八五
正規騎兵師團　約一五 ⎫
民兵騎兵師團　約　五 ⎭ 約　二〇
其の他獨立部隊
戰車約四千、裝甲自動車多數——此等の戰車隊、裝甲自動車隊、乘車歩・砲兵等によつて獨立機械化部隊十數箇を有し、また師團の約二分の一に配屬機械化部隊を有す。
更に化學戰に對し甚大なる關心を示し、軍部の施設としては、化學戰特別研究委員會、化學兵器研究所、化學兵器製造所、化學戰大學、高等化學戰學校、化學聯隊、等を有し、民間には、オソアウフイヤム（國防飛行化學協會）が設立された。
なほソヴエートの空軍は、三五年には陸上部隊約三百五十中隊、機數は約四千機に達した。
一九三一年より三五年に至る軍事豫算は

	豫算總額	軍事豫算
一九三一年	約二一、七七四、〇〇〇千留	約一、三九〇、〇〇〇千留
一九三二年	約二七、五四二、〇〇〇	約一、三九六、〇〇〇
一九三三年	約三五、〇一一、〇〇〇	約一、五七四、〇〇〇
一九三四年	約四八、八七九、〇〇〇	約一、七九五、〇〇〇
一九三五年	約六五、四〇〇、〇〇〇	約六、五〇〇、〇〇〇

第五部　民族主義政治闘争

第一章　ナチスの政治闘爭

第一節　ヒットラー

ナチス（Nazis, Nazi）――ドイツ國家社會勞働黨（Nationalsozialistische Deutsche Arbeiterpartei）の主宰、アドルフ・ヒットラーは、一八八九年四月二十日、バイエルンに近いオーストリアの小市ブラウンナウに生れた。

祖先はバイエルンの農夫であり、彼の父は始め農業をなしたが、後、オーストリアに出で、下級の稅關吏となつた。

ヒットラーの幼年時代はカトリック教的に教育され、上部オーストリアの都リンツの實科學校に入學、十三歳の時、父に死別し、十六歳の時に最愛の母を失ひ、淋しき孤獨の少年期を送つた。

彼は、畫家を志し、また建築家たらんとして、十六歳の時、ウィーンに出でた。

ウィーンの五ヶ年の生活は悲慘と苦惱の暗澹たる時代であつた。――彼は常に空腹を滿足せしむることを得なかつた。しかも、この荒寥たる貧窮の間にあつて、彼はあらゆる機會を利用して知識の獲得に努力した。彼は讀書のみを唯一の樂しみとなし、この苦難の讀書こそ、後年、彼の國家指導者としての世界的歷史的知識の極めて豐かな蓄積をなしたのであつた。

彼の教養は、政治と藝術との不可分の統一であり、この創造的な意慾は、必然に彼の全體主義國家觀を、民族的本能の中に發見した。しかも彼の生長を甚だ大ならしめたのは、一九一二年、ミュンヘンにおける生活であつた。彼は始めて幸福なる青春の歡びと、遙かなる人生の希望に燃えた。

ミュンヘンにおいて、彼は政治的な關心を益〻深め、深刻化する世界大戰の前夜の不安を痛切に豫感した。

彼の政治と藝術との象徵的結合は、すでに明かに大ゲルマン民族國家の建設を力強く詩的に幻想せしめた。彼は今や藝術品の制作より出でゝ、更に國家そのもの、民族そのものを藝術的に創造せんとするのであつた。しかもそれは若き日の夢想の如く彼の心の世界に構築されたのみであつた。

突如、一九一四年――世界大戰は勃發し、一切のものは死の場所に總動員せられた。若きヒットラーは八月三日、直ちにバイエルンの皇帝に軍隊志願書を出し、バイエルンの軍團に加入し、學生志願兵に編入せられた。短期の軍隊教練の後、彼は、早くもランゲマルクの決死的攻略戰に出征し、それより四年間、西部戰線の、最も危険な、苦難と恐怖の最後の一線を彷徨し、苦戰した。

遂に一九一六年十月、名譽の負傷をなして入院、更に傷の癒ゆるや一九一七年三月、再び前線に立ち、フランダース地方において、イギリス軍に對し、果敢なる死の突撃を幾度か決行した。

悲痛なる塹壕戰の長年月――一九一八年の蕭條たる秋、フランダースの戰鬪に、まさに一切を絶滅する死戰であり、彼は十月十三日の夜、數時間に亘るガス彈、砲彈の言語に絶した落下の中に、ベルヴイックの南方に退いた。この戰鬪に幾多の戰友は斃れ、彼もまた負傷し、一時に視力を失ひ、遂にポンメルンの野戰病院に入つた。

その間、一九一八年、戰線にドイツ軍の力が衰退すると共に、國内の財政經濟力は長期戰のために消耗し、ことに甚しき食糧缺乏に苦しめらるゝに至つた。更にソヴエートよりの赤化宣傳は、ドイツの基礎を破壞せしめ、一九一八年十一月の革命によつて、ドイツは全くの戰敗國に沒落した。

この恐るべく憎むべき赤化革命に對し、祖國は亡び、民族は絕えんとする危機にあつて、苦惱の戰士ヒットラーは嘆き、悶えた。

彼自らこの苦惱を表白して——「私は、母の墓前であの時程泣いた事はない。私の靑年時代にあつて、私の運命は冷酷であり、私は自らの運命に鬪ひ來つた。長期の戰爭において、愛する友は斃れ同志は地上から消え去つた。この時、私が徒らに悲しみの淚を流すことは寧ろ罪惡である。戰友はすべてドイツ帝國の爲に死んだのだ！　私が最後の日、恐るべき毒ガスの爲め兩眼を犯され、永久に盲目になるのではないかと戰慄した時、突如、私の良心は叫んだ。憐れなる者よ！　幾千の同志は祖國ドイツの爲めに死せるのに、汝は無氣力にも號泣するのか、と。かくて私は自ら進むべき運命の前途についたのだ。今や私は叫ぶ。祖國の不幸を前にして個人的の一切の憂愁が、いかに瑣末なるものか！——恐ろしき日に恐ろしき夜が續く。私はあらゆるものが消滅することを知つてゐる。しかし虛言者と犯罪者とに對する憎惡は消えない。この日夜、私は憎惡を、この賣國奴的革命行爲の主謀者に對する憎惡を深く藏し育てるのである。かくて私は、更に政治家たるべく決心したのである」と。

第二節　ナチスの政治綱領

一九二〇年二月二十五日、ミュンヘンにおけるナチス黨第二回全國大會において、ナチスの基本綱領が決定された。

それは全綱二十五ヶ條より成立するものである。

全ドイツ無產階級をもつて構成せらる、我が國家社會勞働黨の運動方針は、既定の漸進方針を採り、第一段階の完成後、更に第二段階の方針を決定し、達成せんことを期するのである。

一、我々は全ドイツ國民の自主權を基本としたるドイツ民族の一大結合を企圖す。

二、我々はドイツ國民もまた他國民と同等に、その權利を有するものなることを主張する。從つてヴエルサイユ條約及びサンゼルマン條約の廢棄を主張す。

三、我々はドイツ國民の生存と過剩人口の移植のために、領土及び植民地の保有を要求す。
四、公民權の所有は、國民たり得るものに限る。而して國民たり得るものは、ドイツ民族たるを要す。故にユダヤ民族は公民權を有せず。
五、公民權を有せざるものは、單に外來民としてドイツ國内に居住し得るに過ぎず。
六、國家の行政、立法の決議權には、公民のみ此に干與し得。故に我々は、國家は固より、ドイツ全聯邦の自治機關における凡ての官公吏には、ドイツ國民をもつて充當することを要求す。
七、我々の要求は、ドイツ民族の生存を保證するに在る。從つてドイツ國民の生存困難なる場合に於ては、市民權なき他國民を國外に追放すべきものとす。
八、ドイツ國民に非ざるものは、今後ドイツ國内への移住を禁ずるものとす。而して一九一四年八月二日以後に移住し來れるドイツ國民以外の國民に對しては國外追放を要求す。
九、ドイツ國民はすべて同等なる權利及び義務を有するものとす。
十、ドイツ國民はすべて心身を鍛練するの義務を有す。但し、個人の行動は常に團體的生活に基準し、公衆の福祉の增進達成を目的とす。
十一、勞働、勞力なき收入所得の廢棄を要求す。

十二、戰時中における全國民への賦課は、生命財産の莫大なる犧牲を要するにも拘らず、他方、戰時に於ける巨萬の利得を蓄積するものあるは、明かに國民より剝奪せるものである。この意味において、我々は戰時における利得收益を嚴重に檢閲す。

十三、我々は在來のトラスト企業の國有化を主張す。

十四、大企業に於ける利得の適當なる分配を主張す。

十五、養老救貧法の擴張と充實とを企圖す。

十六、健全なる中產階級の發生とこれの維持、大官營業の共有と、これの小企業者への安價貸與及び總ての企業の國有資本下への統制。

十七、國民の全要求を基本として、大衆の目的に一致したる土地法を制定す。

十八、我々は公安を害する一切の行動を否認す。大衆の安寧と福祉を毀損したる罪人、奸商、高利貸、等に對する處刑は死を以て充當す。

十九、我々は世界的唯物主義、マルキシズムに對して斷然たる鬪爭を實行す。

二十、有能にして精勵なるドイツ人の敎養の向上を企圖すると共に、その後繼者の指導を全うする爲に、國民の統一的敎育機關の設立を主張す。而して學校敎育の要旨は、實際生活の要求と合致せしむると同時に、國家觀念の基本的培養を達成することを要求す。

二十一、國民の健康增進に對しては、次の如き方策を採用す。母體及び兒童の保護、未成年者の勞働禁止、武技體育による心身の鍛練、青年の訓練に從事する諸協會の奬勵。

二十二、職業的軍隊を廢止し、國民軍の編成を期す。

二十三、政治的虛言及び印刷物に依る、此れ等の宣傳に嚴重に抗爭す。而して此れ等を實行せんがために次の如きを主張す。

イ、ドイツ語新聞の記者は全部ドイツ人なることを要す。

ロ、非ドイツ人系新聞は發刊に際して國家の許可を必要とす。同紙面に於てはドイツ語を用ふ可らず。

ハ　ドイツ語新聞に非ざる新聞紙系のものは、ドイツ新聞に對する、財政的侵犯干與を爲すべからず。公益を害し、又は國家の安寧秩序を毀損するが如き藝術及び文學等もこれを嚴禁す。

二十四、宗教に關しては一般に自由とす。但しゲルマン民族の風俗及び精神と相容れず、又は危險思想を包含するものに對しては、此の限りにあらず。

我々の宗教に對する主張は、キリスト教とす。

我々はユダヤ教の唯物思想に對しては極力これを排撃す。而して國家的理想は飽くまで達成せざるべからず。公益の前に利慾の存在を許さず。

二十五、以上の各項の實行機關として、我々は次の如き機關を要求す。

イ、强固なる中央行政機關。

ロ、國家總體より組織されたる中央行政會議。

ハ、地位、職業的各代表を以てする議院制度の確立。

——以上の如き、政治綱領により、明確にワイマール憲法に反對した。

更にナチスの十條として

一、ドイツは我々の祖國なり、至上にして至愛の鄕土なり。

二、ドイツの敵は我々の敵なり。

三、國民の一人と雖も國家の單位なり。

四、ドイツ國家をして再び自由權を獲得せしむるは吾人の唯一の義務なり。

五、吾人はドイツ國を誇るものなり。

六、祖國ドイツを辱しむる者は、汝自身を辱しむる者なり。
七、汝自身の利益を侵犯さるゝ時は、唯、戰爭に訴ふべし。
八、徒に暴力を振はずとも、ユダヤ系の魔手に對して自己を防衛する爲には敢て手段を選ぶものにあらず。
九、ドイツ國の赤化運動に對しては、死を以て撲滅す。
十、未來を信ずべし。吾人は必ず勝利の榮冠を獲るものなり。

第三節　ナチスの發展

一九一九年、同志五名と共に今日の國家社會黨を起し、第一回の演說で聽衆僅か七人と云はれたヒツトラーは、その翌年に至るも、聽衆は百名前後にすぎなかつた。しかも一九二〇年二月二十四日、ミユンヘンの宮廷饗宴場で開催された大衆的集會こそ、實に劃期的なるものであつた。それまでは月に一回又は二週間に一回の集會を開くことさへ困難であつたが、この日以來、一週間毎に大衆的集會を開くことが可能となつた。始め、ヒットラーは、大衆に對し戰爭に對する責任を說き、ヴェルサイユ條約を反對すれば、大衆は、却つて、それを反動と叫び、猛烈な反對と彌次に壓倒された。

聽衆は徒らに怒號し、何人もヒットラーの言葉を聽く者もなく、彼は聲も嗄かれ、髮も亂れ、遂に演說を中止せざるを得ないことが屢〻であつた。――「ヴェルサイユ條約が、我が民族に對する空前未聞の掠奪的行爲であり、それが我が民族にとつて最大の恥辱である」とヒットラーが如何に熱烈に叫ぶも、聽衆は空うそぶき、一言たりと理解することをしない。ましてインテリゲンチャは全く彼を一介の半狂者として嘲笑し、侮辱した。まことに一つの新しき世界觀を代表する運動は、決して一時的な民衆の喝采と妥協すべきではなかつた。實に歷史的最大の效果を將來長く獲得し、實現するものこそ、却つて世間一般の輿論や見界と寧ろ鋭どく對立するものなるを、ヒットラーは意識した。彼は常に彼の云はんと欲する事とは全く反對の事を信じ、彼の信ずる事とは凡そ正反對のことを欲する聽衆を前にして悲痛に叫ぶのであつた。彼はこの時代、敵の武器を逆用する――彼の主張に反對する聲に對し、論爭的に演說する戰法を獲得し實踐した。彼はあらゆる演說において、豫め敵對者が發するならん言說に對する、精密なる駁論をなすべき作戰を立てた。こゝに彼は敵の手を見透き、それを一歩先んじて、敵の本據を撃破するのであつた。――これは忽ち異常なる效果を示した。――始め三千餘の敵意に滿ちた眼は、彼の三時間に亘る演說により、最も神聖な憤怒によつて波濤の如く動搖する聽衆となつた。

彼の政治鬪爭の集會は、決して靜かなる會合とは甚しく異り、そこには二つの相異つた世界觀の怒濤が猛然相打ち、愛國的な弱々しき歌をもつて終る代りに、民族的、國民的熱情の狂熱的な沸騰をもつて終るのであつた。彼の敵は必ず會場內の圓柱每に陣取つて、その夜の集會を破壞せんと計畫するのである。しかもその聽衆の多くは、ナチスのポスターが赤かつたことが、ボルシエヴイキと關係あるかと思つて來會するものであつた。

ヒットラーは、始め彼等が、いかに自らを嘲笑しても、罵詈しても、或は道化者とか、白痴とか云はれようとも、それ等のことには一切超然として、我が信念に驀進した。その時代において、ナチスの集會を、何故直接行動によつて破壞しなかつたか、それは全く彼等の臆病によつたものと、ヒットラーは云つた。何故ならば警察力は、ナチスを防衞するどころか、却つて左翼支持の傾向であり、ナチスの集會は、自ら全力をもつて、この破壞から防衞したのであつた。

一九二一年二月三日、ミュンヘンの大會場チルクス・クローネにおける彼の演説は、實にナチスの勝利への道の決定的なる契機となつた。その寒氣の嚴しい冬日、朝來の氷雨――ヒットラーは聽衆の集らざるを憂ひ、二臺の貨物自動車を雇ひ、その上を赤いもので蔽ひ、數本の黨旗を立て、一臺に十五人以上の同志を乘せ、市中を疾驅せしめ、晩の演説會のビラを撒いた。マルクス主義者以外の者がトラックに旗を立てゝ走らせることは始めてゞあつた。市民等は、この赤く飾つた、鈎のついた十字旗をなびかせて疾走するトラックを一驚して呆然と見送つた。市外の勞働者街では無數の勞働者が、拳をかためて、プロレタリアートに對する挑戰なりと激怒した。――ヒットラーの心配に相異して、大會場は、六千五百人の大聽衆に滿員となつた。彼の演題は「未來か沒落か？」であり、やがて烈々火を吐く演説が始められた。最初の一時間がすぎると、拍手の聲が次第に大きくなり、彼の演説をさへぎるに至り、二時間たつと再び靜かとなり、彼が、その後、この場所で幾度か體驗した、あの神聖な靜肅が全場を壓した。巨大な群集は、實に、彼の精神と一體となり、吐息の外、物音一つしなかつた。彼の最後の言葉が終るや、突如、胸もさける程の「ドイチエランド」の歌をもつて閉ぢられたのであつた。

第四節　ナチスの全體主義

ヒツトラーは個々のものを、全體に統一することによつて、その個々の小なるエネルギーを統一して、大なるエネルギーを結成せんとする。彼は一つの物理的法則――個物のエネルギーは、それが不統一ならば、各相互に衝突、牽制して、物體の力は消滅する。これに反し、一個の物體の個々の力を一定の方向に動かすならば、その個々のエネルギーは巨大なるものとなつて外部に作用する。この力學の原理を、國民、民族、國家の中に展開し、强力なるドイツ民族意識によつて結合された合一體を創造せんとするのである。

――フランスの國民はルイ十四世の時代、またナポレオンの統帥の下に、フランス民族意識の結合統一によつて、かの偉大なる國家的發展を達成した。

またイタリヤが、國家意識無き時代は、列强の力に分割されたが、ムツソリーニのファシズムの出現によつて、急速なる國家的統一と、その古代ローマ復興の精神の下に飛躍的進展を示した。

三十年戰爭時代のドイツは、地方的に宗教を異にし對立的な民族感を有してゐたため、諸國の侵略を蒙つた。しかもそれ以前、ゲルマンの神話的精神の盛んであつた時代――神聖ローマ帝國が堂々と建設されたのであつた。

やがてプロシャの勃興となり、フリードリヒの啓蒙思想は、近代國家建設の基礎を作り、一時ナポレオンに蹂躙されたが、これが却つて哲人フイヒテ等の、ドイツ精神の絶叫と共に、民族意識の復興となり、自由戰爭によつて、始めて、ドイツ人は、ドイツ民族精神の結成力によつて、フランス的勢力を排撃し得たのであつた。

更にそれを大ゲルマン國家建設に發展せしめたのは、ウイルヘルム一世とビスマークの國家主義政治であつた。このゲルマン精神の下に、急速度にドイツは發展し、オーストリアを抑へ、フランスを破り、まさにイギリスと世界制覇の戰爭をなすに至つた。

かくてイギリスは、ドイツ國内における、一つの致命的なる對立分子なるユダヤ人問題を最も老獪に利用し、煽動した。ユダヤ主義は、こゝにドイツの統一的精神力を唯物的に批判し、冷笑し、更に全體國家を、ブルジョア階級とプロレタリア階級に分析した。しかもユダヤの經濟力は、巧みにドイッの富有階級を、徒らに單に利益のための利己主義者と化し、その無產階級には、無神論と、反國家的反抗、革命思想を强制した。

大戰勃發するや、イギリスはユダヤの經濟力と妥協し、バルフォア宣言は、ユダヤの故國、パレスタインの解放讓與を條件として、こゝにユダヤ民族は猛然と、反ドイツ勢力に結成せしめられた。

ユダヤ人は今や、イギリスの政策に操られ、ドイツ國家の崩壞に全力を注いだ。彼等はその豐富な財力をもつて、市民、勞働者、軍隊に對し、反國家的思想を宣傳すべき、新聞社、公共機關、等を獨占した。ユダヤ人は、ソヴエート革命を達成するや、直ちにドイツの勞働階級に對し、戰爭とは單にカイゼルと他の帝國主義國家との抗爭であり、一般人民は何ら利益することなき犧牲に外ならぬと、宣傳した。――かくしてユダヤ的マルクス主義者の運動は完全に効を奏し、勞働者はストライキを起し、ドイツ軍隊には猛烈な反戰思想の氾濫となつた。――こゝにドイツ國家は悲慘なる分裂と混亂に陷り、しかもユダヤの經濟力は一切のドイツの金融、產業機關を獨占するに至つた。ドイツの政治的首腦部は、ユダヤ人によつて代はられ、ユダヤ人のために一切の國家行動が決定された。ユダヤ人は英米の經濟力と內通し、ドイツの經濟は、遂に破產を宣告さるゝに至つた。

ドイツの學校は、すべてユダヤ人の手に掌握され、ドイツ精神を全く有害なる軍國主義の殘屑なりとして排撃した。こゝに一切の精神的なるものは、非科學的なる觀念論として、嗤笑され、拒否され、ユダヤ的なる唯物史觀、ソヴエート的共産思想の强制となつた。——ドイツ國家は今や全く再起不能の如く壞滅し去つた。

ヴエルサイユ會議は、ドイツ國家への死刑宣告であつた。

さらに、天文學的數字に上る戰後インフレの深刻化、また戰爭そのものゝ必然に伴ふ道德的頽廢、——なほヤング案による、ドイツの莫大なる賠償金は、全くドイツを永久に奴隸的地位に抑壓せんとした。一切の軍備は極度に撤廢され、その植民地は悉く奪取せられ、完全なる孤立的封鎖となつた。

第五節　ナチスの主張

ヒツトラーは、ドイツの社會的困亂をドイツ人の國家意識の缺除に原因するとなし、その外交的屈辱、政治的奴隸化こそ、民族、國家を忘れし、私利、利己のみに汲々たる賣國的政治家によつて惹起されたものと痛嘆した。

こゝにドイツ人は、あくまでも公益の前に私慾の存在を許さざることを宣言し、次に國家經濟にあつて、無法なる國債支拂と國際資本の横暴極まる壓迫に對し、敢然、闘ふことこそ、ドイツを解放する唯一の道なりと、彼は主張した。しかもこの政治的社會惡の根本にあるものは、實に憎むべきユダヤ的金融支配にあるとして、この徹底的排撃の闘争を決意した。ヒットラーは眞のドイツの敵をユダヤ人に發見し、それへの戰闘によつて、新しきドイツ民族精神、ドイツ國家意識の奪還を要求した。同時に、ユダヤの政治的獨裁なるソヴエート・ロシャの共産主義に對し、ヒットラーは死の闘争を決行するのであつた。

彼はゲルマン民族による、大ドイツ國の再建を最高の目的とする。こゝにユダヤ人に對する極度の排撃と闘争とがなされ、悲痛なる民族闘争が展開した。

ヒットラーは眞の宣傳、啓蒙の絶對に必要なるを自覺し、中央には、中央宣傳部を設立し、その確乎たる統制と指導の下に、數個の地方に地方宣傳部を配置し、なほ、これを積極化すべき「突撃隊」(Sturmabteilung, S. A.)を編成した。

しかもこの黨の基本には「委員會」があり、その絶對的なる指導の下に、一切の機關を通じ、ドイツの全面的領域に進出する計畫を立てた。

その世界觀は、この具體的實現として、ヴェルサイユ平和條約の否定と、それによるドイツ抑壓の國際體制の根本的拒否をなすべき鬪爭形態をとるに至つた。

「種族は言葉に存せずして血に存する。――同一の血統は、共通の國家に屬する。――血液と種族とに反する罰は、現世の原罪であり、敗北せる人類の最後である。――唯一の人類の權利があり、この權利はまた神聖な義務である。即ち血液を純粹に保持するべく注意すべきである。かくて最上の人間性を保護することにより、その本質の尊い發展の可能性が與へられる。」

ヒットラーはあくまでも創造的天才を認め、愚かなる多數主義を排擊する。

「我々は生活の各方面において、或る事項に特に天才を有する人、天賦の能力ある者が、決定的勢力を及ぼすことに何らの嫉みを感じない如く、一民族の政治的保持の領域においても同樣である。」

「我々は腐敗せるデモクラシーの全現象を打破し、その代りに偉大なるものはすべて個人の力よりのみ來り得る。維持されねばならぬ所の一切のものは、個人の能力に信頼されねばならぬとの永遠の認識を確立すべきである。」

「我々は議會的デモクラシーの原理を否定することにより、最も尖鋭に民族の權利を、その生命の自己否定の上に、表徴する。我々は議會主義的組織に、何ら民族意思の具體的表現を認めることを得ず、却つてそこに民族意思の顚倒でないまでも、歪曲を見出すのである。――一民族の意思は、先づ第一に、最も效果的に、その民族の最も卓越せる人々において表現される。この卓越せる人々は、一國民の代表的指導者であり、又唯一の民族の誇りでもあり得る。」

「マルクス主義運動は、個人の代りに數を置き、エネルギーの代りに群衆を置きかへ、全人類の文化生活の基礎を破壞する。」

「全自然は、强力と劣弱との激しき闘爭であり、弱者に對する强者の永遠の勝利である。もし然らずとせば、全自然には、腐爛の外の何ものも存在しないであらう。」

「生きんとする者は戰へ、永遠の闘爭たるこの現實に、何ものも爲さんとせぬ者は生活し得ず。」

「此の世における偉大なるものは一つとして人類に贈られたものはない。一切のものは苦き困難なる戰によつて獲得されたものである。同樣に一民族の高揚は、容易に實現するものにあらず、すべて内部的なる努力によりてのみ獲得さる。」

「一國民を救はんとするものは、たゞ一に、英雄的に思考し得るのみ。この英雄的思考は、しかも事實と眞理とが要求するならば、現在との調和を拒否する決意があらねばならぬ。」

「政治上の英雄的時代は、その藝術において、これに劣らず英雄的であつた。」

「藝術は常に一時代の憧憬と實踐との表現であり、鏡である。四民平等的の思考は今や急速に消滅した。英雄主義が政治的運命の創造者として情熱的に高揚してゐる。この決定的の時代精神を表現することが藝術の使命である。」

「世界歴史は常に少數者によつて作られた。」

第二章　イタリヤの再建

第一節　イタリヤ民族統一

ローマ帝國の解體以後、イタリヤは封建諸國に分裂し、或は他國の支配下にあつて、何ら國家的民族的統一を有さなかつた。

十九世紀の初頭、炭燒黨と呼ばれる秘密結社が、民族解放と國家統一のための革新運動を地方的に勃興せしめた。それは一八一五年のウィーン會議に對する憤激より結成された反亂であつた。――南部イタリヤにブルボン朝を復活し、北部イタリヤをオーストリアに與へて、ローマ法王の再興を企てたことに反對する運動であつた。

三十年代より四十年代に亘り、オーストリアの抑壓に抗しながら、盛んに民族獨立運動が實踐された。こゝに「青年イタリヤ同盟」が生れ、マツヂニイが首領となり、ナポリ、或はサルデイニア等に地方革命を起し、一八六〇年五月、熱血兒ガリバルデイは、ヂエノヴアのクアルト村より、一千の手兵を率ゐて南下し、シシリアを平定し、ナポリを奪取し、遂にイタリヤ統一を爲さんとした。

カヴール、クリスピーの政治的力は、更に、その結合を大にし、こゝに一八七〇年、普佛戰爭により、イタリヤ軍のローマ進軍となり、統一軍はピア門より堂々ローマに入城、エマヌエル二世は、イタリヤ王國の王冠を受け、イタリヤの國家統一が實現した。

第二節　世界大戰前後のイタリヤ

イタリヤの統一は、オーストリアよりの解放のため、始めフランスのナポレオン三世の支持の下に進展し、更に、後プロシャの積極的援助によつて實現した。しかもその後イタリヤの發展は、植民地獲得運動と相まつて、これ等兩國との關係は複雜を極めた。

一八八二年五月、獨、墺、伊の三國同盟が締結されたが、イタリヤの勢力はバルカン地方における汎ゲルマン主義との對立漸く激化し、こゝにイタリヤは却つてフランスに接近するに至つた。かくて一九一四年、歐洲大戰勃發するや、イタリヤは、三十年來、同盟を結べる三國同盟を防禦同盟として局外中立を宣言せるにも拘らず、遂に一九一五年五月二十三日、オーストリアに宣戰、聯合軍に參加するに至つた。

大戰の初め、イタリヤは何ら參戰すべき理由はなかつた。國内の戰爭か、中立かの傾向は、四派に分裂した。――一は社會主義及びカトリック敎徒による絶對中立派、二は絶對的な參戰派、三は條件的中立派、四は條件的參戰派であつた。

しかもイタリヤ民族の重壓はオーストリアであり、この大戰によつて、それより解放されんとする國民的要求が熾烈となり――「イタリヤ人の住む土地をイタリヤへ」のスローガンを叫び、國民黨の一部、及び詩人ダヌンチオ等の主張せる開戰論が勝利し、一九一五年五月、聯合軍側に參加す。

始めムッソリーニは、あくまで反戰論者であつたが、イタリヤが參戰に決するや、俄かに主戰論者となり、社會黨の嚴正中立の反戰派と激烈に抗爭するに至つた。かくて、イタリア社會黨より除名され、大いに愛國的運動に全力を盡すのであつた。

一九一七年カポレットの大敗により、それまでの非戰論者のトウラーチも「國家防衛」議員團に加はつて、反戰論を放棄した。しかもセラチ等のマルキシストのみは、依然として、最後までも反戰論を主張した。

第三節　戰後の社會的混亂

イタリアの、工業資本主義の發達は、他の西歐諸國に比して、甚だ低く、工業はロンバルディア及びピエモンテの一部、等であり、中部、南部イタリアは、なほ全く農業區域である。かくてマルキシズムの發展すること少く、ことに軍需工業は、すべて參戰を歡迎し、こゝに後のファシズムの地盤となつた。

一九一七年、ソヴエート革命は、猛烈にイタリアの地に侵入し、大いに社會黨の力を强大にした。一九一四年、社會黨員は、僅か五萬八千人にすぎなかつたが、一九二〇年には二十一萬六千人に激增した。しかもソヴエート革命の宣傳に全く動かされ、インテリ的な急進社會黨は、益〻共產主義化し盛んに各地にゼネ・ストや騷擾が頻發した。

北部イタリアの諸市は、殆んど左翼化し、ミラノの市廳には三年間、三色旗が飜へり、更にそれに代つて赤旗が揭げられた。赤色テロは至るところの街上にあふれ、更に平和條約が全く國民の期待を裏切り、大衆は悉く激昂し、遂に反ミリタリズムに走つた。

一九一九年、社會黨はボロニアにて大會を開き、公式に、第三インターナショナルに加入を決議した。――一九二〇年七月には「イタリア金屬工聯合」が賃銀增給のためストライキを起し、九月一日には工場占領を決行した。

二週間、工場は占領されたが、工場經營の力なきために遂に失敗に終つた。

これを契機として、一九一九年、鬪爭團を結成せるフアシストは武力をもつて、罷業破りを敢行した。

しかも左右兩派の對立益〻激化し、一九二一年一月、リヴオルノの社會黨大會にて、黨內の共產派が除名され、「イタリア共産黨」が成立した。

社會黨は最後の決戰のため、一九二二年六月、勞働總同盟の全國的ゼネストを宣言した。しかも地方的に無統一を暴露して、足並全く揃はず、こゝにファシストは蹶然起つて、政府に對し――「四十八時間以内にストライキを終らしめねば、ファシストは政府に代つて自由行動をとるべし」と、宣言した。政府は止むなく、ファシストと提携して、ストライキを鎭壓した。

この機會に乘じ、ファシストは一擧に社會黨、共産黨を壓迫し、その系統に屬する、官廳、役所、新聞社、組合、住宅等を悉く襲擊した。社會黨も武器をもつて、これに抵抗し、全國、いたる所に市街戰が勃發した。

第四節　ファシスト黨の發展

一九一五年、ムッソリーニは、イタリア參戰に決するや、それまでの反戰論を一擲して、參戰派に加擔し、新聞「ポポロ・デイタリア」(Popolo d'Italia) を創刊し、自ら主筆となつて、社會黨機關紙「アヴアンテイ」紙に對抗した。彼自らも出征し、戰傷にてミラノに歸國した。

一九一七年末、イタリアはカポレットにて、オーストリア軍に大敗し、この國辱は却つて、全國民を憤激せしめ、「國家防衛」のファシストが結成された。

戰爭終結するや、歸國せる軍人は、一般國民に蔑視され、これを防護するために「戰鬪團」が組織され、ファシスト黨が成立した。

時にダヌンチオのフユーメ占領は、この詩人的情熱により、國民の愛國心が高揚された。

また北部では、トリノ大學總長ヴイダーリが、ファシストに加入し、これ以後、王黨の大學生等がこれに從つて加盟するに至る。

――「ファシズムはボルシエヴイズムの絶對の敵にして、勞働者の利益は絶對に尊重す」とのスローガンを掲げた。

一九二一年十一月、ローマに大會を開き、その時の黨員別は、農業勞働者二四%、工業勞働者一六%、學生一三%、地主及小作人一二%、事務員一〇%、商人九%、自由職業六%、官公吏五%、工業家三%、敎員及び船員各一%の割合を示した。

一九二一年、ファシストは始めて黨として議會に進出、議席三十五を占めた。

一九二二年、社會黨の慘敗にも、ファシストの平和的勝利は來らず、こゝに力をもつて政權獲得を決意した。――ファシスト戰鬪體は、休職陸軍中將デ・ボーノ、代議士デ・ヴェッキ、舊戰鬪團員バルボの三人を最高首腦部とし、ファシスト民軍の組織を固めた。

二二年十月、ナポリにファシスト全國大會を開き、國王への忠誠を誓つた。黨員は五十萬に上る。ローマに歸れるデ・ヴェッキは、ファクタ內閣に總辭職の彈劾演說をなし、遂にその內閣は瓦解した。

こゝに十月二十七日、ファシストは全國に宣言し、檄を發し、二十八日、首都ローマへのデモが敢行され、都市の停車場、郵便局、官衙、等は一切ファシストに占領された。更に自由主義、左翼的な新聞社、左翼勞働者等を抑壓し、ローマ市の周圍には五萬のファシストが集結した。こゝに後繼內閣の組織がムッソリーニに依囑され、三十日、七萬のファシストは、市の東西北の三門より堂々と市內に進軍、颯爽たるローマ進軍の威力をもつて、ファシスト革命成り、ムッソリーニ政權が一擧に獲得された。

第五節　ファシストの擴大强化

急速度にファシスト革命は實行され、新ファシスト政府は、議會に、その政綱を發表した。選擧法に大改正を加へ、全國一選擧區の制をとり、一九二六年、ムッソリーニ狙撃事件により「國家保護法」「秩序維持法」を公布した。

一九二八年五月の選擧法は、殆んど全く議會制度を否定し、コオペラテイヴによるファシスト黨の組織が成つた。こゝにそれまで殘存せる勞働組合は、すべて解散され、反ファシスト的新聞雜誌は、一切發行禁止となつた。なほストライキを禁止し、ファシスト四人よりなる特別裁判所を設置した。しかもファシスト對左翼の對立は、極めて尖鋭化し、流血の慘を見ること頻りであつた。――二四年六月、社會黨代議士ヂアコモ・マテオッテはファシストのために暗殺された。共産主義者のポルデイーガ、タスカ、レポッシの如きものは、行衛不明となつた。

また、イタリアのヘーゲル主義者にして世界的藝術哲學者なるクローチエ、歴史家のフイレンツ、大學教授サレヴエミニ、財政學の權威で前首相なるフランチエスコ・ニツチイ、經濟學者アルトウーロ・ラブリオーラ等は、すべて國外に亡命した。

こゝに一九二七年、ファシズム大評議會の立憲化により、ファシズムの獨裁制は確立された。新憲法は起草され、一九二八年五月二十八日、法律として發布せられた。

かくして反對黨なき議會となり、唯一の政黨たるファシストに屬し、全國一黨と化す。ことに同年十一月八日の大評議會の立憲化が決定し、それは國家機關として大權を握るのであつた。

更に二九年九月十二日には、その大評議會の委員五十六人を過多なりとして、二十人にまで削減すべきことを制定した。

このファシストの運動は、單に國內的のものに止まらず、一般民主主義的、社會主義的世界諸國に反響し、ことにソヴエート・ロシアとは劇烈な對立を繼續した。すでにドイツにあつては、ヒットラーのナチス運動として勃發し、オーストリアに對し、ファシスト化は漸く大となり、社會民主黨を壓迫するに至つた。

三四年、オーストリア首相ドルフスがナチス黨員によつて暗殺さるゝや、未だムッソリーニとヒットラーの提携充分ならず、イタリアは直ちにアルプス國境に出兵し、一時甚だ險惡となつたが、この時ファシストとナチスとの結合が大いに促進される逆効果を示すに至つた。

今やファシズムの目的とする「組合國家」(Stato Corporativo)が成立し、國家は一切の個人階級の上に超然たる存在であり、全國民の利害を代表するものである。かくて個人及び階級の權利は、たゞ國家の利害と一致する限りにおいて認められ、それ自身の價値は存しないのである。

ファシズム大評議會　(Gran Consiglio del Fascismo)

一九二八年、九月十九日、ファシズム大評議會の立憲化の法律が、同評議會にて制定され、同法案は、上院を十一月十五日、一八一票對一九票、棄權二票、下院を十二月八日、三〇七票對一三票をもつて、それぞれ通過、翌九日、國王の裁可を經て公式に法律として發布された。こゝにファシスト黨の機關は悉く國家の機關たるに至る。大評議會は黨務及びファシスト政治統制の最高機關であり、同會は法律により規定せられた諸項につき、討議の權能を有し、政府の首長は、同時に大評議會の議長である。

大評議會は初め、五十餘名によつて構成されたが、ムッソリーニはそれを二〇名に削減せんとし、一九二九年九月十二日召集の大評議會に、この改革案を出して、滿場一致可決された。

――同案によれば、

一、任期終身のもの、即ち「ローマ進軍」の際の四頭目（Quadrumvirs）

二、官職により、その議員たるの資格を有するもの、即ち、上院議長、下院議長、外相、內相、法相、藏相、文相、農相、組合相、イタリア・アカデミー院長、ファシスト黨書記長、同副書記長二名、ファシスト國民軍總司令官、國防特別法院院長、雇傭主及被傭者全國組合の會長二名。

三、國家及びファシスト革命に特に功勞あるものに對しては、政府首長は任期三ヶ年を以て大評議會の議員に任命するを得。

――かくして完全にムッソリーニ統領（Duce）の獨裁下にあり、そのファシスト政治の重要なる法令は

1　一九二五年の政府首席の權限に關する法律

2　一九二六年の執行權に關する法律

3 一九二六年の職業組合に關する勞働法規

4 一九二六年の同上法律の施行規則

5 一九二七年の勞働憲章

6 一九二八年九月二日の下院新選擧法の制定

7 一九二八年十二月九日、ファシスト大評議會の構成法、即ちその立憲化

8 一九三〇年の協調組合全國會議構成法

9 一九三四年一月十八日の協調組合法

――其の他の中に規定されてゐる。

第六部　世界赤化革命運動

第一章　スペインの動亂

第一節　スペインの史的變遷

古代にはすでに舊石器時代の洞窟、ドルドーニュ等の精巧なる藝術に見る如く、甚だ早期に發達せる文化を展開した地方であつた。こゝにイベリア人が大なる勢力を有し、イベリアと呼ばれた。後代メソポタミヤ地方より、西進せる古代民族が、その地に移住したと云はる。更に前一千百年頃、フエニキヤ人が、この地に植民地を建設し、更に前八世紀時代には、ギリシヤの植民者が定着した。また前六世紀には、北方からケルト民族が西下し來つた。

前三世紀、カルタゴの黄金時代には、その全土が、その植民地と化され、ハンニバルはその國力をもつて、イタリア本國を蹂躪したのであつた。これに對し、ローマもまた、スペインに出兵し、その侵略をなし第二ポエニ戰爭以後は、ローマ領となつた。かくてローマ文化は、多くこゝに移植され、最も重要なる經濟資源であり、ローマ文化の中心地でもあつた。

西暦四世紀――東力の匈奴の西進によつて、ゲルマン民族は敗退して西南方に移動し、かくて、ゲルマン民族なるヴアンダル、スエヴイ、アラン族等の未開野蠻の人種が來進し、更に西ゴート族がこれを追つて、そのローマ古代文化を破壞して王國を建て、五八五年に全半島を平定した。五八六年、國王レカレットが舊敎徒となり、トレドの宗敎會議が國政の中心となつた。

七一〇年、國王ウチカが、フランク王國の侵入に破れ、アラビアの回敎徒に援を求めた。かくてアラビアのイスラム敎徒は猛然、イベリア半島に進撃し來り、一擧にその南方を占據し、そのサラセン文化は忽ちにイベリア半島の大半に侵潤した。

七五五年、アブデルラーマンが、コルドヴアにカリフ王朝を建て、絢爛華麗なるサラセン文化の甘美なる陶醉をもたらすのであつた。十世紀が、その最高の文化時代であり、思想に、藝術に、科學にあらゆる分野に亘り、夢の如く美しい世界を現出し、西歐の最も優れた文化領域となつた。

しかも十一世紀以來、未開なるキリスト敎徒が、北方より侵入し來り、その豊麗なる南方文化を破壞、掠奪し、北方の蠻族は、益〻南進し、遂に一四九二年に、サラセン帝國は亡んだ。

しかも、イタリアのマルコ・ポーロの紀行にある黄金の島、ジパングの幻想に誘はれ、コロンブスはスペインの女王イサベラの支持によつて、アメリカの新大陸を發見するや、スペインは、この新大陸に植民地を開き、一躍、世界の最富最强の國家となつた。

この異常な國家的發展は、實にそれ以前の、アラビア人による東方文化の地盤を、奪取繼承せるためであり、近代ヨーロッパ文化の最初に發達せる地域であつた。しかも植民地の掠奪、物資の多量の輸入により、國内の經濟情勢は激變し、そのために一五一九年、二一年に全國的なる大反亂が勃發した。

また一五六七――七三年のニーデルランドの革命は、スペインの海上權に致命的打擊を與へ、更に一五八八年、フイリップ二世は、イギリス征服を企て「無敵艦隊」を出したが、却つて潰滅し、遂にスペインの極盛期は一朝にして去つた。

それ以後は、たゞ衰頽の一路を辿るのみとなり、スペイン繼承戰爭（一七〇一――四）にはイギリスはジブラルタルを奪ひ、更にベルギイ地方をスペインは失つた。しかもこの間、新敎徒の壓迫甚しく宗教裁判所によつて、無數の流血の慘が現出した。

十八世紀末、フランス革命にあつては、スペインは革命軍と戰つて敗れ、更に一八〇七年、ナポレオンによつて征服された。八年兄ジョセフ・ナポレオンが國王となつたが、イギリスの後援の下に半島戰爭勃發し、ナポレオンは直ちに出兵、これを鎭壓せんとせるも、スペインは山岳、溪谷等を利して、ゲリラ戰術にて、大いにナポレオンの軍隊を疲弊困憊せしめ、これが、ナポレオンのロシア遠征失敗の最大原因たらしめたのであつた。

一八一三年、ジョセフ退位し、フェルヂナンド七世即位して專制政治を行ふ。この間に、アメリカのスペイン植民地は國內の紛亂益〻激化した。なほ普佛戰爭の原因となつた王位繼承問題が起き、國力は愈〻衰退し、ことに一八九八年、米西戰爭にて、西インド及び太平洋植民地をアメリカに奪はれるに至り、過去の世界的大帝國も、遂にドン・キホーテの如く、回想の夢を辿るのみとなつた。

二十世紀に入るや國內の政治的對立は、益〻熾烈となり、アナーキズムの大なる發達を示した。カタロニアの民族獨立運動、アンダルシアの農民反亂が勃發、――また工業と農業との對立も大であり、宗教の宗派的抗爭は、まさに狂的の現象を示した。

スペインは植民地回復のため、モロッコに遠征、これが勞働者の反抗を招き、バルセロナにゼネストが勃發し、一九〇九年六月の「血の一週間」を現出し、指導者フェラーは銃殺されて、漸く反亂は鎭壓された。

歐洲大戰中は、中立を宣言し、最後までこれを守り、このため國內の軍需工業が大いに發達し、更に一般に軍事體制となり、軍事團體（フンタ）を形成した。

一九一九年、再びモロッコに遠征して、アヌアルに大敗した。國內はこのために騷然とし、議會制度は混亂し、フンタの勢力が大いに强大化す。

二一年、首相ダトーが暗殺されし後は、ファシズムの傾向著しく大となり、バルセロナの勞働者反亂を强烈に彈壓した。なほ一九二三年九月十三日、カタロニア軍司令官リヴェラは、國王アルフォンゾ十二世と相通じてクーデターを斷行した。こゝに、リヴェラの獨裁軍事政治が確立し、自ら大統領となる。九人の獨裁政府が成立し、ファシスト團體「愛國同盟」が結成された。一九二五年、フランスはスペインを援助して、モロッコを平定した。

一九二六年には、生產統制委員會が組織され、二七年には國民議會が開始され、二九年には新憲法制定、立憲君主國となつた。

しかも同年、スペインの重要輸出品なるオリーヴの價格が激落し、リヴェラ政府の基礎全く動搖。

人民の反政府運動、全國に勃發し、遂に、三〇年一月二十八日、リヴエラ内閣は瓦解し、次に、ベレンゲル内閣が成立した。しかも同年十一月より十二月に亘り、全國的な革命運動が勃發し、翌三一年ベレンゲル内閣崩れた。これに代り、アスナール内閣が組織され、共和黨の大勝利となり、四月十四日、國王は國外に亡命した。

共和黨黨首アルカラ・サモラが臨時政府を組織し、同時にスペイン共和國が成立、七月十四日共和國憲法が發布された。しかも國内の紛糾、動亂は依然として止まず、ことにソヴエートの赤色共産分子が潜入し、左翼的傾向が益〻激烈となつた。

一九三一年成立のスペイン新共和國は、三一年十二月九日新共和國憲法を發布した。これによつてスペインは、全勞働階級よりなる民主共和國であり、信敎の自由、カスチリアン語を國語とし、如何なる市民も、州語を用ふることを强制せられず。

一九三四年十月一日、カタロニア問題にて瓦解したセムパー内閣に代つて、急進黨首レルーが内閣を組織、中間派の指導勢力なる急進黨を中心に、右翼カトリック農民黨を加へたる保守的内閣を作り、カタロニア、その他の左翼的反亂を彈壓、右翼の支持の下に、一年間、政權を保持したが經濟的困窮益〻深刻となり、人心の反抗により、一九三五年九月二十日、內閣崩壞した。次で二十五日、急進黨系の前藏相チャパブリエタが、中央派及び右派を中心として內閣を組織し、レルー前首相は外相となつて新內閣に止まつた。が、同內閣は僅か一ヶ月にして、シュトラカス賭博場不正許可問題に關し、議會の彈劾を受け、十月二十九日、總辭職したが、再びチャパブリエタが首相となつたが、十二月九日第二次內閣崩壞した。

かくて十二月十四日、獨立黨首領ポルテラ・ヴァラダレスを首班とする、急進黨、自由民主黨、カタロニア同盟の中央諸派を主力とする內閣を組織したが、右派の農民大衆黨の支持なきため、更に內閣を改造した。

三六年一月七日、サモラ大統領は、久しき懸案であつた議會解散令に署名し、第一回總選擧は二月十六日、第二回總選擧は三月十六日執行と定め、同時に新聞通信の檢閱を解除し、且つ憲法保證の各種民權の復活を斷行した。しかも二月十六日の第一回總選擧の結果は、左翼聯合の「人民戰線派」の勝利となり、遂にヴァラダレス內閣は總辭職をなした。かくて二月十九日、左翼共和黨首領マニュエル・アサニャは、サモラ大統領より新內閣組織を依囑され、久しく中絕せる左派內閣が成立した。

一九三五年二月十六日の總選擧においては、議員總數四七四の中、二三八を占め、右翼は一七七、中央諸派は四二にて、政府派は僅か三五の議席を獲たにすぎなかつた。

第二節　カタロニア問題

カタロニア（Catalonia）の獨立問題は、スペイン中央政府の最も困窮する事象であり、一つの致命的癌と云ふべきである。この地方はスペインにおける最も工業の盛んなる地域であり、他の諸州の農業地方と決定的なる對立を示すのであつた。なほこの地方の住民は、古來カルタゴ植民地人の正統を傳へるものと云はれるカタラン人であり、常にスペインの統制に反對し、獨立せんとするものであつた。カタラン人は工業主義であり、スペイン中央政府は殆んど農業主義を綱領とし、工業品の保護關稅の値下をなし、稅金は、農業地方の開發等に使用される事に對し、大なる反抗を示し、遂に一九三二年九月十五日「カタラン條令」によつて、その自治が認められた。かくてバルセロナ、ゲロナ、レリダ、タラゴナの四州はカタロニア自治國となり、大統領議會を有するに至つた。

しかも中央政府對カタロニアの對立は益〻激化し、三四年十月一日カタロニア問題によつて、リカルド・セムパー內閣は總辭職した。國內は非常なる混亂に陷り、共和國はプロレタリア獨裁に發展せんとした。こゝにサモラ大統領はレルーに後繼內閣を組織せしめ、レルーは中間派急進黨を中心に、保守的內閣を作り、社會黨系の勞働組合は、これに反對し、十月四日、全國のゼネストを宣言した。四百名の組合員が檢束された。セヴィラ、バルセロナ地方には大規模な暴動が勃發した。六日には首都マドリッドにも暴動が生じ、激烈なる市街戰が決行された。即日、戒嚴令が布かれた。

かくてカタロニア自治共和國大統領ドン・ルイ・コンパニースは、アサニャ前首相の援助の下に、執政評議會の決議により、六日、カタロニア地方の獨立政府の建設を宣言した。新大統領コンパニースは「スペイン聯邦カタロニア共和國の獨立」を民衆に宣し、バルセロナの政廳は、すべて占領された。

政府は、これに對し武力鎮壓を決意し、七日早朝から、バルセロナ政廳の砲擊を始め、遂に激戰數刻、獨立軍は破れ、コンパニース大統領は政府軍に逮捕され、マドリッドに送致された。またアサニャ前首相外、多數の者が捕縛された。かくて獨立は、カタロニア靑年黨が最も勇敢に抗戰せるも、僅か一日にて壞滅した。

更に八日には、マドリッドに、暴動勃發し、死傷者を多數出した。市街戰は甚だ猛烈にて、各勞働組合は益〻不穩なる形勢と化し、社會主義各派は、ファショ打倒として、八日夜、クーデターを決行せんとした。政府は直ちに動員令を下し、全國鐵道從業員に對し、二十四時間の猶豫を與へ、出頭せざるものは嚴罰にすることを命じた。

なほバルセロナ一帶の獨立運動は極めて强大であり、政府軍と、州内の各要地で抗戰した。セヴィラ中心にゼネストが勃發し、死傷極めて多數を出した。また北部オヴィニドにも、アストリア鑛山地帶に反亂勃發し、大いに政府軍と激戰した。バスク地方にも暴動激化し、モン・ドラホンは、反亂軍に對し絞首臺をもつて、これに對抗した。

この全國的の左翼大反亂も、九日早朝には漸く鎭壓され、スペイン臨時國會は同日午後に開會した。次で滿場一致、新内閣を認め、反亂に對する死刑を復活した。

第二章　支那赤化運動

第一節　中國共產黨の抗日宣言

抗日救國に關し全國同胞に告ぐ

國內外の工、農、軍、政、商、學各界同胞よ！

我に對する日本帝國主義の精力的進攻、南京賣國政府の步一步的投降により我が北方各省は東北四省についで實際的に亡びつゝある。

數千年來の文化史を有する平津地方、無限の富を擁する河北、山東、河南各省、最も重要な軍事的意義を有する察哈爾、綏遠區域、全國政治經濟の命脈たる北寧、平漢、津浦、平綏等の各鐵道は實際上現在完全に日本軍の控制下にあり關東軍司令部は今や積極的に所謂「蒙古國」「華北國」成立を實現しつゝある。民國二十年の「九・一八」事變以來、東三省より熱河、熱河より長城、長城より「灤東非戰區」「非戰區」より河北、察哈爾、綏遠及び北支各省を實際的に占領し、僅か四年足らずして半璧の山河は既に大部分日寇の占領或は侵略するところとなつた。田中義一大將の上奏せる我國全滅の豫定計畫は着々として實行されつゝある。

此のまゝで行けば長江、珠江流域及び其他の各省は漸次日寇の侵領するところとなるであらう。わが五千年の歷史を有する老國は完全に被征服地と變じ、わが四億五千の同胞はすべて亡國奴と變り果てるであらう。

近年來わが民族は既に生死の關頭に立つてゐる。抗日ならば生き不抗日ならば死し、抗日救國は既に各同胞の神聖なる天職となつてゐる。而して最も痛心なことは、われら偉大なる民族の中に未だ少數の獸心的徒輩が存在することである。蔣介石、汪精衛、張學良等の賣國奴、黃郛、楊永泰、王揖唐、張群等の日寇の手先等は、數年來「不抵抗」政策を以てわが國領土を賣り渡し、日寇一切の要求を受けた。「攘外必先安內」の武斷的宣傳を以て內戰を進行し、一切の反帝運動を壓迫し「十年生聚」「十年教養」「準備復仇」等の欺瞞的スローガンを以て人民の抗日救國運動を制止した。

而して最近來この漢奸賣國奴共が「中日親善」「中日合作」「大アジア主義」等のスローガンの下に爲すところの降日賣國の露骨な、無恥な行動は正しく古今中外に未だ曾つて聞かざる奇聞である。

中國ソヴエート政府と共産黨は日寇の我國に對する侵略的行動及び漢奸賣國奴の裏切行爲を中華民族の無上の恥辱であると認める。中國ソヴエート政府と共産黨は嚴として宣言する、我らは日寇の我國領土に對する侵略と内政干渉に對し、斷乎反對の態度を以てのぞむのみならず、日寇の提出せる國民黨及び藍衣社組織の解散要求に對してもまた强硬に抗議するものである。中國ソヴエート政府及び共産黨より見れば、中國人の一切のことは當然中國人自ら解決すべきもので、國民黨、藍衣社、賣國奴の罪惡が如何に許容し難くとも、これが殘廢の問題に對しては日寇は何ら容喙すべき權利を持たない。

中國はわれ等の祖國である。中華民族たる以上、われも君もまた同胞である。故にわれ等は如何にして國が亡び、民族が亡ぶを坐視し得ようか。斷じて救國自救のため起たざるには居られず。アビシニアは僅か八百萬の人口を有する國家にして、しかもイタリア帝國主義に對し、英雄的武装反抗を準備し、以て自己の領土と人民とを防禦せんとしてゐる。われは四億五千萬の人口を擁する大國でありながら、何故斯くの如く手をつかねて滅亡を待つのであらうか。

中國ソヴエート政府と共產黨は固く信ずる。厚顏にも仇に仕へるやうな眞似をする張景惠、鄭孝胥張燕卿、傅儀等の如き極く少數の漢奸賣國奴共を除けば、わが大多數の工農軍政商學各界の同胞たちは決して日寇の牛馬奴隷となることに甘んじないであらう。

ソヴエート政府の對日宣戰、紅軍が再三提議した各軍隊との共保抗日、紅軍北上抗日先遣隊の困難な鬪爭、十九路軍と民衆との松滬血戰、察哈爾、長城、灤東各地軍民の英雄的鬪爭、福建人民政府の紅軍の提議による聯合抗日、羅登賢、徐名鴻、吉鴻昌、潘供生、尋維洲、方志敏、等民族英雄の救國のための犧牲、田漢、杜重遠、劉崇武等、憂國志士の抗日のための入獄、蔡廷楷、陳銘樞、方振武、等の抗日戰鬪、宋慶齡、何香凝、李杜、馮湘伯、等數千名が署名せる中華民族對日作戰基本綱領、數年來、工農商學各界の同胞が抗日のため遂行せる排貨、罷工、罷市、罷課、示威、等の救國運動、特にわが東北民衆數十萬の武裝反日戰鬪、楊靖宇、逍尙志、周保中、謝文東、等の民族英雄の指導下において行はれた英雄的蜂起、等はすべて我が民族の救亡圖存の偉大なる精神にして、且つ、わが民族の抗日救國運動を勝利へ導くものである。現在において、わが民族の救國抗日事業がまさに得べき勝利を未だ獲得せざる原因は、一つには日寇と蔣賊の內外からの夾攻、一つには各種抗日反蔣勢力間の隔離と誤解とに基く不一致、不團結のためである。こゝにおいて中國ソヴエート政府と共産黨とは、抗日共同戰線を結成すべき必要が目捷の間に迫つてゐることを强調し、再び全國同胞に對し呼びかける次第である。

各黨が過去において、また現在において、政見並に利害が不同であるにせよ、各軍隊が過去及び現在において敵對行動を執つてゐるにせよ、均しくすべての人は「兄弟牆に鬩けども外の侮を防ぐ」といふ眞の自覺が必要である。先づ一切の內戰を停止し、對立を超越して、あらゆる國力（人力、物力、財力、武力等）を集中し以て抗日救國の神聖なる事業のために戰はねばならぬ。中國ソヴエート政府と共産黨は更に一度宣言する。

國民黨の軍隊はソヴエート區域攻擊の行動を即時停止し、何れの部隊も對日戰爭準備を遂行せねばならぬ。紅軍は過去と現在、彼等と紅軍の間に介在せる如何なる舊仇宿怨にもこだはらず、且つ彼等と紅軍との間に介在する內政問題上の凡ゆる紛爭にもこだはることなく、直ちにこれらの對立を克服し、彼等と親密なる提携の下に共同救國を希望するものである。

中國ソヴエート政府と共産黨とは、更に一歩を進める懇切なる呼びかけをなすであらう。

一切の亡國奴たることを願はざる同胞よ

一切の愛國的良心的なる軍官、士兵、兄弟よ
一切の抗日救國の神聖事業への參加を希望する諸黨派並に各團體の同志よ
一切の國民黨、藍衣社內の民族意識ある熱血の青年達よ
一切の祖國に關心を持つ同胞よ
一切の中國國內被壓迫民族（漢、韓、蒙、藏、猺、苗、黎、番、等）の兄弟達よ
共に起ち上つて、日寇および蔣賊の壓迫を勇敢に突き破り、中國ソヴエート政府と東北各地の抗日政權を單一的全國的國防政府に組織し、紅軍と東北人民革命軍および各地反日義勇軍を單一的全國的抗日義勇軍に組織せん。

ソヴエート政府と共產黨は、此種國防政府の發起者たらんことを希望してゐる。ソヴエート政府と共產黨は直ちに中國各黨派、各團體（工農團體、學生會、商業團體、教育會、新聞、雜誌記者聯合會教職員聯合會、致公會「華僑の一組織」、各名流學者、政治家、民族自衛會、反日會、救國會、等々）及び一切の地方軍政機關と國防政府共同成立の問題につき談判を進め、その結果成立する所の國防政府は、當然救亡圖存の臨時指導機關となすべきであり、此種國防政府はまた當然全體同胞の代表機關（工農軍政商業各界、一切の抗日救國を願ふ黨派と團體、および團外同胞と國內各民族が民主主義的

條件下において選出せる代表より成る）にして且つ具體的に、抗日救國に關する各種問題を討論すべきであると思惟する。ソヴエート政府と共產黨は、絕對的に全民代表機關の召集に努力援助し、また絕對的にこの機關の決議を執行するものである。何故ならば、ソヴエート政府と共產黨は人民の公意を絕對的に尊重する政府であり、政黨であるからである。

國防政府の重要責任は抗日救國にあり、その行政方針は左記各項を包括す。

一、抗日救國、各地回復

二、救災治水、安定民生

三、日本帝國主義の一切の在華財產を沒收し、對日軍費を充實

四、漢奸賣國奴の一切の財產、食糧、土地を沒收して貧苦同胞に分配し、且つ抗日戰費に充實

五、苛捐雜稅を排除し財產金融を調節して工農商業を發展せしむ

六、給料を增額して工農軍政商學各界の生活を改善せしむ

七、民主自由を實行し一切の政治犯を釋放す

八、免費敎育を實行し失業青年を安置す

九、中國國內各民族の一律平等政策を實行し、在外同胞、在華各民族の國內外における生命、財

産、居住、營業の自由を保證す

十、一切の反帝國主義民衆（日本國内の勤勞階級、朝鮮、臺灣の植民地民族）を聯合して友軍となす。中國民族解放運動に同情する一切の民族、國家と聯合し、抗日戰爭に際し、好意的中立を守る民族國家に對して友誼的關係を建立す

十一、抗日聯合軍は抗日救國を願ふ凡ゆる部隊によつて組成する

國防政府首導の下に統一的抗日聯合司令部を組織する、此種總司令部は各軍の抗日長官および士兵中より代表を選出して組織し、或は其他の形式によつて組織するが、各方面代表および全體人民の合意によつてこれを定む

紅軍は先んじて聯軍に加入し、抗日救國の天職を盡くす

十二、ソヴエート政府と共産黨は、國防政府をして眞に國防責任を負はしめるため、抗日聯合をして眞に抗日責任を負はしめるため全國同胞に呼びかける。銃あるものは銃を出し、糧あるものは糧を出し、力あるものは力を出せと、專門技能あるものはその技能を貢献し、全體同胞を總動員し、あらゆる新舊武器を以て、幾百幾千萬の民衆を武裝せしめよ、と

中國ソヴエート政府と共産黨は固く信ずる。若し四億五千萬同胞に統一ある國防政府の指導あ

るならば、單一的抗日聯軍が先驅となるならば、幾百幾千萬の武裝民衆を整へるならば、數知れぬ東方および全世界無產階級、被壓迫民族の聲援があるならば、內よりは日本勞働者農民の反抗あり、外よりは列强の敵視ある日本帝國主義に必ず打ち勝ち得るならん

同胞よ起て！

祖國防衞のために鬪へ！

民族獨立のために鬪へ！

國家獨立のために鬪へ！

領土保全のために鬪へ！

人權自由のために鬪へ！

大中華民國抗日救國大團結萬歲！

中國ソヴエート政府人民委員會

中國共產黨中央委員會

一九三五年八月一日

第二節　西安事變

1　事變前の西北邊疆

支那の西北一帯の中、寧夏、甘肅兩省は、もと回教教民の居住地であり、是れ等の地方は回教に屬する馬氏一族の勢力範圍であつた。かくて第十六路軍長たる馬鴻逵を首領とする軍が、占有してゐた。陝西省は舊西北軍（馮玉祥系）に屬する西安綏靖主任第十七路軍長楊虎城の地盤であつた。

しかも、一九三三年以來、この地域に共産軍が侵入し始め、陝西北部の數縣に土着劉子丹の第二十六軍及び陝南に徐海東の第二十五軍及び甘肅、陝西、寧夏省境地區に共産黨の地區が生じ、更に四川方面より毛澤東、彭德懷等の共産軍主力の一部が來り、こゝに俄然として、甘陝一帯は赤化するに至つた。

かくて南京政府は、この討伐のため、西北剿匪軍を編成し、軍事委員長蔣介石を總司令、張學良を副司令として、當時、平漢線一帶にあつた張學良の舊部下なる舊東北軍部隊を甘肅、陝西に移駐し、共產軍討伐に從事せしめた。

しかも、これ等、于學忠、何柱國等の東北軍は、共產黨討伐には、何ら準備なく、却つて共產軍のために慘敗するに至り、その損失甚大であつた。

しかも張學良軍の西北移駐により、楊虎城は自らの地盤を脅かされたことを大いに不滿とし、何ら剿匪に力を出すことがなかつた。今や共產軍の勢力は愈〻强大、猖獗を極めた。

今や國民政府は、やむなく中央軍中より共產軍討伐に實戰的經驗ある、直系の胡宗南の第一軍及び王鈞の第三軍を西北に送つて、共產黨を鎭壓せんとし、同時に楊虎城軍、張學良軍を督戰せしめた。

しかも一九三六年秋には、四川より共產軍の殘部が甘肅に侵入し來り、また內蒙軍の綏遠來襲あり中央政府は、この討伐に全力を盡すに至つた。

2　蔣政權の運命

民國二十五年――それは蔣介石は最大の政權を獲得し、殆んど全支那を國民政府の下に統一し、堂堂たる近代國家を建設せる如き偉觀を示した。

この年、夏、抗日救國を標榜して反蔣の旗を飜へした西南派、即ち廣東の陳濟棠及び廣西省の李宗仁、白崇禧一派が、內戰反對なる輿論を利用せる蔣介石の巧なる威嚇と懷柔の手によつて屈服せしめられ、蔣政權の前途は、まさに洋々たるものがあつた。

今や、兩廣を完全に統制し、更に西北における共產軍の討伐、國防會議による對北支國防の充實、內蒙軍の討伐、等を決定せんとした。

かくて八月十一日には、江西省蘆山より廣東省、廣州に赴き、廣東善後及び廣西派招撫を策した。十月五日には、日支交涉につき川越大使と會見のため江西省南昌から南京に來り、交涉は何ら發展しなかつた。

十月十七日には、抗州にて、王正廷、宗子文、孔祥熙、張群、蔣駐露大使、韓複榘、徐永昌、等と北支五省代表と北支抗日政策を議した。

しかも十月二十二日には、蔣自ら共產軍討伐の指揮のため陝西省西安に至つた。同二十四日、張學良以下、綏遠、山西、陝西、甘肅、寧夏五省の主要將領を參集し、共產軍討伐及び北支防備の會議を西安に開いた。

しかも十一月一日、南京における蔣介石五十歳誕生祝賀式があり、最高の榮譽の中にあつた。彼はこの時、その式を避け洛陽にあつた。

十一月十六日、河北省南宮に至り、宋哲元、韓複榘、萬福麟、馮治安、秦德純、等と北支及び綏遠問題に關し、重要會議を開き、抗日の重要なる使令を與へた。同十七日には山西の太原に至り、閻錫山等の山西派要人と會し、綏遠防備、抗日國防の指令を下した。更に十九日には山東省濟南に飛び、韓複榘と會し、抗日開戰の準備を與へた。

更に同三十日、洛陽にて張學良、閻錫山、徐永昌、傅作儀、商震、賀耀祖等と國防軍事會議を開いた。

更に十二月四日、蔣は洛陽より張學良、錢大均と共に隴海鐵道特別列車にて、陝西省西安に至る。同五、六兩日、西安にて、張學良、于學忠以下、北軍主腦部及び楊虎城、朱紹良、邵元冲、等西北要人を集めて剿匪及び綏遠の對內蒙討伐及び對日抗戰の諸問題を議した。十二月七日には、蔣は、其の行營を西安の東方約八十支里にある驪山山麓の華清池溫泉場に移し、同夜、こゝに張學良、楊虎城、于學忠、朱紹良等、西北首腦部をこゝに招宴した。

しかも同十二日拂曉、突如、張學良部下の舊東北軍第百〇五師、師長劉多荃の二ヶ大隊、楊虎城部下の西安駐屯部隊は兵變を起し、西安臨潼渭南附近の鐵道及び電線を破壞すると共に、午前二時頃、華淸池における蔣介石行營を襲擊し、衞隊と激戰し、遂に蔣を捕へて、これを西安に連行、新城大樓に監禁した。同時に西安における省政府其他公安局等各官衙を奪掠し、また蔣に隨從せる各要人の宿舍を襲ひ、これを各室に監禁した。この日、潼關以西の隴海線及び電報通信は全く杜絕した。更に甘肅省蘭州においても同地に駐屯せる東北軍于學忠軍が兵變を起し、國民政府派遣の省政府當局者を殺害し、南京政府特設の機關を襲擊、破壞した。

この凶報、南京に飛ぶや、深刻なる不安と動搖を起し、大支那動亂、まさに勃發せんとした。しかもユダヤ系英人顧問ドナルドは、黃仁霖と共に十四日午後二時、飛行機にて、蔣救援のために西安に赴く。なほ南京にあつては、直ちに、政府は軍政部長何應欽を討逆總司令に任命し、東西兩路の討逆軍を編成し、同時に于右任を西北軍民宣慰使に任命した。

十八日、西安に監禁中の蔣鼎文は蔣介石の親書を提携して飛行機にて南京に歸來す。同十九日、宋子文は飛行機にて南京より西安に向ふ。しかも二十日には陝西省華縣にて、中央軍陣地に對し、張學良軍攻擊を開始した。

二十一日、南京政府より派遣された黄紹雄は、王樹常、莫徳惠等と共に山西の太原に至り、閻錫山と中央對張學良の妥協を協議した。閻の提議により中央軍は二十三日迄攻撃開始を延期した。宋子文は西安より南京に歸り、更に二十二日、宋美齡夫人と共に、飛行機にて南京より西安に飛ぶ。

二十三日、西安にある宋子文の電請により、中央軍の攻撃開始を、二十五日迄延期した。この日共産軍毛澤東軍は平涼固源の線に進出した。しかも蔣介石の生否は甚だ危く、すでに殺害されたとの説が最も有力となつた。

二十四日、北平にある米國大使官付武官スチルウェル大佐及び英國大使館付武官フレザー中佐は北平より西安に飛び、蔣救出を張學良と懇談した。

二十五日、討逆軍總司令は前線にある討伐軍の進撃及び爆撃中止の命令を發した。かくて西安に暗殺されたと思はれた蔣は、宋美齡、宋子文、ドナルド顧問及び張學良と共に西安より飛行機にて洛陽に到着、同日にこの地に一泊した。全世界は蔣の無事生還の報に驚愕した。

二十六日、蔣は宋美齡と共に飛行機にて、洛陽より官民の大歡迎の中に南京に歸來した。張學良も宋子文と共に、洛陽より南京に飛來す。

二十七日、南京における國民政府及び首都各界主催の下に盛大なる蔣介石歸京の歡迎の祝賀大會を開催した。

二十八日、南京に歸來せる蔣は、行政院長及び軍事委員長の辭職を國民政府に申出でた。

三十日、中央常務委員會は、蔣の再度の辭職申出に對し慰留を決議し、これに休暇を與ふることに決した。

三十一日、張學良審判の軍法會議は李烈鈞の審判長の下に開かれ、張學良を徒刑十年、公權褫奪五年に處刑した。

翌、民國二十六年一月二日、蔣は南京より鄉里浙江省奉化に歸省し、四日には、國民政府は張學良に特赦の命を發した。

3　張學良の心理

すでに滿洲事變にて、父、作霖と、本國とを失へる張學良は極度の反感を日本に抱き、その報復の抗日決戰をあくまでも蔣介石をして斷行せしめんとした。

しかも日本の實力を知る蔣は、徒らに抗日戰によりて、自らの兵力を消耗し、國內統一を瓦解せしむるの不利を知り、常に抗日開戰を回避し來り、寧ろ共產軍、舊東北軍、北支五省の中央化を要望し、近代的統一國家形成を實現せんと企てた。

こゝに近來、俄かに甘陝に强大化せる紅軍に對し、それを討伐するに、中央化を最も至難とする張學良の舊東北軍を向け、兩者を戰はせ、その二者を消耗し、屈服せんとした。しかも張學良は、これを大いに不快とし、共產軍の討伐を爲さざるのみか、却つて共產軍と共力し、即時抗日開戰を主張するに至つた。

時に內蒙軍の綏遠來襲あり、蔣は、張學良の主力をもつてこの討伐に當らしめんとした。なほ一說には蔣は學良に福建移駐を命じたとも云はる。しかも蔣は舊東北軍の共產討伐に功なきを理由として給與少く甚だ冷遇した。しかも今や綏遠方面に移動せんとすることは、張學良にとり、失地回復をなすものとは云へ、更に軍隊を今日以上の苦境に置くことにて、全く自らを亡ぼすに等しきを感じた。

更に共產軍の抗日工作が、大いに學良軍を動かし、遂に蔣介石の抗日即時決戰の斷行を强制することに、西安事變を惹起する根本理由があつた。

ことにこの背後には、明かに毛澤東の策動あり、學良軍は赤化し、ソ聯との連絡は確實であつた。なほ共產軍の政治部長周恩來が、西安に往來して、盛んに楊虎城や張學良軍に赤化宣傳をなした。

ことに蔣の多年に亘る剿共事業のため、江西省を追はれて、湖南、貴州、雲南、四川を轉々とせる共產軍主力部隊、卽ち朱德、徐向前、賀龍、蕭克の第一、第四、第二方面軍及第八軍は、逐次四川省より四川、甘肅、青海の三省の省境に聳ゆる岷山山脈を越えて甘肅省南部白龍江の河孟へ梯隊となって侵入。更に渭水上流地域である隴西の岷縣、臨潭、甘谷、天水一帶を荒して陝西軍魯大昌の新編十四師及び中央より剿匪に派せられた胡宗南の第一軍並に王鈞の第三軍と激烈な戰闘を交へつゝ、陝西省西安より甘肅省蘭州に通ずる剿匪碉堡線を突破し、多大の損害を受けつゝ甘肅省東北部における涇水上流地域、環縣、會寧、靜寧一帶において、毛澤東、徐海東の共產軍と合同して、十月十九日には會寧縣の馬營で合同慶祝大會を開いた。

西安において張學良、楊虎城より提出した妥協條件の公表されたものは、中國人民戰線の指導者たる宋慶齡の起草せるもので

一、蔣介石の釋放と張學良の安全保證

二、蔣介石は抗日に賛成するも、これが實現に若干の準備を要するを以て、英米ソ佛等との接近を圖る

三、共産黨との公然たる合作はなさざるも共匪討伐を中止し、其の活動方向を轉向す
四、舊東北軍軍費の不足額九百五十萬元、楊虎城軍軍費不足五十萬元に對し、中央銀行より直ちに一千萬元を支給す
五、蔣介石は親日派と目される時の要人を中央要職より罷免する
六、上海に拘禁中の共產黨員陳金樹以下六名は其罪を輕減し、時期を見て釋放す
七、張學良は蔣介石の監禁中の日記に關し秘密保全を確保す
八、張學良討伐に關する一切の措置を撤回し事變前の狀態に復する

4 張學良の宣言

張學良は西安事件直後、西安で開かれた西安市民大會において、對日抗戰の即時決行を力說した。

——「一二・一二事件に關する原因は恐らく人々はこれを知悉せるならん。抑々今次の事變は、我我一派が、生死と毀譽褒貶とを度外視し「人民のために命を捨てる」といふ態度にて、救國を實行せん事を主張せるものなり。かくて我々は國家復興の爲には、夙に「一死報國」の決意を有するものな

り。十二月九日予が陳情學生團に對して抗日に關する一場の演說を試み、一週間以内には必ず事實をもつて解答するならんと言へるは、今日尙ほ諸君の記憶に殘れるならん。その間の事實は予に大なる衝擊を與へた。從つて予は今、十二月十二日事件を起したる主なる原因に關し一言せんとす。

もと予と蔣委員長との私的關係は極めて親密なりき。二人が爭へる政治的主張は、予は數度、書面をもつて蔣氏に諫言し、或は直接に爭諫せるものなり。即ち蔣氏に對して氏の誤謬、民意に反するその主張を放棄すべきであり、全國民を指導するには、全國民衆の希望を容れ、全國民衆が愛戴する所の領袖たらざるべからずと力說したるなり。

然るにそれは遂に蔣氏の容るゝ所とならず、のみならず近來、却つて民意に反したる政治に拍車をかけつゝある狀態なり。

彼は曩に上海において七人の愛國領袖を逮捕せり。予はこの事件のために、單身、軍用機に乘り洛陽まで彼と會見に行き、それ等の無辜の同胞の釋放方を依頼せり。しかも逮捕されたる數名のものは固より予の血緣にもあらず盟友にもあらず。その中の或る者には面接せることあるも熟知の人にあらず。されど予が積極的に彼等を援助したる所以は、一に主張を同じくすればなり。然るに蔣委員長は予の要求を容れざる事を決意せり。其後、予は「蔣委員長、貴下がかくの如くに專制にしてかく愛國の士を摧殺することは、袁世凱、張宗昌と何ら擇ぶところあらんや」と詰問すれば、彼は「全國には君の如き見解を有するものあるも、予は革命家なり、しかして予の如くすることこそ革命なり」と答へり。

彼のこの言に道理あるや否や。何となれば、一二・九の西安における學生運動は、予と蔣氏との言葉の問題より大衝突惹起す。予は學生諸君の陳情の動機が絶對に純情なるものあるを認む。それに對する處置方法としては唯、平和的解決を爲すにあり、且つ學生にも一般民衆にも諒解の行く如き事實を示して解答すべきなりと、勸說せり。しかるに蔣氏は予の、この提言を斥け「それらの青年等に對しては、銃殺以外に他の方法なし」と斷言せり。

同胞青年！　我々の銃砲は支那人を殺すための武器にあらず、我々の銃砲、及びすべての支那人が有せる銃砲は、日本帝國主義を打倒する爲めの銃砲なり。

かくの如き事情より見て我々は蔣氏の主張と決意とを認識せるため、口頭或は書面を以て諫誘し來れり。しかも遂にそれを變換するを得ざりき。こゝに予と楊主任、及び西北各將領が十二月十二日事件を發動したる次第なり。

我々の主張を明瞭に表示し、この事實を歴然と全國民衆の前に報告す。我々は唯我々の主張の實現を求めたるなり。此の外に我々は鐚一文も欲せず、また地盤をも求めず、我々は我々の主張を實現する爲めに、直ちに抗日戰線の第一線に立たんとす。と同時に我々は全國同胞が一致して、抗日戰線に向つて進み行かんことを要望す。即ち力を持てるものは力を出し、金を有せるものは金を出し、就中武裝同志、壯年同志は、必ず熱血を以て抗日戰線に立つを希望す。

同胞よ起て！　しかして我々の主張を我々自身によつて實現するなり。諸君の意氣、諸君の熱意、諸君がそれを徹底的に實際行動に移す事を切望して止まず。

同胞諸君、我々は諸君の公僕なり、諸君に代つて前鋒たるなり。最後の勝利に至らしむるは全國民の一致に俟つ外なし。今日、予はかく歡呼をうけて感激に堪へず。予はこの罪を待つ身をもつて抗日工作に當ることは、公的にも私的にも當然の事なり。予は必ず我が知力を盡し救國主張の實現を要求し、日本帝國主義を打倒し、民族解放の目的を貫徹するまでは、誓つて止まざることを諸君に斷言す。」と

第七部　太平洋政治闘争

第一章　太平洋の政治闘爭

約四百年前、スペインのバルボアがパナマの山上に立つて南西の大洋を眺め、マール・デル・スル、南の海と呼べる無限の海――その後、マゼランが帆船サン・アントニオ號に乘り、南米の南端を回航して、海波靜かなる大洋に出で、マール・パシフイコ、平和なる海と呼べる太平洋は、今や世界最大の政治闘爭の大洋たらんとする。

人類最古の海洋文化――ペルシヤ灣頭より、インド洋、地中海に、更に大西洋より、世界文明は、まさに太平洋に移行するを見る。

太平洋こそ、日、英、米の世界爭覇の中心たらんとする。こゝに始めて、世界は近代歐米文化主義より、眞の世界史的展開をもたらすを得るのであつた。

第一節　東西両民族の政治闘争

古代アジア大陸においては、初め、ウラル・アルタイ民族、東方アジア民族が、最も中心的民族であり、これが、西方より侵入せるインド・ゲルマン民族との闘争を始めた。古代メソポタミヤのスメール民族、最古インド文化のインダス地方民族、或は古代黄河文化を創造せる東方アジア民族、等は、すべてこのウラル・アルタイ民族に属するものであつた。これが更に、モンゴール、ツングース民族等に分肢したのであつた。

これ等の古代文化民族の地帯に、西方より未開なるアーリヤ民族が、侵略し来り、その文化を掠奪破壊し、しかもそれをすべて自らが創造せるかの如く称するに至つた。かくして彼等の神話が構成されたのであつた。

インドのリグ・ヴエダの文化はアーリヤ民族以前の文化の回想であり、ギリシヤ神話文化は、すべて他民族の文化的繼承にすぎない。かくてそれを熟知せる哲人アリストテレースは、アレキサンドロス王をして眞の文化の淵源たるアジアの世界に文化探求の遠征を決行せしめたのであつた。

なほ東洋古代文化において、東方の古代太平洋文化圈は、日本を中心として、すでに大なる發達を示し、それが、朝鮮を經て古代黃河地方、或は遠く南方の海を經て、インドにまで傳達されたのであつた。この東方文化圈の中にこそ、東方文化の最も重要なる儒敎或は佛敎の、創造の根源的先驗的聯關あるを、今や明確に研究、把握すべき時となつた。

こゝに太平洋文化圈の中心なる日本とアジア大陸文化との關係は、決して從來の如く、大陸よりの一方的移入、移植ではなくして、寧ろ、東方よりの大陸への影響、文化建設の指導が、日本の力によつて與へられたことを知らねばならない。古代日本の支那、及びインド古代文化に對する寄與は、今日までの歷史の上では、殆んど記述されないのであるが、それは大なる誤謬と認識不足であり、一般に本來インド的、或は支那的なるものとされる文化財の中には、驚くべき程の日本的なるものゝ影響あるを新しく認識すべきである。

この日本の古代文化、――皇道文化こそ支那において最も理想的のものとした王道の世界であり、それを力說する聖賢こそ、まさに日本的影響の下にある學者であつた。これを全く逆の關係において今日までの支那史が書かれてあるが、それは實に漢民族の排外獨善主義に外ならず、事實に反することの最も著しいものである。しかも舊來の日本史家は、眞の日本文化の本質を把捉せず、なほ世界史的認識なきために、日本文化を全く支那文化の影響下に隷屬せしめ、それを模倣、移植して、單に日本化せるものと解し、極めて日本文化の性格を消極化し、日支文化の相互的交流を全く認めず、專ら日本文化流入の點のみを見るのであつたが、それこそ驚くべき事實歪曲の甚しき謬見である。

例へば聖德太子の文化建設の御偉業に關し、それを佛敎の移入、或は支那文化の攝取の如く解するも、それは寧ろ日本古代文化、――皇道による佛敎、佛敎の文化統制であり、決して單に神道の否定にあらず、その偏狹なる舊るき排他的宗派の拒否であり、これにより佛敎、儒敎の日本的本質が再認識されたのであつた。その創唱の時代における古代日本文化的要素の再現であり、これこそ八紘一宇の眞の日本文化の根源、皇道の本質であつた。

かくして、この原理の下に、神佛儒の三大原理を皇道の下に綜合調和せる、大アジア協同態の指導原理とも云ふべき十七條憲法となり、また「三敎義疏」となり、また皇道による國史の編纂となり、この皇道宣布としての小野妹子の遣隋使となつた。しかも隋の煬帝は、それ以前の漢末の亂世を統一せるも、武力と驕奢によりて暴王となり、こゝに「日出ずる國の天子」は「日沒する國の皇帝」に書を致され、この眞の皇道による國家統治の大義を啓示せられたのであつた。この遣隋使は決して支那より文化を移入、模倣せんがためではなかつた。しかも隋は忽ち亡び、唐に至り、始めて數百年に亘る文化統治が行はれ、支那最高の文化が創造されたのは、實に遣唐使による日本文化の影響によるものであり、その「日本書紀」こそ、眞の國家統制の大道を示せるものであり、唐朝はむしろ日本の奈良朝の政治文化を模倣せるものが極めて多くあつた。この日本文化の踏襲によつて、かの唐代の國家統一が實行され、燦然たる盛唐の大文化が創造されたのである。その長安の世界的文化の中において、わが若き學者、安倍仲麿等が、いかに玄宗から信任され、唐代の第一の詩人、李白、杜甫、王維等より尊敬親愛せられたかを知るのである。

この東洋文化は、支那邊境を脅かせる匈奴が、漢朝と結婚政策による妥協のため、西方に對し進出し、四世紀以來、西歐ゲルマン民族の大移動となり、匈奴王アッチラが、五世紀に出で、遂に古代ローマ帝國を滅亡せしめた。かくて東洋中世國家を模して、西歐の中世的封建制が確立し、ゲルマン民族による神聖ローマ帝國の基礎を與へた。

これに次で第十二世紀、蒙古成吉思汗の大遠征となり、こゝに西歐の騎士制は破壞されて、近代國家の統一を形成する端緒を與へた。ロシアの勃興は、全く、蒙古のキプチャク汗國、イル汗國等の政治を繼承せるものであり、西歐近代文明は、西アジアのサラセン文化の直接的影響の下に發達し、その近代資本主義は、東方貿易による利益と、また植民地侵略と搾取の上に形成されたのであつた。かくて西洋の史的發展は常に東洋の影響下にあり、しかも近代西歐の侵略は、一切のものを植民地化し、征服せんとした。

ことにイギリスはインドを侵略し、更に支那を分割せんとするのであつた。

この世界史的情勢にあつて、遂に鎖國日本は、西歐侵略の事實を知るや、勃然として日本精神は發揮し、皇道の下に、全國民は一致結束、國難に抗せんとするのであつた。

黑船來るペルリの來航――こゝに世界史における太平洋時代が新しく開始されるのであつた。

第二章　イギリスの支那侵略

一六三七年、イギリスのジヨン・ウエツデルは四隻の艦隊を率ゐて澳門に來航、この時、沿岸の支那砲臺は英船を砲擊し、英人は遂に砲臺を奪取するに至る。かくて支那官憲に奪はれたる武器船舶を還附せしめ、同時に支那官憲をして互市の約を爲さしめた。

イギリスは廣東に通商を爲さんとしたが、當時ポルトガル人の獨占になつてゐたため、容易にそれは成功しなかつた。しかもイギリスは執拗に、東インド會社の力によつて廣東の一商館に權利を獲得し、一六八九年、卽ち露淸のネルチンスク條約締結の年、始めて公式に商船を派遣するを得た。が、愈〻英船の入港するや、廣東稅關事務官は巨額の賄賂を要求したため、これは成功しなかつた。

しかもイギリスはこれに屈せず、一七一五年、東インド會社は支那と正式の貿易を開始し、廣東に常住職員をもつて成る一商館を設立した。

かくて支那における英人侵略の歴史は、廣東商館の歴史に始まる。一七二〇年、廣東の商人等は洋行（外國協商組合）と呼ぶ一つの組合を組織した。その起源は康煕帝が一七〇二年、一種の指定商人を置き、それに外商の仲賣を命じたことにある。卽ち外人の記録には Co-hong の名をもつて呼ばれるものであり、この Co-hong とは Cong-hong（公行）卽ち公許された行商の略稱と思はれる。支那の國際貿易は、從來、指定商人牙行《カーハン》によつて行はれたものが多い。――公行は一時、外人の抗議によつて中止されたが、また直ちに復舊した。初めは十二人であり、後十三人となり、十三洋行と云はる。

廣東には粤海關、卽ち外人の謂ふ Hoppo（戸部）と稱する稅關があつた。それは中央政府の直轄であつた。廣東には總督があつて、地方の管轄權を有してゐたが、粤海關に對しては會同の權利を有するに過ぎない。これは政府が廣東の收入を重要視したためであつた。

外人に對し、廣東永住は許されなかつた。洋行は大抵三階の建物で階下は倉庫、支那人の事務室等であり、二階、三階は外人の使用となした。外人は廣東市街に入ることを禁止され、洋行を去る一哩程の花地《ファティ》に散策を許された。しかしそれは毎月三回に限り、なほ通事を伴はなければならなかつた。

一七五九年、總督李侍堯が、外人に種々の拘束を與へた。
一、外國軍艦は虎門水道に入るべからず
二、婦人は商館に連れ來るべからず、一切の武器を備置するを許さず
三、Co-hong は外人より負債すべからず
四、外國人は支那僕婢を使用すべからず
五、外國人は轎を使用すべからず
六、外國人は川上へ舟遊を試むべからず
七、外國人は請願書を提出するを得ず
八、Co-hong 所有の商館に住する外國人は行員の支配を受けざるべからず
九、通商期の過ぎたる外國商人等は廣東に在ることを禁ず
——なほ外國商人に對し强求稅にて壓したるも、この通商は益〻盛んとなつた。

十八世紀の末、一七九三年秋、英國大使マカトニー伯の一行は數隻の西洋型帆船に乘つて太沽沖に來り、支那ジャンクに乘換へ、その大旗に「英吉利朝貢」なる文字が鮮やかに示された。

清國皇帝は熱河離宮に避暑中にて、熱河に大使は赴く。清國は英使の對等の謁見を許さず、一般朝貢者の臣禮を要求された。かくて朝貢者の禮「叩頭」——三跪九叩頭が指定されたが、英使はこれを拒絶、——清帝は不快のまま謁見し、英の使命を一つも許さなかつた。

しかも大使歸るに當り、乾隆帝は、英國王への勅諭を賜ふとて二通の國書を、各漢文羅甸文に翻譯して使者に附與した。この冒頭に「爾國王、遠く重洋に在り、心を傾けて化に向ひ、特に慕しく表章を齎らし、海に航し來廷して萬壽を叩祝す」——として、全く外藩附屬國に與へられる勅諭文そのままであつた。

一八一六年、アムハースト卿、支那に來り、英商の束縛を解放せんとする要求をなさんとし、八月末、北京に來る。乾隆帝死し、嘉慶帝の二十一年であつた。アムハーストも臣禮を要求せられ、これに服せず、かくて大使一行は即時北京を退去し、歸國すべきを命ぜられ、やむなく悄然、廣東に歸らざるを得なかつた。

第三回の英支交渉は、廣東におけるロード・ナピール同權主張論となつて現はれた。——一八三三年、英國皇帝はナピールに對し、廣東通商における主務監督に任命した。更に三箇の勅令が發せられ第一は支那政府の希望を酌量し、在廣東の本國人を取締る權力を一時監督者に附與した。第二は刑事上及び海上管轄權の法廷を、廣東又は廣東に碇泊せる船中に設け、この主長は主務監督者これにあたる。第三は主務監督は廣東への輸入品に課税せしむることを得べしとした。たゞ第三のみは間もなく取消された。

一八三四年七月、ナピールは澳門に着し、その地に公使館を設立す。ナピールは直ちに廣東に來つたが、英國國書を公行員に通ぜず、直接廣東總督に渡さんとしたことに支英の衝突となり、ナピールに退去を命じた。英人側は英國皇帝に與へたる侮辱なりと憤り、しかも支那の總督は斷乎、英人に强制壓迫を加へた。

總督は直ちに斷然ボイコットを命じ、英國との通商を禁止した。支那人民にして英人に食用品を供給する者は死刑に處せられた。また英人以外の外人が英人に食用品を供給したるものあれば、之を罰すること尙ほ英人の如くすとの宣言を發した。ナピールはやむなく所屬の軍隊に廣東來航を命じた。英艦は支那の砲火を浴びつゝ虎門水道を强航して黃埔に來る。小守備隊は商館の所在地に入る。總督はこの報に接し、軍隊をもつて英國商館を包圍し、館の前面の河に集合せる武裝船は鎖や手錠を示して英人を脅かした。英人使用の支那人は既に悉く退去を命ぜられ、糧道は絶たれ、英人の生命は全く危殆に瀕した。

しかもナピールは九月上旬以來、マラリヤ熱に冒され遂に八隻の艇船に護衞せられ悄然として廣東より退却した。かくて通商禁止は解除せられたが、ナピールは十月初旬に、客死した。彼は廣東を去るに臨み、――「英國代表は支那軍隊の壓力により又英國人に與へられたる凌辱によりて、此の地を退却す。總督のかくの如き處置は、即ちこれ支那皇帝と等しく神聖なるべき英國皇帝の威嚴を毀損したるものなり。必ず欲するがまゝに勇敢なる行動を取れ、英國皇帝は必ず早晩、總督を罰する時が來らん」と。

ナピールの澳門に憤死するや、後任にデヴイスが主務監督に任ぜられた。彼はナピールの死をパーマーストーン卿に報告し、同時に支那における英國代表の執るべき政策を述べて――「支那側にありては此の上、更に事件の進行を爲すべき意向は無い。故に英國においても絶對に沈默の態度を執るべきが策を得たるものである」と。デヴイスは、さきに東インド會社にあつて、多年支那に來往し、當時支那語に精通せる外人中の屈指の人であつた。しかるに廣東の英商等は、この沈默政策に反對し、英帝に上奏して、何らかの積極的政策の採用せられんことを請願した。――この建白書において、初めは監督者等が支那當局者等に承認されなかつたこと、及び彼等がその政府によりて賦與せられた管轄地間に居住することを許可せられなかつたことを論じ、ナピールの受けし凌辱を憤り、英國民の蒙れる侵害の賠償を要求することの途の全く杜絶したことを陳上した。次に侮辱に對する沈默政策に關し英國の名譽を危殆ならしめ、英國の權力を疑はしむる程に、無力なる境遇に甘んずるが如き消極退嬰政策の不可を明示し、ナピールが談判を試むべき權力を有せざりしことを慨嘆した。——この强硬論に對し、デヴイスは支那を認識せざる無謀の建白書なりとして肯定せず、しかもデヴイスは、在支英人の排斥により、辭職するに至つた。これは明かに英人の支那侵略の不可を知れるデヴイスの憤懣によるのであつた。

一八三七年、チャールス・エリオットが主務監督官となるや、從來の沈默政策を排し、總督宛に書面を送り、支那における英國主務長官たるの地位に任ぜられたるを報じ、廣東に入るべき旅行免許狀（紅牌）を請求した。諭文によつて裁可され、彼は廣東に來り、種〻接衝して、國交の調整に努力を示した。

第一節 阿片問題

阿片は支那の最大の癌であつた。その支那への輸入は唐の時代に始る。徳宗の貞元年間、すでにアラビア人が阿片の原料たる罌粟を輸入した。

唐代の詩人には罌粟の花の事が美しく表現せられ、更にその種子が醫藥に用ひらるゝに至つたのは北宋の初年に成つた開寶本草に記錄せられてゐる。阿片の語はアラビア語のアフヤンから轉訛したもので、上代支那人は阿夫蓉と稱した。アラビア阿片が支那に輸入せられたのは、一は陸路回敎徒により、中央アジアより支那本部の西北に向ひ、二は海路にて廣東に入り、三はビルマより雲南地方に送られた。この時代は主として藥用として一般の弊害を殆んど示さなかつたが、明代に至り輸入益〻盛んとなり、ポルトガル人により大なる輸入がなされ、更に英人の手によつて阿片が移入さるゝ時代には、阿片喫飲の惡習が一般人民の生活、肉體を腐蝕し、甚しき頽廢を示すに至つた。

かくて清朝の雍正七年には勅令をもつて阿片吸飲を禁止するのであつた。一八三四年、イギリス東インド會社の專賣權は終止したのであつたが、阿片の輸入は却つて大いに發展するのみであつた。

初め阿片吸飲は、海港場または市場の處に煙館と稱する喫煙の場所があつたが、やがて、あらゆる家庭、社會にも侵入し、官吏、兵士、婦女、僧侶等、一切の階級に惡風は及び、阿片の輸入のみで滿足せず、民間にて自ら罌粟の栽培を始めるに至つた。かくて支那の官吏、商人等、は外商の阿片を大いに援助した。たとへ、嘉慶五年以來、阿片は絕對禁止品と指定せられたが、しかし、それは何らの實効なく、禁止されるに從ひ、益〻密貿易は盛んとなるのであつた。

外商等の船舶は先づ澳門に達し、そこに積載の阿片を陸揚し、阿片貯藏の倉庫があり、陸揚地にて支那人に賣渡される。また廣東に密輸入するものは、澳門より戈艇に積み、河を遡り黃埔に至り船側より支那人に與へる。支那商人は官吏と密約して、密商監視艇が航行するも何ら發見の危險はない。外人は阿片の代價として銀を得、それ以後何の煩累もなかつた。

しかるに道光九年、澳門の支那官憲と總督側とに阿片課稅のことに關し衝突が生じた。禁止品と課稅とは、全く不合理なることであるが、このため外人は澳門の阿片倉庫を撤廢せざるを得なくなつた。かくて彼等は廣東河の沖にある一孤島伶竹島に移り、根據地となした。これは何ら阿片禁止とはならず、英人等は依然として、その島より阿片を黄埔に密輸入した。

一英人の記録によれば、船より出された阿片は箱より出して蓆製の袋に包まれ、五六十人の武装した船に積まれ、白晝公然と、附近を航行する監視艇の傍にて行はれた。これは全く商人と官憲との密契によるものであつた。今や阿片輸入は、五千箱より更に一萬箱に激増した。これが阿片問題史上の所謂「倫丁期」(Lingting Period) と稱する時代である。

しかも一八三六年以來、俄かに支那官憲の監視が嚴格となつた。この原因は、倫丁期以來、阿片輸入數は三萬箱にも達し、その代價は殆んど紋銀、即ち支那銀にて支拂はれ、初めは流出銀は數百萬兩にすぎなかつたが、やがて三千萬兩に增加し、道光十八年には、それを超過し、支那内地の銀の暴騰を結果した。もとは銀一兩につき剩銭七八百文であつたが、千二三百萬に昂騰するに至つた。政府は、かくして紋銀の輸出を嚴禁した。しかも支那の銀は依然として流出し、これを「漏巵」と稱した。支那財政は致命的打擊を蒙り、また人民の風習は全く頽廢した。巨利を獲たるイギリスの商人ば、益〻その貪婪を逞くし、支那の社會的破綻を深刻化するのであつた。

支那政府はこの危機に際し、淸廉の政治家、湖廣總督林則徐に、廣東差遣を命じ、この禁制を嚴に取締らんとした。

林則徐は、一八三九年三月十日、着任、阿片貿易の實情を調査し、その內密の事情を探知し、先づ支那商人中の煙業者を捕へて、外國商館の前にて誅戮し、決然たる態度を示し、英人を警告した。更に英商に命じ、三日以內を限り、その所藏の阿片を盡く提出せしめたが、これに應ぜず、こゝに彼は激怒して、直ちに吏卒に命じて商館を襲撃せしめた。英人は恐れ、止むなく阿片一千三百十七函を出したがしかもそれが全部で無きことを知り、英領事以下を捕へて叱責し、その船舶を奪ひ、糧食を絶つて、その年來の不正、不義を難詰し、英の奸商今や一言も無く、阿片二萬二千八十三函を出し、罪を謝した。かくて英人を釋放し、沒收せる阿片は、外人に知らせるため、虎門海岸に三大方塘を作り阿片を投入れ、海水を引いて、その後に石灰をかけて海に流した。この作業は實に凡そ一ヶ月を要した。このため英人等は不快げに廣東を去り、一時、黃埔に三百艘も來れる商船は、僅か二十餘艘に減じたと云はれる程に、阿片の密輸入があつた。

實にイギリスの非人道的なる功利主義は、遺憾なく暴露せられ、また支那の對英强硬政策は、餘りにも當然のことであつた。

第二節　阿片戰爭

林則徐が阿片を燒棄したと云ふ報告が、北京に達するや、政府の禁煙政策は益〻積極的となり、新例三十九條が發布せられた。——阿片貯藏者は固より罌粟栽培者に至るまで、重きは絞罪を適用した。喫煙者には一ヶ月の猶豫を與へ、なほ改悛せざるものには官民を問はず絞罪に處するを命じた。

しかも廣東における阿片輸入は、道光十九年には、三萬箱に近く、また支那內地の阿片栽培も大いに發達し、阿片を取扱つて生活する者極めて多數であり、それがこの新例の厲行のため、一時に失業し、また阿片喫煙者は慢性となり癮といふ痼疾に陷り、この阿片禁止のため、遂に死する外はなかつた。政府は一切の犧牲を物ともせず、新令を斷行、林則徐の建言により、外人にして阿片を密輸入せる者は斬絞二種の死刑を與ふることを、外人に布告した。

英人は大いにこれに反抗せんとし或は威嚇をなし、種々の姦計を弄せるを知るや林則徐は、斷然、香港及び澳門にある英船に食糧供給を禁じ、更に澳門より英人を放逐し、更に布告を發して、これによつて英人は命令を蔑視する强情にして、倨傲なるものとして懲罰すべきものと宣せられ、沿海地方の人民に召集令を下した。

――「協議することあれば集合すべし。武器を購ひ兵器を求め、汝等村民の强健なるものに與へ、自衞の道を講ぜよ。もし前述の外國人にして海岸において紛擾を起さんとするが如きことあらば村民たるもの宜しく彼等に發砲し、之に抵抗し之を擊退するか又は捕虜とすべし。彼等は數に於て少なれば、到底汝等多數の者に抵抗し得ざるなり。尙ほ又彼等が上陸して泉より水を汲ひ去るが如き場合に於ても其の道を遮り以て其の飲用水を自由に得しむることあるべからず。されど前述外人が海岸に赴かざる以上は敢て自ら進みて其の船に近づき艇を襲ひ又は其の他の處置によつて騷擾を釀すが如きことあるべからず。此の禁を犯すときは刑却つて汝等に與へらるゝものと知れ」と。

この强硬なる命令を發したるは、すでに英艦が盛んに廣東灣に示威の砲擊をなしたためであつた。同日、他の布告にて英船の水先案内を禁じた。もしこれに從はずして水先案内者を雇用する場合にはその雇用者は直ちに斬殺せられ埠頭にて其の首を曝さるべきを以てした。

林則徐は更に、阿片の通商に從事した船舶、特にこの春、阿片を引渡した船は悉く直ちに支那海を去れと、要求した。――エリオットはこれに對して、船中に阿片を有してゐるものは悉く支那海を去らしむるが、香港以外にある船舶に對しては、何らの權力を有しない故に、若し不法な船舶あるも保護を與へないのみであると答へた。

この時、英船は、契約書を出して通商に入らんとしたが、エリオットは、これに反對して、先づ本國の訓令を待つべしと云つた。なほ新例の規定する刑は、目擊證據審問によることなくして執行し、なほ契約書に調印せざる者にも適用さるゝものであるためエリオットは、この契約に賛することに反對した。

しかも英國政府は、阿片貿易が人道上より甚だ好ましからざることを知るも、決してそれを止むることを爲さなかつた。澳門を逐はれた英人の一行、凡そ五六十家族が、香港の對岸尖沙嘴に一時、定着するや、英國は不法にも二隻の軍艦を派して九龍を砲擊するのであつた。

エリオットはあくまでも支那に暴力をもつて挑戰せんとした。林則徐は、努めて英國と戰爭することを避け、敢てこれに應戰しなかつた。英艦の砲擊は、連續的に行はれ、遂に一八三九年十一月三日午前中、二十九隻の支那武裝ジャンクと衝突、英艦の損害少く、支那ジャンクは四隻沈沒し、その他は多大の損害を受けて逃亡した。こゝに阿片戰爭は英國の挑戰によつて開始されたのである。

英國政府の軍事豫算は、甚しき議論對立の後、一八四〇年四月、議會にて可決せられた。しかもこれに至るまで、幾多の困難があつた。エリオットの支那に對する壓迫的な態度に對しては英國政府部内及び議會において種々論難せられた。が、功利的なるイギリスは、あくまでも支那侵略を決行せんとする。

インド總督は命を受けて、インド喜望峰の駐屯兵一萬五千をジョージ・エリオット（チャールス・エリオットの甥）及びブレマー司令官に與へ、艦隊は六月末、澳門に集結、廣東を封鎖し直ちに北進して澳門を陷れ、定海を攻略した。英艦が廣東を攻撃しなかつたのは、林則徐の虎門砲臺が堅固なるためと、一つには一擧に北上して敵の中樞を打たんとするのであつた。支那沿岸の地方官吏及び將兵は、英艦の砲撃に何ら抵抗し得ずして破れ、しかも自らの責任を逃れんため、林則徐の態度を非難しその誤れる政策を種々揑造して、北京政府に報じた。こゝに政府の方針は確定せず、政府は密かに兩江總督伊里布を浙江に派し、英人の情勢を探査し、また林則徐を詰問した。

定海を占領した提督ブレマー及びエリオットは、守備兵をとゞめ、更に北進して八月十五日、白河より天津に進航し、英國政府の要求六ケ條を强壓的に直隷總督琦善に提出した。

一、阿片代價の償却

二、廣州、厦門、福州、定海、上海の開港
三、兩國對等の禮を用ふること
四、軍費の賠償
五、英艦に阿片を來帶するものあるをもつて居留英商を煩はすを得ず
六、Co-hong より受くる不當出費の撤去

しかもこの要求を爲すに、イギリス人は飽までも威嚇的であつた。――大砲百八十門を備ふる軍艦五隻と一隻の汽船とが直隷灣に堂々たる姿を現はし、七十四門を有する一隻は定海にて擱坐し引卸しに着手し、三十八門を有する二隻は揚子江の封鎖をなし、四十六門を有する二隻は寧波の封鎖をなし七十四門の一隻は厦門の封鎖、百二門を有する四隻及び汽船一隻は、廣東江口を封鎖する情勢にあつた。

この英國の海上權の掌握は、清國政府を脅かし、英國全權の上陸して親しく談判すべきを求めた。エリオットは上陸し、敬意をもつて迎へられ種々論議を交し、一先づ白河を去つて定海に歸つた。

しかも硬骨の士林則徐は兩廣總督を免ぜられ、哀はれにも留粤聽勘に貶せられた。かくて英軍は欽差大臣伊里布と休戰を約定した。政府は琦善を欽差大臣として和平を結ばんため廣東に派した。彼は

林則徐の强硬政策を排し、廣東の防備を撤し、水師を去り、壯丁を解散して、英人をして和議の條件を輕減せしめんと企てた。しかもその消極政策は益〻英國をして尊大ならしめたのみであつた。清國は、廣東開港を承諾せず、たゞ阿片代價七百萬弗を償還するを認めたが、英國は聲色甚だ嚴しく先きの六ヶ條の外、更に香港割讓を新しく提出した。いかにイギリスの相手の弱きと見るや、益〻苛酷、强硬となるかを、明かに示すものである。琦善は、今さらに驚いた。談判は香港割讓のことに關し決裂、――戰鬪は再び開始せられた。提督ブリマーは、翌一八四一年一月七日、虎門外の沙角大角の兩砲臺を攻略、奪取した。

遂に琦善は和議を再開し、翌八日、假條約は調印せられた。

第一、香港の港及び島は英帝國に讓與す。商業上支那に支拂ふべき正當の諸稅は通商が黃埔に於て行はれし時の如く此の地に於ても亦然りとす

第二、六百萬弗の償金英政府に支拂はるべきこと、內一時拂一百萬弗、他は等しき年賦に於て一八四六年迄に支拂はるべきこと

第三、兩國の間に於て公事上の直接交際は同等の資格においてあるべきこと

第四、廣東港の通商は支那の新春十日以內において開かるべきこと、而して更に進んで協定が植

民に就いて行はるべき迄は黄埔に於て貿易をなすこと

今や英國は怖るべき侵略の本性を暴露し、早くも香港を自國領となし、家屋、埠頭を多數に建造し始めた。しかも更に驚くべきことに英國政府は、この苛酷にすぎる假條約をさへ、寛大に過ぎるものと否認し來つた。

琦善は、一時、香港割譲を隱蔽して上聞に達しなかつたが、愈〻眞相が明かとなるや、支那政府は割讓に異議を唱へ、また一般輿論は囂々として反對、條約締結を喜ばず、戰備を大いに整へ、再び宣戰の詔を下し、將軍奕山、提督楊芳、參賛隆文を廣東に派し、琦善の官爵を褫奪した。

英軍は直ちに廣東を攻擊、虎門砲臺を攻略、楊芳が湖南軍を率ゐ、進み來つた時には、すでに遲かつた。しかもイギリスの支那に對する態度は、あまりにも不合理であり、一般の他の外國人も、英人に大なる反感を抱いた。米佛兩國は支那に同情して洋行を通じて調停を申入れた。北京政府は主戰論盛んにてこれを認めず、しかも林則徐は、排英長期戰を主張した。かくて將軍奕山に持久戰の作戰を精細に與へた。しかも林が浙江に去るや奕山は、左右の言に誤まられ、夜襲により一擊の下に敵艦隊を擊滅せんとしたが、却つてこれは失敗し、敵を廣東に進擊せしめた。五月二十一日英軍は廣東に上陸し、城の西北山頂の四方砲臺を奪取、それに砲列を布き、廣東を一撃、砲擊せんとした。

今や奕山は、やむなく、廣州知事余知純をして休戰條約を結ばしめた。

一、奕山、隆文、及び楊芳の三名及び廣東所屬軍隊以外の者は悉く六日以內に市を去り、六十哩以上の地に赴くべきこと

二、英帝の爲め六百萬弗を一週間以內に支拂ふべきこと、內一百萬弗は二十七日の日沒前に支拂ふべきこと

三、償金悉く支拂はれし時にありては、英軍は虎門水道を棄てゝ退くべきこと、而して河の內部を始め、其の他一切の堡壘地は還附せらるべきも、此の事件の兩國民の間に落着せざる間は再び此等を武裝すべからざること

四、商館の破壞及び、スペイン二檣船ビルベノ號の破壞に對する賠償を爲すこと

五、廣州府知事(談判者)は前記三名、總督、滿洲將軍及び知事の連署によりて十分なる權能を生ずること

なほ香港問題は未だ決定しなかつた。しかも和平條約交換の時に、三元里の支那人が憤激の餘り、英人を包圍した事件が突發した。これは、英軍は休戰條約が交換されるや、支那官憲が巨額の償金を

市民より徵發しつゝある時、傲然と市中を遊歩し、それのみか甚しき荒淫掠奪を肆まにしたのであつた。また廣東市外に近い村落、三元里において、英兵はその村婦を辱しめた。これを聞くや里民は大いに憤激し、水兵等を包圍した。怒れる村民は數萬に達し、平英團といふ旗を立て、退却中の英兵を大いに苦しめた。この事件の原因は、明かに英兵の憎むべき罪行にあつた。三元里の村民は、英兵の非道に耐へ難い憤怒を感じ、この擧に出でたのであつた。

しかも奕山等の北京に對する報告は、全く虛僞に滿ち、單に通商の許可を與へたこと、及び十三洋行の負債を淸算したとして、何ら償金のことを報じなかつた。

北京政府は、それを信じ、林則徐を伊犁に流謫するに至つた。

英國は、未だ、何ら北京政府の承認することなき香港を、自由港とし、我が領となし、香港行政廳を立て、新法令を出し、ウイリアム・ケーンが、その取締長となつた。

しかも英國は、新たに九隻の軍艦と二十餘隻の運送船に兵三千五百を乘せて派遣した。八月二十六日、厦門を奪取、十月一日には定海、同十三日には寧波を攻略した。

更に翌一八四二年、乍浦は激戰の後、五月十八日に陷落、なほ英船は長江に進み、六月十六日、吳淞、十九日には上海を占領した。今や英軍の勢、愈〻强大となり、福山、江陰の諸砲臺を奪取し、七月十五日、鎮江に達した。しかも八月四日には、南京城外に迫り、九日それを包圍した。

遂に支那は力屈し、道光二十二年七月二十七日、一八四二年八月二十九日、南京條約が締結された。調印はポティンガー全權大使の乘れるコンウォーリス號の一室であつた。

一、英清兩國は將來永久に平和を維持すべし

二、清國政府は軍費として一千二百萬弗、英商に對する負債償却として三百萬弗、阿片賠償として六百萬弗、總計二千一百萬弗を一八四五年末迄に英國政府に支拂ふべし

三、廣東、福州、厦門、寧波、上海の五港を開き、英人の通商及び居住を許し、濫りに關稅を課すべからず

四、香港の主權を英國に讓渡すべし

五、將來兩國間の往復文書は對等の稱を用ふべし

――かくしてイギリスの支那侵略の魔手は恐るべき獲物を握つた。これにより支那の腐敗せる内情が暴露せられ、歐米の支那分割、植民地化の行動が俄かに大となつた。

今や支那は屈辱的媾和をなし、阿片問題は何ら改むるなく、阿片毒は益〻支那人を頽廢せしめた。しかもその罪の最大なるものは、實に非人道的なるイギリスの惡辣なる侵略政策であつた。

第三節　アロー號事件

不法なるイギリスの侵略政策は、清國人の大なる反感を生じ、兩國間の對立を益〻險惡ならしめた。

時に一八五六年十月八日、アロー號と稱する支那船は、イギリスの國旗を掲げ、英人二人、清人十二人乘組み廈門より廣東へ貿易のために來る。清國の官吏は、四十人の部下を率ゐてアロー號に入りその支那人を捕へて廣東の獄に送り、アロー號の檣頭にひるがへれる英國旗を撤去せしめた。船主たる英人は、これを在廣東の英領事パークスに報じた。

かくてパークスは、一八四三年、南京條約補遺の第九條――「英國の主權內に入りたる清國の罪人は英國官吏の手より清國官吏に交附すべし」とあるを引用し、十二人を返還せんことを總督葉名琛に强要す。葉はこれに對して「アロー號は清國船であつて英國船にあらず。清國の海賊が恣に英國旗を掲げて航海したるものなり。海賊が清船中に潜匿してゐる時、清國官吏が、これを捕ふるは固より當然なり」と主張した。アロー號は、もと清船であつたが、一時、英國の登記を受けて其の船籍に入つたものであつたが、當日は登記の期限滿了して殆んど十日を經てゐるものであつた。故に清國官吏の主張は正當であつたが、しかもパークスは、頑强に抗辯して「それは航海中に思はず日子を經過したるもので不可抗力である、且つその持主が英人で英國の國旗を掲げてゐる以上、英船であるから、總督は直ちに十二人の者を返還すべし」と論じた。香港の英國貿易監督官サー・ジョン・ボウリングはこの論爭には勝ち得ざるを知るや、不法にも最後の通牒を總督に送り、――二十四時間以内に事情を辯明し、乘組員を船中に返すべきを以てし、期限を過ぐれば、談判決裂と認むと急報した。

この暴慢なる態度に、總督は何ら返答せず、十二人の者は一旦、英國領事に返還した。

しかもこの事件の報告が、英國政府に達するやパーマーストーン内閣は、また支那遠征費を議會に提出、上院に於ては、ダービー、リンダースト卿等、下院では、コブデン、ヂスレリー、ラッセル、グラッドストーン、ソールスベリー、キブソン、等の政治家は、あくまで反對した。下院では、非戰論が十七票の多數を占めながら、政府は直ちに議會を解散、總選擧を行ひ、遂に政府黨多數を獲得した。たまたま佛國宣敎師シャブドレーヌなる者、廣西の一官吏のために殺害され、フランス皇帝ナポレオン三世は、海外に國威を揚げ、民心を收得せんとし、英國と聯合して、兵を支那に送つた。英國は海軍少將シーマーを總督に、フランスは海軍少將リユール・ド・ゲヌウヰーを總督となし、本國及びベンガルの兵をもつて支援せしめ、一八五七年十二月二十八日、兩軍相合して廣東を攻擊し、翌二十九日、これを陷落せしめた。——實に英佛の態度は言語同斷の侵略的暴力行動であつた。

ここに英國全權公使エルジン、佛國グロー、米國リード、ロシアのプーチヤチン等連署して、此の事件を辨理せんとし、かくて委員を選び上海に派遣せよと要求したが、淸廷は斷乎、これに反對。英佛聯合軍は北上して一擧、白河の砲臺を陷落せしめ、天津に進む。かくて淸廷は力屈し、和を乞ひ、大學士桂良及び尙書花沙納の二人が全權として天津に到り、談判をなし、一八五六年六月二十六日、條約成立した。

一、英佛兩國は少くも或る特別の時機において北京に公使を在留せしむべく淸國も亦ロンドン、パリに公使を在留せしむべきこと

二、淸國政府はキリスト敎の布敎を許すべきこと

三、淸國政府は英佛二國の商船の國內諸河に入り來るを許し、且つ二國人民の淸國內地に入り來るを許すべきこと

四、さきに開港場としたる廣東、福州、厦門、寧波、上海の五港の外、更に牛莊、登州、臺灣、潮州、瓊州の五港を開くべきこと

五、清國は償金として英佛二國へ夫々二百萬兩を出すべきこと

六、清國には凡てヨーロッパ人を蠻夷と稱すべからざること

――これ等の條約が批准交換となるや、清廷は再び强硬に反對し、こゝに戰爭が再開された。聯合軍は强力にて、忽ち太沽を奪ひ、天津を拔き、一擧、北京を占領、咸豐帝は、熱河に蒙塵し、圓明園を燒棄した。

この悲慘な敗北の後に、北京條約が結ばれた。

一、さきに英國公使エルヂン伯と清國大臣桂良及び花沙納と天津において定めた條約は、今回の補償條約において改正したる條欵を除く外のすべてを實行すべきこと

二、清國政府はキリスト敎を許すこと

三、清國政府は英船が國内諸河に入り來るを許し且つ英國人民の清國内地へ入り來るを許すべきこと

四、さきに開きたる廣東、福州、厦門、寧波、上海の五港の外、他に牛莊、登州、臺灣、潮州、

瓊州の五港を開くこと

五、天津の海口をも通商の地と定め、英國人民一般に同地に在留して互市を營むを許し、他の開港場と全く同じからしむべきこと

六、さきに英國領事の借地たりし九龍の一部を租借地の名の下に英國に讓與し長く香港の城內として英國の管轄たらしむべきこと

七、さきに西紀一五五八年六月二十六日に結びし條約において定めたる、淸國より英國へ二百萬兩の償金を出すべきの件を廢し、更に淸國より出すべき償金の額を八百萬兩と定め、而して其の內、五十萬兩は十月十九日より天津に於て拂ひ、三十三萬三千三百三十三兩は同二十日より廣東に於て拂ひ、其の餘は各開港場の稅關へ納むべき稅金の內にて四分の一を出すべきこと。但し此の八百萬兩中の三百萬兩は廣東在留英商の被りたる損失を償ふの費に充て六百萬兩は軍費に充つべきこと

八、英軍の舟山島に占據せるものは、淸國皇帝より條約實行の旨を全國に布令し、之を刊行せしむるの日を待つて其の地を引揚ぐべく、又北京以外に在陣せる英國の大軍は、償金の一部の交附すでに了れるを以て、天津を撤して太沽の城塞及び山東省の北海廣東等に駐在せる諸軍と同

時に本國に歸還すべきこと、但し英國女皇の勅令によりては其の以前に歸還することあるべし――これ等の交渉において、ロシア公使イグナチエーフが巧みに調停し、ロシアの北京條約締結となつた。それは英軍の舟山島よりの撤兵をなさしめた報酬であると云はれる。

アロー號事件以後、二十年を經て、マーガリー殺害事件が起きた。

これは雲南における狀態視察のため、インド政府より探検隊を派遣し、視察員マーガリーが支那軍のために殺害されたのであつた。この邊境の地で、外國人に接したことのない支那防備兵が、武裝せる英人一隊を抑止したのは當然であつた。

英國はこれを機會に苛酷極まる要求を出し、清國はこれを拒否するを得ず、一八七六年九月の芝罘條約となつた。

一、被害者に賠償金を支拂ふこと

二、宜昌、蕪湖、重慶、溫州、北海等を開港

三、西藏探檢隊を保護すること

この後、英國のビルマ侵入は積極的となり、これまで毎年一回ビルマは支那に朝貢したが、一八八六年の條約にて十年一貢となり、その國土は殆んど英領と化した。

第三章　日英同盟

日清戰爭後、日本の大陸進出を抑壓するため三國干涉がなされ、英國は老獪にも背後にあつて、それを使嗾したが、しかもロシアは巧みに清廷と親近し、滿洲を事實上占領し、またインド、ペルシヤ等に對しても積極的進出をなさんとした。なほドイツは、世界政策上、全面的にイギリスと對立するに至り、こゝに全くの功利的打算的見地から、一九〇二年一月三十日をもつて、日英同盟を成立せしめた。

當時の日本は、未だ所謂「世界的日本」たらしむることに汲々とし、イギリスが永年の「光榮ある孤立」を棄てゝ、有色人種の、非キリスト教國たる日本と同盟せることを、甚だ大なる日本の誇りと考へたのであつた。しかもイギリスの打算的外交は、新しき强力なる日本を、全くイギリスの半植民地文化國たらしめ、これによつて支那、インドのロシア進出を抑制する忠實なる番犬たらしめんとするのであつた。こゝに第一回の日英同盟は、日露戰爭を直前にして締結せられたのであつた。

第一條　兩締約國は相互に淸國及韓國の獨立を承認したるを以て該二國何れに於ても、全然、侵略的趨向に制せらるゝ事なきを聲明す。然れども兩締結國の特別なる利益に鑑み即ち其利益たる大不列顚國に取りては主として淸國に對し、又日本國に取りては其の淸國に於てする利益に加ふるに韓國に於ては政治上並に商業上及工業上格段の利益を有するを以て兩締約國は若し右利益にして別國の侵略的行動に因り若くは淸國又は韓國に於て兩締約國孰れか其臣民の生命及び財產を保護する爲め、干涉を要すべき騷擾の發生に因りて侵略せられたる場合には兩締約國何れも該利益を擁護する爲め必要缺くべからざる措置を執り得べきことを承認す

第二條　若し日本國又は大不列顚國の一方が上記の各自の利益を保護する上に於て別國と戰端を開くに至りたる時は、他の一方の締約國は嚴正中立を守り併せて其の同盟國に對して他國が交戰に加はるを妨ぐるに努むべし

第三條　上記の場合に於て若し他の一國又は數國が該同盟國に對し交戰に加はる時は、他の締約國は來りて援助を與へ協同戰鬪に當るべし、媾和も亦該同盟國と相互合意の上に之を爲すべし、

第四條　兩締約國は孰れも他の一方と協議を經ずして、他國と上記の利益を害する制約を爲さざるべきことを約定す

第五條　日本國若しくは大不列顚國に於て上記の利益が危殆に迫れりと認むる時は兩國政府は相互に充分に且隔意なく通告すべし

第六條　本協約は調印の日より直ちに實施し該期日より五ヶ年間効力を有するものとす、若し五ヶ年の終了に至る十二ヶ月前に締約國の孰れよりも本協約を廢棄するの意思を通告せざる時は本協約は締約國の一方が廢棄の意思を表示したる當日より一ヶ年の終了に至る迄は引き續き効力を有するものとす、然れども右終了期日に至り同盟國の一方が現に交戰中なる時は、本同盟は媾和終了に至る迄當然繼續する者とす

この日英接近に對し、三月二十日、露佛は共同宣言を發した。

――「露佛兩國の同盟政府は極東における現狀及び全局の平和を保持するの目的を以て淸韓兩國領土の保全及び商業上門戶の開放を基礎とし、一九〇二年一月三十日を以て締結せられたる日英協約の通牒を受け、露佛兩國政府が累次發表せる諸原則の該協約に依りて確保せられたるに對し、充分なる滿足を以て之を喜ぶ。然れども露佛兩國政府は前題の諸原則を尊重すると同時に極東に於ける

兩國特殊利益の保障なるを信じ、第三國の侵入ある場合、若しくは淸國內亂の新に發生し其の保全及び自由發達を危くし且つ露佛兩國の利益を不安ならしむる場合に於ては兩國政府は右の利益を保護するの意を玆に保留す

かくしてアジアにおける、日英對露佛の對立は、ここに尖銳化し、遂に日露戰爭の勃發となつた。この時、イギリスの日本援助は、フランスのロシア援助に比し、甚しく微弱にして、消極的なるものであつた。イギリスは始め、日本がロシアに敗れし場合を豫測し、何ら戰爭に直接援助せず、しかも日本の陸海兩軍が、世人の一切の豫想を裏切つて連戰連勝するや、イギリスは日本の國力を更に利用せんとして、日露媾和條約の調印に先立つこと二十日、一九〇五年八月十二日、ロンドンにて、より廣範圍に亘る協約が新しく締結された。

日本國政府及大不列顚政府は一九〇二年一月三十日兩國政府間に締約せる協約に代ふるに新約款を以てせむことを希望し

イ、東亞及印度の地域に於ける全局の平和を確保すること

ロ、清帝國の獨立及び領土保全並びに清國に於ける列國の商工業に對する機會均等主義を確實にし以て清國に於ける列國の共通利益を保持すること

ハ、東亞及印度の地域に於ける兩締約國の領土權を保持し並びに該地域に於ける兩締盟國特殊の利益を防護する事を目的とする左の各條を約定せり

第一條　日本國又は大不列顚國に於て本協約前文に記述せる權利及利益の中何れか危殆に迫るものある時は兩國政府は相互に充分に且つ隔意なく通告し、其の侵迫せられたる權利又は利益を援護せんが爲に執るべき措置を協同に考量すべし

第二條　締約國の一方が挑發することなくして一國若くは數國より攻撃を受けたるに因り、又は一國若くは數國の侵略的行動に因り、該締盟國に於て本協約前文に記述せる其の領土權又は特殊利益を防護せむがため交戰するに至りたる時は、前記の攻撃又は侵略的行動が何れの地に於て發生するを問はず他の一方の締盟國は直ちに來りて其の同盟國に援助を與へ協同戰鬪に當り媾和も亦雙方合意の上に於て之を爲すべし

第三條　日本國は韓國に於て政治上軍事上及經濟上の卓絕なる利益を有するを以て大不列顚國は日本國が該利益を擁護增進せむが爲の正當必要と認むる指導監理及保護の措置を韓國に於て執る

の權利を承認す、但し該措置は常に列國の商工業に對する機會均等主義に反せざること

第四條　大不列顛國は印度國境の安全に繋る一切の事項に關し特殊利益を有するを以て日本國は前記國境の附近に於て大不列顛國が其の印度領地を擁護せんが爲め必要と認むる措置を執るの權利を有す

第五條　現時の日露戰爭に對しては大不列顛國は引續き嚴正中立を維持し若し他の一國若くは數國が日本國に對し交戰に加はる時は大不列顛國は來りて日本國に助を與へ協同戰鬪に當り媾和も亦雙方合意の上に於て之を爲すべし

しかもこの日英同盟は、日本に對しては、その負擔甚だ重く、歐洲大戰に際しては、その盟邦のために多大の支援をなし、遂にドイツをして戰敗せしめたのであつた。もし、日本にして、あの時にドイツに加擔せざるまでも嚴正中立を守りたるならば、ドイツは海洋を封鎖されず、必ずや勝利を獲たるを推測し得るを見れば、日本こそ、實にドイツを敗りし最大の力であつた。

この好誼にも拘らず、大戰が終るや、イギリスは戰債のためアメリカに甘言を弄し、さらに英米共力して日本を抑壓せんとし、こゝに冷然と二十年來の日英同盟を一片の紙屑の如く破棄し、日米間の

危險生ずるや、却つて日本を棄て米國に加擔せんとするのであつた。かくて國際聯盟、四ヶ國條約、九ヶ國條約等によつて、日英同盟條約が不用となつたとして、日本の友誼を無視して廢棄したのであつた。

第四章　アメリカの太平洋政策

アメリカ合衆國が始めて帆船エムプレス・オブ・チャイナ號を支那に出したのは一七八四年であつたが、それ以後、兩國間の關係は大なる進展を示さず、一八四〇年、イギリスは阿片戰爭を始め、四二年南京條約を結び、最惠國條約により、他國もこれに約定し、ベルギー、オランダ、プロシヤ、スペイン、ポルトガルは領事を廣東に出し、アメリカとフランスとは特に公使を北京に出すこととなつた。アメリカ初代公使はカレッブ・カッシングであり、一八八四年、カッシング條約を結び、始めてアメリカは支那の條約國となつた。

アメリカは太平洋に大なる關心を示し、太平洋上の平和な樂園とも云ふべきハワイ群島の領有を企てた。ハワイにあつては、白檀伐採と捕鯨とが主要なる產業であり、酋長カメハメハ王が、最も有力なる主長であつた。イギリスのヴアンクーバー大佐は數度、ハワイに來航し、一七九四年これをイギリスの保護國たらしめんとした。しかも時に、フランス革命ありて、イギリスは海外に力を注ぐを得ず、遂にハワイを放棄するに至つた。これに次で一八二〇年、アメリカ人ジョン・シー・ジョンスが公式にハワイと交渉を結んだ。なほ一八二六年、ハワイ政府はアメリカ政府と通商條約を締結した。しかもこの條約は、アメリカが、其の後二十年にして支那、三十年にして日本に締約せる治外法權を飽くまで固持したものとは異り、むしろ對等のものであつた。

アメリカは一八四六年、カリフオルニア州、同六七年アラスカ州を併合するや、アジアとの關係は益〻濃厚となつた。しかもアラスカの大金鑛の發見は、所謂ゴールドラッシュの時代を出現し、歐亞の勞働者は金鑛を目的に潮の如く殺到した。なほ支那にあつては、長髮賊の亂あり、滿人の漢人壓迫等にて「苦力貿易」が始められた。その名義は、南部支那より勞働者を集め、年期勞働の契約にてペルー、キューバ等の諸國に移送されたが、これは全く奴隷賣買であつた。苦力はポルトガル領澳門より輸出され、ペルー、キューバ等にて、一人四百弗より千弗程の値で賣却せられた。その身體には烙印を捺され、苛酷を極めた勞役の下に虐使された。

厦門の支那人はこの悲慘を見て、支那政府に對し、苦力賣買を抑止せんと宣言書を出し――「彼等は仰いで蒼天に叫ぶも蒼天答ふる所なく、俯して大地に哭するも大地應ずる所なし。一度び蠻夷の地に運び去らるゝや日夜勞働を强迫せられて睡眠の餘裕だに無し。死は唯一の彼等の救ひなり。彼等は生きては中華の公民なるも、死しては即ち精魂異域に彷徨するあらん」と。

しかも政府は何ら關心する所はなかつた。幾多の哀願書が或はアメリカ公使館に、或は廣東省廳に出されたが効無かつた。漸くキューバにおける支那人虐待の激烈なる愁訴があり、支那政府も默視するを得ず、事實調査のため、委員を派遣した。

一八七五年委員はその報告を發表した。――彼等苦力は暴力か詐僞により、先づ澳門にある奴隷屯舍に監禁され、囚人の如き取扱を受け、不法なる契約に調印が强制せられ、奴隷船に積まれ、悲慘なる航海をなし、中には苦惱の餘り十人に一人の割合にて海中に投身するものがあつた。キューバに着すれば苦力は高價に賣却され、この後は耐へ難き勞苦を强制され、何の休日なく、鞭のため不具となり、疾病のために斃るゝ者無數、たとへ期限が終るも再契約を拒めば直ちに食に窮し、更に勞役に就くか、或は他に賣渡さるゝまで監禁される。なほ旅行免狀を得るには高額の金が入用にて、キューバを脫出することは全く不可能である。――此の如きが、苦力の戰慄すべき悲慘な實情であつた。

漸く一八五五年、支那苦力賣買禁止に關する最初の法令が、英國議會を通過し、これにより英國船が苦力賣買に從事することが不法となり、香港政廳をしてこれを禁止せしめた。

更に一八六二年、アメリカ議會は、米國船が支那及び其の他の東洋諸國よりの勞働者を諸外國に輸送するを不法となす法律を通過し、米國海軍に、此の法律を犯す米國船舶を搜索捕獲するの權力を與へた。なほアメリカ國内における奴隷廢止法案は、その後三年、一八六五年に議會を通過したのであつた。

アメリカがカリフォルニアを領有するや、西部には廣大なる未墾地が曠漠と連るのであつた。かくてこの無限の荒野を開拓するには、アフリカの黑人、アジアの諸民族、等を盛んに歡迎した。固よりこれは決して正義人道の爲めにあらず、移民を利用して土地を耕作せしめたにすぎなかつた。しかもこの未開の地域は多數の移民の手によつて盛んに開拓され、こゝに移民が漸く不用となり、更に過剩となりたるため、支那苦力貿易禁止法案の出たる最大の原因となつた。

しかもなほ大陸橫斷鐵道の工事のため多數の支那勞働者が必要とされ、この工事には幾許の支那人の生命が犧牲にされたか判らぬ程であつた。この巨大なる勞力を提供せる支那勞働者も、土地が開拓され、鐵道が開通されると共に、不用となり、更に白人勞働者に對する强大なる敵となり、遂に移民制限を見るに至つた。一八五五年、加州立法院は、支那人一人につき五十五弗の人頭税を課すべきを決議した。次に五八年には支那移民上陸法案が決議された。

かくて年を逐うて太平洋岸における支那人排斥は盛んとなり、七六年には、民主共和兩黨共に、其の政綱に公然、支那人排斥の一ヶ條を加へた。こゝに一八七六年、上下兩院より委員を出して太平洋岸の支那移民の調査となり、オリヴアー・モルトンが委員長として精密な調査が行はれた。その報告書によれば、物質的には太平洋岸は支那移民のために大なる進歩を示したが、道德上、並びに政治上には幾多の不利があつた。白人勞働者は支那移民の流入によつて自らの利益が危くされる。なほ支那勞働者のため、向上しつゝある白人勞働者の狀態を零落せしめ、道德的に頽廢せしめる。支那人は白人にとりて、殆んど餓死を意味する極度に給料を低減せしめ、白人勞働者をして奴隷階級の狀態に沈めしむる虞れがある。かくて太平洋岸は早晚、アメリカ人のものなるか、支那人のものなるか、何れかに決せなければならぬ形勢に陷りつゝある。しかも最も困ることは、支那人は白人と同化するを得ない人種である。彼等は白人と交際せず、また家族を同伴せず、金を貯蓄すれば、故鄉に歸らんとする。卽ち彼等は米國の富を海外に輸出する媒介物となると報告した。

かくして一八八二年、アメリカ議會は二十年間に亘り支那勞働者の米國移入を中止するの件を議決した。しかも大統領アーサーはこれを否認し、議會は二十年を十年に減じ、大統領の裁可を得た。しかも一九〇四年、新條約が成立せず、支那移民は永久に排斥せらるゝに至つた。

なほアメリカ大統領にマッキンレーが就任するや、俄かに帝國主義的侵略を企て、一八九七年、ハワイ共和國と新條約を結び、事實上併合するに至つた。日本はハワイ獨立を主張して、アメリカに反對した。

しかもハワイ併合條約が上院にて審議中、一八九八年四月、アメリカはキューバ問題よりスペインに對し宣戰した。かくてマニラ灣を占領し、ハワイの占領が軍事上絶對に必要となつた。さらに二千萬弗をもつてフイリツピン群島はスペインよりアメリカに割讓せらるゝに至つた。

今やアメリカは對支政策を一變して積極的なる帝國主義的工作をなし、門戶開放、機會均等により支那進出を企てた。――こゝに新興日本との對立は必然化され、日露戰爭以後、太平洋問題は益々重大化し、日米開戰說が盛んに喧傳された。

一九一一年、曾て駐支公使であつたブラントは、公然日米必戰を論ずるのであつた。

かくてアメリカにおける排日、日本移民の排斥が大問題となるに至つた。――米國移民局の調査によれば

一八八〇年（明治十三年）	一四八人
一八九〇年	二〇三九人
一八九五年	六〇〇〇人
一八九九年	三五〇〇〇人
一九〇八年	一〇三六八三人

これ等の日本移民の激増に對する排斥の理由は、初め賃銀が低廉にて白人勞働者を脅かすことであつたが、後には、日本移民が米國內に日本帝國の一部を作るものとして排斥さるゝのであつた。

一八九九年、ユタ州ソートレキ市に開かれた西部勞働聯合會に於て、日本移民排斥案が通過したのが、公然たる排斥の始めであつた。

一九〇四年、サンフランシスコの合衆國勞働同盟年會にて移民排斥の決議がなされて、實際運動と化し、一九〇五年には、サンフランシスコに日本人排斥協會が設立された。

翌一九〇六年、サンフランシスコの大地震にて、市內破壞され、困亂するや、日本人に對する排擊は益〻積極化した。

一九〇八年、日本政府との間に所謂紳士協約なるものが締結せられた。この協約は日本の官吏、商人、學生等の渡米を自由とし、勞働者は、次の條件のみ渡米を許すことゝなした。――（一）再渡航者にして歸國後六ヶ月（後に一ヶ年延長され、更に一ヶ年半に延長さる）を經過せざる者（二）在米日本人の呼寄せに係る父母妻子、但し滿十七歳以下（後に二十歳以下）、（三）組合農夫即ち米國に居住する者と共同出資を以て農業の經營に從事せんとする者にして相當の資力ある者。――この協約によつて、日本よりの新しき、勞働者の渡米は、全く絶望となつた。次いで、日本はカナダとも同様の紳士協約を結ぶこととなつた。しかも日本がかく移民問題に讓歩するに拘らず、アメリカにおける排日の空氣は益〻惡化した。

一九一三年、加州議會は、外國人不動産禁止法案を通過した。これにより歸化權のない外國人の加州における土地所有を禁止、同様の外國人の借地權の存續期間を從來の十五年から三年に減じた。

一九一五年、歸化不能外人移民禁止條項を含む移民法案が米國議會に出で、バーネット法案と稱しそれは成立に至らなかつた。

一九一七年その法案再び議會に提出されたが、削除せられた。

一九二〇年、十一月、加州は一般人民投票による排日法案を通過し、邦人の借地權を全禁し、なほ米國生れ子女の後見人たるを禁じた。

更に一九二一年三月、ワシントン州會は日本人の所有權禁止を目的とする外國人土地法を通過した。しかも一九二二年、加州高等法院は邦人父母の米國生子女後見を禁ぜる州法の無效を宣言し、一時邦人喜びしも、同年十一月、米國大審院は日本人の歸化權なき旨を判決した。

一九二三年六月には、日本人の收穫分配契約による耕作を禁止する法律が加州に於て成立し、同年十一月には、米國大審院は加州及びワシントン州の排日土地法を有效なりと判決した。

この險惡なる排日狀勢の中に、遂に一九二四年四月、米國議會は遂に日本人排斥を目的とする歸化不能外國移民禁止條項を含む移民法を通過し、七月一日、新移民法を實施するに至り、徹底的排日政策を實行するのであつた。

ここに我々日本人が、いかに荒寥たりしアメリカ西大陸に貴重なる勞働と辛苦を拂ひ新しき文化を建設しながら、今やその勢力の强大を恐れて、この非人道的なる彈壓排斥を公然と實行する。――これがアメリカ的人道主義、自由主義の本質である。

第五章　白濠主義

オーストラリアの語はテラ・アウストラリス（Terra Australis）なる「最南の地」の意味に出づ。一六〇六年、オランダ人は、ジャヴアよりカーペンター灣の東岸を南下して、オーストラリアを發見した。同年スペイン人トレスも所謂トレス海峽を過ぎて來り、後オランダ人は東インド會社に活躍し、西南岸に來るもの多く、新オランダと稱した。更に一七七〇年ジエームス・クック（Cook）が、探險隊を率ゐてオーストラリア東岸に到着すると共に、イギリスのオーストラリア發展が始まつた。かくしてオーストラリア大陸の全貌が漸く明かとなり、東岸地方ニユーサウス・ウエールスにイギリスの國旗を掲げた。

イギリスは先きに宗敎、政治の爭鬪甚しく、アメリカを以て囚人の流刑地となしたが、アメリカが獨立するに至り、今やアメリカの王黨員をして囚人を率ゐて、オーストラリアの開拓に從事せしめんとしたが計畫進まず、王黨員はすべてカナダに移住し、オーストラリアには囚人のみが流刑せらるゝのであつた。

一七八八年、ニュー・サウス・ウエールスのポート・ジャクソンに、最初の囚人が流刑せられし時に、オーストラリアのイギリス植民事業は始まるのであつた。かくて、いかにイギリスの植民事業の不義に基くものあるかを示すのである。

その後、續々として囚人は流され、それと共に自由植民者も來つた。囚人の流刑禁止を新植民地人は要求したが、容易に行はず、長い鬪爭の後に漸くそれが禁止されるに至つた。

一八三六年メルボルンの植民地が開拓され、南部は、南オーストラリア土地會社が開墾し、初めは主として牧羊業に從事した。しかも一八五一年、バララート、ペンヂゴに金鑛が發見され、俄然、歐洲よりの移民が激增し、大都市が建設され、各州が獨立するに至つた。しかも、無賴の徒多く、國政全く統一されず、紛々たる鬪爭は絕へず、漸く聯邦制が要求され、一八九一年、シドニーにてオーストラリア國民議會が開かれた。一九〇〇年には新憲法が制定せられた。

こゝに有色勞働者の徹底的な排擊をなす、白人濠洲主義的な移民法が公布され、一八九六年までは日本人は自由渡來を許されたが、それ以後はこの制限の中に入れられ、入國試驗による以外、全然、入國禁止を見るのであつた。

オーストラリアの土地は極めて曠大であり、人口甚だ少く、一平方哩につき二人强にすぎず、しかも太平洋上に於ける日本の勃興により、その進出を恐れて、極度の鎖國主義を取るのである。日本の南洋進出を最も恐れるのは英國オーストラリアであり、あくまでも移民を絕對禁止するのであつた。

全人口六百數十萬の中、九十九％まではヨーロッパ人種であり、特にイギリス系住民が九割を占めてゐる。原住民たるオーストラリアの土人は、歐洲人の移住により、實に悲慘を極めた迫害と虐待を蒙り、或は殺戮され、或は家畜以下の奴隸と化され、極度の減少を見、今や殆んど絕滅せんとして、僅か二萬内外にすぎないと云はれる。

有色人は歐洲語の書取り試驗に合格しない限り入國し得ず、ために勞働者の入國する者はない。なほ勞働者以外、市民權、鑛業權、その他の權利に對しても、すべて人種的差別待遇をなすことを見ても、いかにイギリス的自由主義の憎むべき虛僞に滿てる物なるかを確認すべきである。彼等は全くの特權搾取階級であり、眞の勞働貴族である。實に全歐の八割を占むる大面積を有し、それを何ら開拓もせずに放置しつゝ、勞働し工作せんとする有色人の入國を禁止すること程、それ以上の不正義なる非人道主義はないのである。

ことに初期植民時代の土人の征服、壓迫に至つては、まさに悲慘、殘酷なること言語に絶し、或は全村落を、悉く、破壞せしめ、土人を鏖殺して殘すところがなく、またその呪はれたる非人道行動に關しては、一切、抹殺して、その史的證據を堙滅することによつて、その最大の罪惡を冷然として隱蔽するのである。しかもその史料なきことよりして、オーストラリアの白人植民工作の紳士的人道的なることを眞實なりと記述するに至りては、その事實歪曲の甚しきに對し憤激の極、寧ろ啞然たるのみである。今やこの彼等の白々しき虚僞に對し、眞の歴史の暴露こそ、唯一の科學的研究と實踐とである。

しかも獨り濠洲のみならず、南太平洋諸島は悉く英、米等の白人鎖國主義の下に、一歩たりと有色人種の勞働、入國を嚴禁する。この人類的不正義に對し、絶對に必要なるは、その重壓を擊破すべき日本の强大なるエネルギーの發揮あるのみ。

第八部　日本的世界建設の序曲

第一章　滿洲建國

一九三一年九月十八日夜、十時三十分頃、北大營の支那正規軍三百名が、奉天郊外柳條溝において滿鐵線路擊破を爲した。時に現場にあつて此を發見せる我が鐵道守備隊は、支那軍の發砲に應戰、自衛權を發動、しかも我が守備軍、僅か一萬四千であり、敵二十二萬の大軍、我を包圍殲滅せんとする絕對の危機にあるを知り、こゝに敵の牙城、北大營を占領、さらに一擧、奉天、長春、營口、吉林、等、北滿一帶を疾風の如く、最も卓越せる作戰によつて占領するに至つた。

これより先き、張作霖の晚年より、英ソの使嗾により、滿洲に排日抗日運動が盛んとなり、我が血をもつて獲得せる利權もまた甚だ不安となり、更らにそれを侵害すること屢〻であつた。殊に日本品の輸入には不法の高稅を賦課し、日貨排斥をなし、さらに日本人の生命の危險も益〻大となつた。なほ滿鐵を壓迫せんとして、その左右兩側に併行線を敷設し、また胡蘆島を築港して大連を抑壓せんとし、更に赤化勢力は日に猖獗を極めた。しかもその日本排擊をなすのは支那人のみならず、却つてその背後にある、英、ソ、米の魔手であり、なほ日本內地にあつては、ソ聯に動かさるゝ左翼インテリゲンチヤが、支那より手を引け！――の輿論を煽り、日本は內外の危機に直面せる時、この滿洲事變により、實に天佑的な活路を發見し、これにより、全く世界史的なる日本的世界體制創造の第一次的發展なる、滿洲王道國家の建設となつたのであつた。

多年、張政權の下に呻吟せる三千萬の民衆は、五族協和の大精神によつて更生の樂土を創造せんとするに至つた。

滿洲は、一九三二年三月一日、大同元年に滿洲建國を宣言、三月九日、溥儀執政は正式に滿洲國皇帝に即位、直ちに、中央官制が確立、財政經濟の組織が圓滑に行はれ、國內の治安大いに進み、滿洲國は半歲足らずして長足の進步を示し、こゝに日本においては、滿洲國承認の氣運進み、日本政府は臨時議會において滿場一致、滿洲國承認を決議し、大同元年九月十五日午前九時十分、關東軍司令官兼駐滿特命全權大使武藤信義大將と滿洲國代表鄭孝胥との間に日滿議定書の歷史的調印を見た。

日本國ハ滿洲國カ其ノ住民ノ意志ニ基キテ自由ニ成立シ獨立ノ一國家ヲ成スニ至リタル事實ヲ確認シタルニ因リ　滿洲國ハ中華民國ノ有スル國際約定ハ滿洲國ニ適用シ得ヘキ限リ之ヲ尊重スヘキコトヲ宣言セルニ因リ

日本國政府及滿洲國政府ハ日滿兩國間ノ善隣ノ關係ヲ永遠ニ鞏固ニシ互ニ其ノ領土權ヲ尊重シ東洋ノ平和ヲ確保センカ爲メ左ノ如ク協定セリ

一、滿洲國ハ將來日滿兩國間ニ別段ノ約定ヲ締結セサル限リ滿洲國領域内ニ於テ日本國又ハ日本臣民カ從來ノ日支間ノ條約協定其ノ他ノ取極及ヒ公私ノ契約ニヨリ有スル一切ノ權利利益ヲ確認尊重スヘシ

二、日本國及滿洲國ハ締結國ノ一方ノ領土及ヒ治安ニ對スル一切ノ脅威ハ同時ニ締約國ノ他方ノ安寧及ヒ存立ニ對スル脅威タルノ事實ヲ確認シ兩國共同シテ國家ノ防衞ニ當ルヘキコトヲ約ス之カ爲メ所要ノ日本軍ハ滿洲國内ニ駐屯スルモノトス

かくて新滿洲國は、五族協和の新東洋協同體の一つとして出現し、强固なる防共地帶たるを得、日滿ブロックの結成を見るに至つた。

しかも支那はあくまでも、この事實を認めず、同時に國際聯盟は、英、米、ソ等と共に、滿洲建國

を認めず、種々なる策動をなし、後方より、匪賊、赤化分子を援助するのであつた。かくて匪賊討伐の日本軍は、熱河省の湯玉麟の反滿的工作をなすを見るや、一九三三年、日滿兩軍は協力して熱河粛清を決行、日本軍は一擧熱河全省を平定し、五月、萬里長城高く日章旗を飜へし、更に長驅、北平、天津に迫つた。驚愕せる北支政權は五月三十一日、塘沽において日本軍と停戰協定を結んだ。

しかも滿洲事變は、極度の排日を中南支一帶に激化し、上海を始め、廣東、青島、福州、香港等の排日行動頻發、遂に一九三二年一月、日蓮宗僧侶殺害事件に端を發せる上海事變が勃發した。

支那の十九路軍は、我が共同租界を攻擊、我が小數の陸戰隊は直ちに戒嚴令を布き、三萬の在留同胞と、二億數千萬圓の權益を擁護せんとした。日本は守備上、陸兵を派遣したが、英米兩國は盛んにこれに抗議、あらゆる妨害をなし、積極的な援蔣政策に出で、我軍は奮戰よく十九路軍を擊破し、三月三日停戰となる。

しかも四月二十九日、新公園にて爆彈を白川司令官に投じ、大將は斃れ、重光大使は重傷を負へる重大事件勃發したが、日本は、何らこれに積極的抗議をなさず、五月五日、停戰協定成立した。この不徹底なる協定は、イギリス提督の斡旋によるものであり、また一時日米間にはまさに危機一髮、開戰の勃發を見んとするのであつた。

第二章　國際聯盟脫退

滿洲事變勃發するや、支那は直ちにこれを國際聯盟に愬へ、更に英、米、佛、ソ等の力によつて、日本の進出を抑止せんと策動した。こゝに一九三一年九月二十一日、聯盟規約第十一條によつて理事會の招集を求め、原狀恢復、及び賠償支拂のため適當の措置を執ることを要請した。

聯盟理事會は、同二十二日、日支兩國に對し、議長の勸告として――「現狀を惡化し又は問題の平和的解決を害するおそれある一切の行爲をなさざること」。――「各自の國民の安全及共財產の保護が危險に陷ることなくして、兩國が各自の軍隊を直ちに撤退し得べき適當なる手段を支那及び日本の代表と意見交換の上探求すること」を要望した。

更に三十日には、日本側の聲明――「日本は滿洲において何らの領土的目的を有せず」「又日本はその臣民の生命の安全及財產の保護が確保さるゝに從ひ、軍隊を鐵道附屬地に撤收す」との言明と、また支那側の聲明——「支那は日本軍の撤退、支那官憲及び警察力恢復に從ひ鐵道附屬地外の日本臣民の安全及財產の保護の責任を負ふ」との申入れを了承して、こゝに「日支兩國が互ひに平和親交を害する虞ある行爲を避けんことを欲するを信じ、兩國政府は事態の擴大惡化を防ぐ爲め、一切の措置をとるべしとの保護を與へられたることを了承す」と決議した。

しかも、張學良は遼西地方及び朝陽附近に兵力を集中し、他方、便衣隊及び諜者を放ち、又匪賊を使嗾して滿鐵沿線の治安攪亂を企てゝゐることが明瞭となり、こゝに自衞上、その根據地たる錦州附近偵察のため十月八日、飛行機を派遣したる所、中國軍より猛射され、我は止むなくこれに爆擊を加へたのであつた。この報が聯盟に達するや、聯盟は理事會を開き、アメリカの代表をオブザーヴアとして招請するに決し、日本側の反對投票に拘らず、これを決行した。

二十四日、アメリカのオブザーヴア參加の下に理事會開かれ、「日本軍隊の即時撤退開始」を求むる決議を上程した。これは日本側の反對により十三對一で不成立に終つたが、日本側は益〻不利となつた。

しかも上海事變勃發するや、支那は、それを聯盟に提訴——日本はこれを自衞手段であり、第十五條適用の妥當ならざるを力說したが、理事會の多數は適用に決した。

三月三日、聯盟は理事總會を開會、翌四日、停戰協定締結に關する勸告を決議。——同月十日には委員會の勸告を基礎として、諸條約尊重、スチムソン不承認原則採用、日支紛爭處理のための繼續的十九ヶ國委員會設置、等を決議。日本はあくまでこれに反對し、規約採決に棄權した。

聯盟調査委員會に任命されたリットン一行は、二月二十九日、日本到着、上海、南京、北平より滿洲に入り、調査すること約五ヶ月、北平にて報告書を作成、十月十二日これを公表した。それは全く日本側を不利とせるもので、何ら支那の實情に通ぜざる、淺薄誤謬に滿ち、事實歪曲の甚しきものであつた。

かくして日本の輿論は漸く囂々として聯盟反對の聲が高くなつた。

聯盟の十九ヶ國委員會は、リットン報告書を認めて滿洲國不承認となり、日本側は斷乎これを拒否した。日本はあくまで滿洲國の獨立及承認を强力に要求し、イギリス大使の妥協案提出要求をも拒絕した。

聯盟は一九三二年二月二十四日、報告書を出す。先づ支那代表顏惠慶は——「支那側は該報告書を無留保を以て受諾し、これに贊成投票をなす考へである」とする演說に對し、我が松岡洋右代表は、堂々と、支那の國家にあらず、支那の無政府狀態こそ、問題の原因なることを言明し、報告書の甚しき認識不足なること、更に支那の國際管理案に斷然反對したが、四十二對一の多數をもつて、報告書は採擇された。今やこの何ら世界正義の一片だも有せざる擬人道主義的な國際聯盟を、決然脫退するに決し、聯盟の勸告は、一切、極東における平和確保には無効なること、極東平和に關し、日本と聯盟とは全く見界を異にするを表明せる歷史的宣言をなし、こゝに聯盟より斷乎離脫したのである。

實にこれは世界史的事象であり、之まで國際聯盟は殆んど全世界の國家を集結し、その共同の威力によつて、不合理にも我が最も正義なる主張を暴壓せんとした事により、日本は最大の悲壯なる決意をなせるものであつた。かくて脫退通告文は發せられ「聯盟が本事件を處理するに公正妥當なる方法を以てし、眞に東洋平和の增進に寄與するとともに、この威信を顯揚せんがために、同方面に於ける現實の事態を的確に把握し、該事態に適應して規約の運用をなすの肝要なるを提唱し、就中、支那が完全なる一國家に非ずして、その國內事情及び國際關係は複雜難澁を極め、變則、例外の特異性に富めること、從つて一般國際關係の規準たる國際法の諸原則及び慣例は支那に就ては、これが適用に關し、著しき變更を加へられ、その結果、現に特殊且つ異常なる國際慣行成立し居られることを考慮に入れることの絕對に必要なる旨を力說强調し來た」しかも報告書は「日本軍の行動を自衛權の發動に非ずと臆斷し、事件が支那側の全責任に屬するを看過し、一方滿洲國成立の眞相を無視し、且つ同國を承認せる帝國の立場を否認し、東洋における事態安定の基礎を破壞せんとするもの」として聯盟の本質を暴露したのであつた。

國際聯盟に對する日本の堂々たる拒否は、まさに舊白人的世界體制の徹底的否定の第一歩であり、茲に日本を中心とする世界史轉換が實現されんとする。次いで日本の跡を追ひ獨、伊の聯盟脫退により、今や聯盟は英佛の自己擁護、ソ聯の加入に見る國際人民戰線の結成機關と化した。

第三章　日獨伊防共協定

日獨防共協定は、一九三六年十一月二十五日、突如として調印發表され、この世界史的協定に、全世界は異常なる衝動を感じた。

これは單に、ソヴエート・ロシアにおける共産インターナショナルに對する共同戰線的抗爭であるのみならず、更に英米佛等の現狀維持國に對する積極的陣營であり、ことに人民戰線的なる民主國家制に對する國民戰線的なる一元國家制の對立であつた。

日本はすでに滿洲事變により、堂々と滿洲建國の世界史的大事業を實現すると共に、アジア協同體の理想の發揚せらるゝを見るや、英、米、佛、等の諸國は、あくまでこれを拒否、抑壓せんとし、或は國際聯盟をもつて日本を壓迫す。こゝに世界正義の一切を失ひ、單に英佛の世界獨裁の機關と化せる國際聯盟、またソヴエートの加盟によつて全く左翼化し、またユダヤ人によつて、その首腦部が占められた、呪はれたる國際聯盟に對し、日本は斷乎として脱退を世界に聲明した。

なほ一方、ヨーロッパにあつては、ヒットラーのナチスの出現は、ヴエルサイユ平和條約の不當なる壓迫を斷乎排擊し、「持たざる國」の當然の權利として、ヒットラーの爆彈宣言となり、しかもこの全體主義國家政策は、まさに日本の皇道による一元的國家制をヨーロッパ的に移植せるものと云ひ得る、統一的民族國家を建設するに至つた。こゝにユダヤ人の徹底的排擊となり、しかもユダヤ人によつて左右されるソヴエート・ロシアに對する强硬なる反對抗爭を實現するため、こゝに東方の日本に固き協力を要求したのである。

これこそ、實に沒落せんとするヨーロッパを、日本の力によつて救はんとせる、ヒットラーの意志であり、またそれは實に皇道による日本的世界創造の一つの實現でもあつた。

日獨防共協定

大日本帝國政府及

獨逸國政府

共産「インターナショナル」（所謂コミンテルン）ノ目的カ其ノ執リ得ル有ラユル手段ニ依ル現存國家ノ破壞及ヒ暴壓ニアルコトヲ認メ共産「インターナショナル」ノ諸國ノ國内關係ニ對スル干渉ヲ看過スルコトハ其ノ國内ノ安寧及ヒ社會ノ福祉ヲ危殆ナラシムルノミナラス世界平和全般ヲ脅スモノナルヲ確信シ

共産主義的破壞ニ對スル防衞ノ爲メ協力センコトヲ欲シ左ノ通リ協定セリ

第一條　締約國ハ共産「インターナショナル」ノ活動ニ付キ相互ニ通報シ必要ナル防衞措置ニ付キ協議シ且ツ緊密ナル協力ニ依リ右ノ措置ヲ達成スルコトヲ約ス

第二條　締約國ハ共産「インターナショナル」ノ破壞工作ニ依リテ國内ノ安寧ヲ脅カサルル第三國ニ對シ本協定ノ趣旨ニ依ル防衞措置ヲ執リ又ハ本協定ニ參加センコトヲ共同ニ勸誘スヘシ

第三條　本協定ハ日本語及獨逸語ノ本文ヲ以テ正文トス本協定ハ署名ノ日ヨリ實施セラルヘク且ツ五年間效力ヲ有ス締約國ハ右期間滿了前適當ノ時期ニ於テ爾後ニ於ケル兩國協力ノ態樣ニ付キ了解ヲ遂クヘシ

しかも、この協定は必然に、同一の國際事情にあるイタリヤの加入を必然ならしめ、遂に一九三七年十一月六日、支那事變の最中に於いて、日獨伊防共協定が成立したのであつた。

議定書

大日本帝國政府
伊太利國政府及獨逸國政府　ハ
共産「インターナショナル」カ絶エス東西兩洋ニオケル文明世界ヲ危殆ニ陷レ其ノ平和秩序ヲ攪亂シ且ツ破壞シツヽアルニ鑑ミ平和及秩序ヲ念トスル一切ノ國家ニ於ケル密接ナル協力ノミカ右危險ヲ減殺シ且ツ除去シ得ルコトヲ確信シ「ファシスト」政治ノ創始以來不撓ノ決意ヲ以テ右危險ト鬪ヒ共産「インターナショナル」ヲ其ノ領土ヨリ驅逐シタル伊太利ハ共産「インターナショナル」ニ對シ同樣ノ防衞ノ意思ヲ有スル日本國及獨逸國ト共ニ右共同ノ敵ニ當ルコトニ決シタルニ鑑ミ一千九百三十六年十一月二十五日「ベルリン」ニ於テ日本國及獨逸國ニ締結セラレタル共産「インターナショナル」ニ對スル協定第二條ノ規定ニ從ヒ左ノ如ク協定セリ

そして、日獨伊防共協定は、ローマ、キヂ宮にて堂々と成立し、こゝに、東京――伯林――羅馬、樞軸は、新しき日本的世界體制の基礎確立をなしたのであつた。

かくしてすでに日本の力による世界維新戰としての支那事變が、英、ソの力に對する支那復活の禊の戰爭が、陸海空、世界戰史上空前なる戰果を收めつゝ展開――今や日本は、些かも歐米に妥協することなく、皇道によるアジア獲得、創造を決行し、これによつてのみ、始めてアジア、有色人種の解放は實現さる。「民族解放のための解放」は、實に蔣政權或は支那共產黨のスローガンにして、決して支那解放の實を擧げ得ず、たゞ八紘一宇の皇道化によつて、アジア又、世界は眞の人類的目的を達成せん。

全巻総目次（全百巻）

日本篇　全三十巻

西洋篇　全三十八巻

第十九卷　ポルトガル、イスパニヤ植民戰史
第二十卷　七年戰爭史
第二十一卷　ロシア戰爭史
第二十二卷　アメリカ獨立戰史
第二十三卷　フランス大革命戰史
第二十四卷　ナポレオン戰史（上）
第二十五卷　ナポレオン戰史（下）
第二十六卷　海外植民地戰史
第二十七卷　南北戰爭史・米西戰史
第二十八卷　クリミヤ、露土戰爭
第二十九卷　中米、南米戰爭
第三十卷　ギリシヤ獨立
第三十一卷　イタリア獨立戰史
第三十二卷　インド侵略史
第三十三卷　普墺戰爭
第三十四卷　普佛戰爭史
第三十五卷　アフリカ侵略・南阿戰爭
第三十六卷　歐洲大戰史（上）
第三十七卷　歐洲大戰史（中）
第三十八卷　歐洲大戰史（下）

東洋篇　全二十二卷

第一卷　支那上代戰史
第二卷　春秋時代戰史
第三卷　戰國時代
第四卷　秦始皇統一戰史
第五卷　前漢戰史
第六卷　後漢戰史
第七卷　三國戰史
第八卷　隋朝戰史
第九卷　唐朝戰史
第十卷　宋朝戰史
第十一卷　成吉思汗戰史
第十二卷　元朝戰史
第十三卷　明朝戰史
第十四卷　清朝戰史（上）
第十五卷　清朝戰史（下）
第十六卷　朝鮮戰史（上）
第十七卷　朝鮮戰史（下）
第十八卷　インド古代戰史
第十九卷　西域諸國戰史
第二十卷　近代インド戰史
第二十一卷　帖木兒戰史
第二十二卷　支那事變

總觀篇　全十卷

第一卷　原始時代鬪爭史
第二卷　人類經濟鬪爭史
第三卷　人類理論鬪爭史
第四卷　人類自然鬪爭史
第五卷　人類文化鬪爭史
第六卷　人類生活鬪爭史
第七卷　人類政治鬪爭史
別册　世界史觀　全三卷

世界興廢大戰史

總觀 第七卷 人類政治鬪爭史

國民版

昭和十四年四月十日印刷
昭和十四年四月十五日發行

定價金貳圓五拾錢

著者 仲小路彰

東京市麴町區有樂町一ノ四
戰爭文化研究所
發行者 清水宣雄

東京市麴町區有樂町一ノ十四
印刷者 中村伯三

東京市麴町區有樂町一ノ十四
印刷所 株式會社 大參社

發行所 戰爭文化研究所

東京市京橋區銀座西五ノ五 菊地ビル內
發賣所 世界創造社
電話銀座(57)三五四六番
振替東京一一六一四二番

大取次 東京 東京堂 盛文館 栗田書店 福音社 大阪屋號

著者略歴

仲小路　彰（なかしょうじ　あきら）

明治34年（1901）東京生まれ。父、廉（第３次桂・寺内国内閣の農商務大臣）の次男。

大正６年（1917）第五高等学校入学、大正13年、東京帝国大学文学部哲学科卒
大正11年（1922）東京帝大在学中に、長編戯曲「砂漠の光」を新光社より刊行。

昭和12年（1937）～16年「図説　世界史話大成」全10巻を高志書房より刊行。

昭和13年（1938）～16年「日本世界主義体系」全12巻中６巻を世界創造社より刊行。

昭和13年（1938）～18年「世界興廃大戦史」全121巻中43巻を世界創造社より刊行。

昭和16年（1941）㈶日本世界文化復興会（終戦後、文化建設会と改称）を設立。

昭和19年（1944）山梨県山中湖村に疎開。

昭和20年（1945）「我等斯ク信ズ」を執筆、配布。陸海軍に「承詔必謹」を説き、米ソ冷戦時代を予告し戦後復興の方向を示す。

昭和21年（1946）渋沢敬三・川添浩史等と㈶文化建設会の地球文化研究所設立。

昭和22年（1947）恒久平和確立のため地球主義（グローバリズム）を提唱。

昭和25年（1950）「日本経営計画」を地球文化研究所より刊行。

昭和31年（1956）～34年「ロシア大革命史」全12巻をロシア大革命刊行会より刊行。

昭和43年（1968）「未来学原論」を地球文化研究所より刊行。昭和48年に再刊。

昭和48年（1973）～50年「聖人伝シリーズ」全６巻を地球文化研究所より刊行。

昭和51年（1976）～59年「地球世界芸術史」「地球社会変革史」等を地球文化研究所より刊行。

昭和59年（1984）９月１日、半生を過ごした山中湖村で死去。享年83歳。

人類政治闘争史《じんるいせいじとうそうし》

2015年11月25日　復刻版第１刷発行　　ISBN978-4-336-05986-4

著　者　仲小路　彰
発行者　佐藤今朝夫

〒174-0056 東京都板橋区志村１-13-15
発行所　株式会社　国書刊行会
TEL.03(5970)7421(代表)　FAX.03(5970)7427
http://www.kokusho.co.jp

印刷・㈱エーヴィヴシステムズ　製本・㈲青木製本

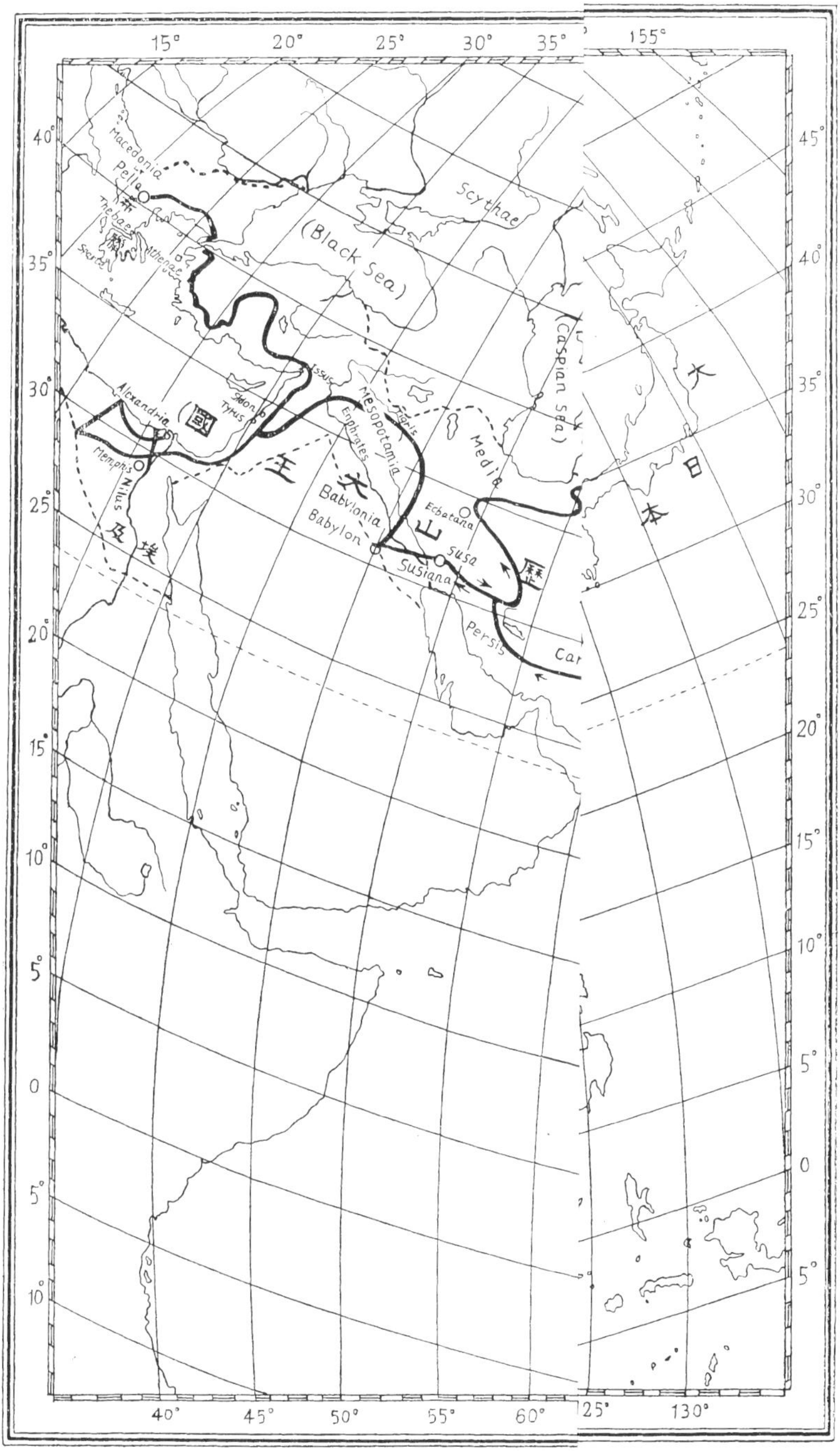

Macedonia
Pella
Thebae
Athenae
Sparta
希臘
Scythae
(Black Sea)
(Caspian Sea)
Issus
Sidon
Tyrus
Alexandria
Memphis
Nilus
埃及
Mesopotamia
Euphrates
Tigris
Media
Babylonia
Babylon
Ecbatana
Susa
Susiana
Persis
歷山大王國
大日本

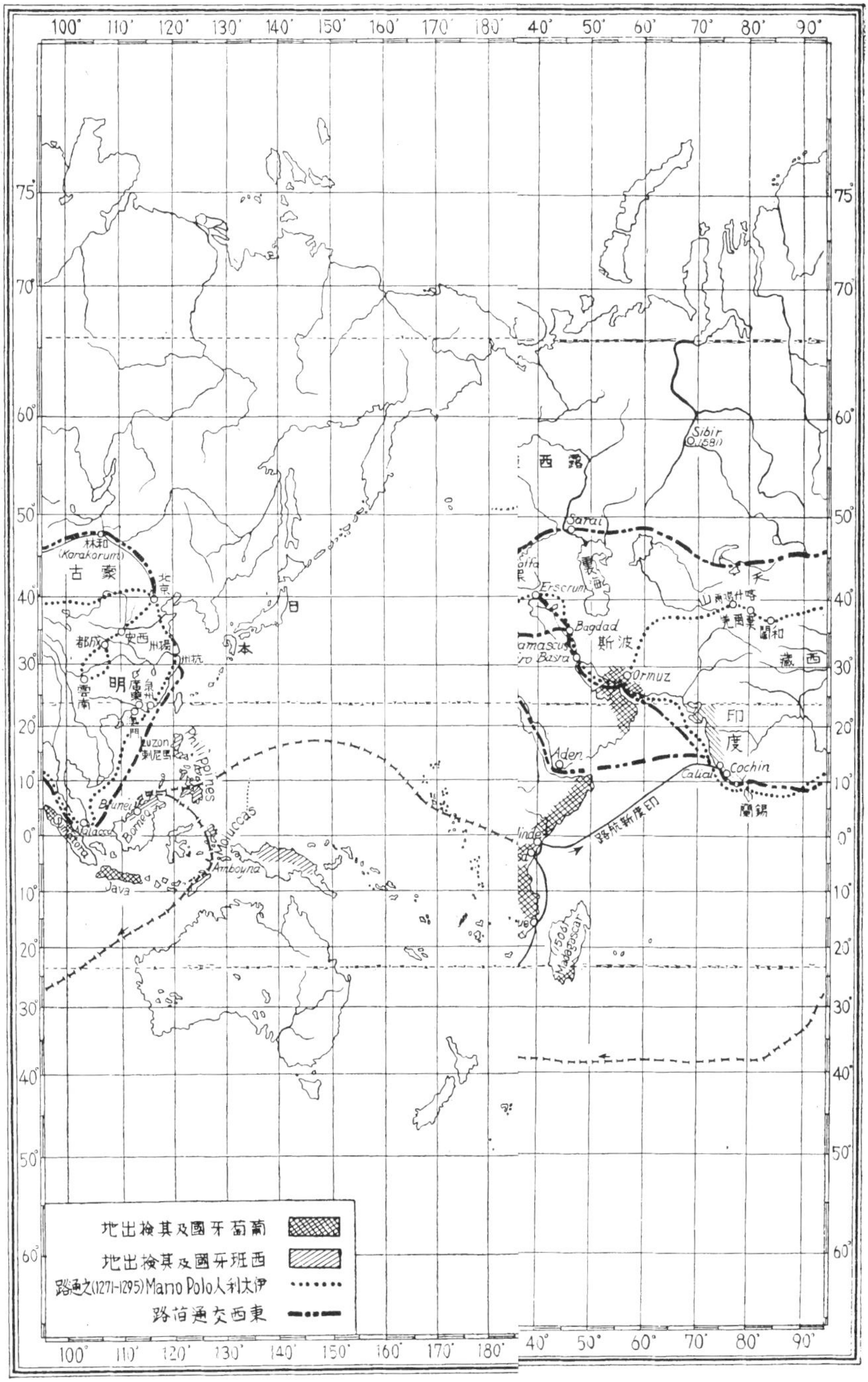
和林
(Karakorum)
蒙古
北京
日本
明
Luzon
Philippines
Brunei
Borneo
Malacca
Java
Moluccas
Amboyna
Sibir (1581)
Sarai
Erserum
Bagdad
Basra
Ormuz
波斯
裏海
Aden
Calicut
Cochin
印度
錫蘭
西藏
印度新航路
Madagascar (1506)
葡萄牙國及其檢出地
西班牙國及其檢出地
伊太利人 Marco Polo (1271-1295) 之通路
東西交通商路

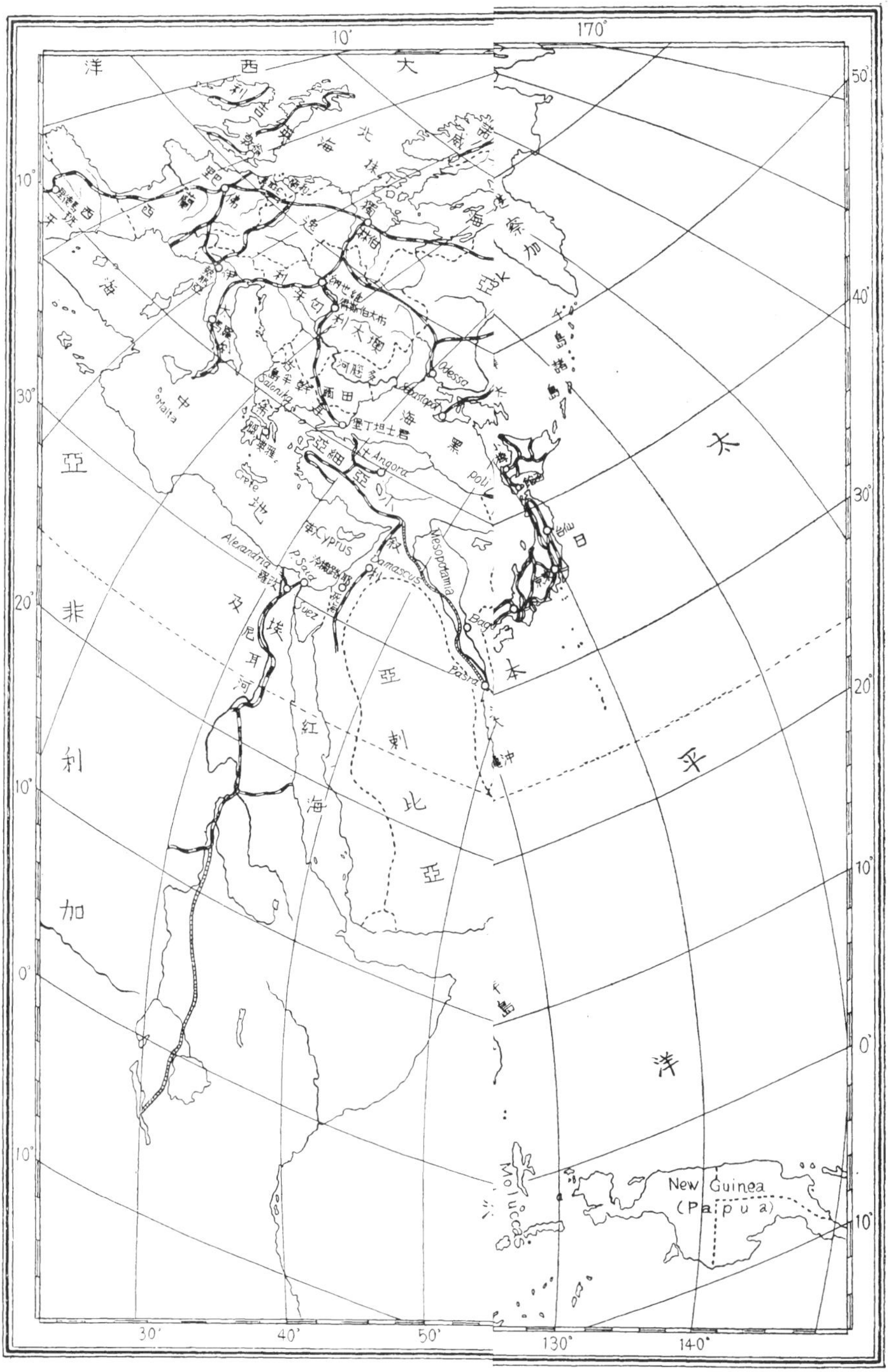

10°
170°
大西洋
北海
50°
40°
30°
20°
10°
0°
10°
地中海
Malta
Crete
Salonika
Odessa
Sevastopol
黒海
Angora
Cyprus
Alexandria
P. Said
Suez
Damascus
Mesopotamia
Basra
亜非利加
埃及
尼耳河
紅海
亜刺比亜
千島諸島
日本
太平洋
Moluccas
New Guinea
(Papua)
30°
40°
50°
130°
140°

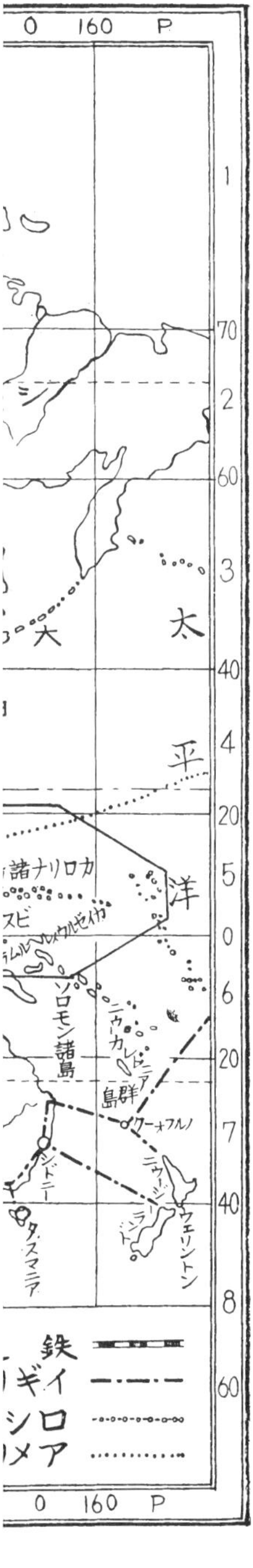

0 160 P
大
太
平
洋
ソロモン諸島
ニューカレドニア島群
シドニー
ニュージーランド
ウェリントン
タスマニア
鉄

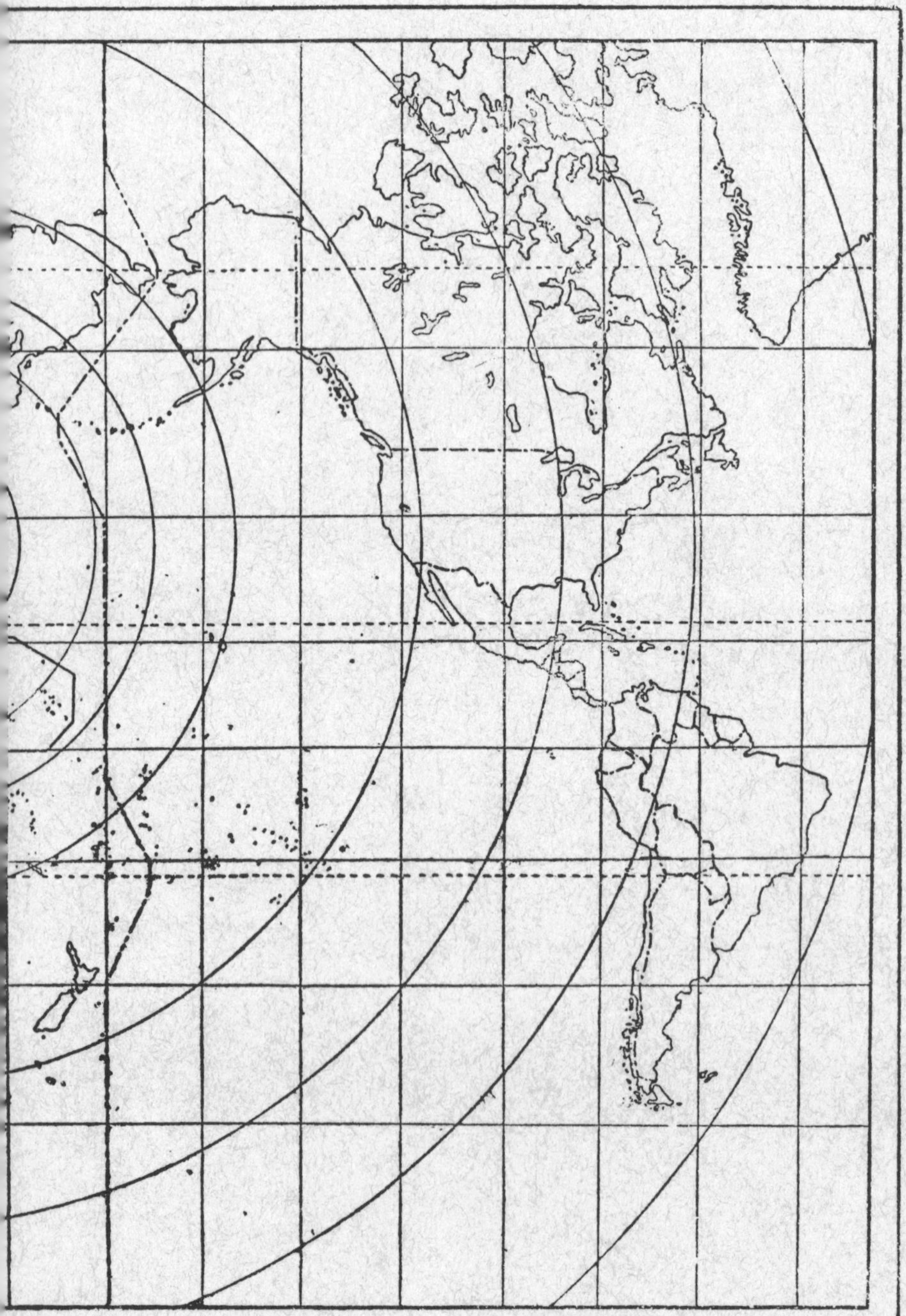